Giacomo Casanova

Thomas Schäfer

CASANOVA

MAGIER · GELEHRTER · ABENTEURER

MILITZKE VERLAG LEIPZIG

Einbandgestaltung: Dietmar Senf
Satz und Layout: satzzeichen, Leipzig
Lektorat: Ulrike Fritzsching
Druck und Binden: Steidl, Göttingen
ISBN 3-86189-111-5

INHALT

Einleitung	7
Eine Gesellschaft im Genußrausch	10
Kindheit und erste Lieben	18
Casanova als Geistlicher und Soldat	28
Der Gönner	42
Henriette	50
Aufregendes Paris und prüdes Wien	53
»C.C.« und »M.M.«	60
In den Bleikammern Venedigs	67
Die Flucht	75
Leben wie Gott in Frankreich	87
Der Magier und Scharlatan	93
Rastlose Reisen und eine peinliche erotische Verwechslung	103
Gespräche mit Voltaire	111
Die geplatzte Hochzeit	116
England: Ein merkwürdiges Land	121
In den Klauen einer Femme fatale	126
Die Hannoveranerinnen: Rache an Unschuldigen	134
Begegnungen mit Friedrich II. und Zarin Katharina II.	137
Das Duell in Polen	148
Der Spieler	156
Die Geliebte des Spielers	162
Fandango	167
Ziellose Reisen und ein »Inzest«	183
Die Rückkehr nach Venedig	191
Als Gelehrter und Bibliothekar in Dux	200
Anhang	213
Kurze Geschichte der Memoiren Casanovas	214
Tabellarischer Lebensabriß	217
Das 18. Jahrhundert: Personenübersicht	219
Literaturverzeichnis	220
Verwendete Fachliteratur	221
Bildnachweis	223

Heinrich Heine
über Giacomo Casanovas Memoiren

Meiner Geliebten möchte ich sie nicht empfehlen, aber all meinen Freunden. Italienische Sinnlichkeit haucht aus diesem Buch schwül entgegen. Der Held desselben ist ein lebenslustiger, kräftiger Venezianer, der mit allen Hunden gehetzt wird, alle Länder durchschwärmt, mit den ausgezeichnetsten Männern in nahe Berührung kommt und in noch weit nähere Berührung mit den Frauen. Es ist keine Zeile in diesem Buch, die mit meinen Gefühlen übereinstimmte, aber auch keine Zeile, die ich nicht mit Vergnügen gelesen hätte.

Briefe aus Berlin, 1822

Giacomo Casanova (1725-1798)

»Ein typischer Casanova!« Allein der Tonfall mag darüber entscheiden, ob hier ein Schürzenjäger enttarnt oder einem Frauenhelden geschmeichelt wird. Giacomo Casanova zählt zu jenen seltenen Personen in der Geschichte, denen es posthum gelang, ihren Namen zu einem geläufigen Typus werden zu lassen. Casanova hatte jedoch nicht mehr und nicht weniger Geliebte als die meisten Mitglieder der höheren Gesellschaft seiner Epoche. In den Zeugnissen der Zeitgenossen wurden seine wechselnden Liebschaften denn auch gar nicht besonders hervorgehoben, statt dessen redete man über sein berühmt gewordenes Duell in Polen und seine einzigartige Flucht aus den venezianischen Kerkern. Vor Casanova war es noch keinem Menschen gelungen, aus den Bleikammern zu fliehen.

Casanovas Lebenswandel bietet ein genaues Abbild des lebenshungrigen Rokokos. Der Sinn des Lebens schien damals allein darin zu bestehen, sich soviel Genuß wie nur möglich zu verschaffen. Dem Liebesspiel wurde dabei kaum größeres Gewicht beigemessen als dem Essen und Trinken. Selbst die hohen kirchlichen Würdenträger bildeten im Genußrausch des Rokokos keine Ausnahme. Einer von Casanovas Arbeitgebern, der Kardinal Acquaviva, genoß ein Liebesleben, das jenes von Casanova weit in den Schatten stellte.

Casanova konnte nur aus einem Grunde zum »Casanova« werden: Kein Zweiter hat sein eigenes Leben im 18. Jahrhundert in derart detaillierten Memoiren aufgezeichnet. Seine 4500 Seiten umfassenden Lebenserinnerungen zeichnen ein ausführliches Sittengemälde der damaligen Zeit. Die insbesondere im 20. Jahrhundert von Historikern ans Licht gebrachten Fakten belegen im wesentlichen den Wahrheitsgehalt der Memoiren. Nur die über weniger Forschungsergebnisse verfügenden Biographen des 19. Jahrhunderts sahen in Casanova des öfteren einen Lügenbold.

In den Memoiren, die zweifelsohne ein Stück Weltliteratur ausmachen, nehmen die Liebschaften nur ein Viertel oder ein Fünftel des Inhalts in Anspruch. Übersehen wird meist, daß Casanova ein anspruchsvoller Geist war. Unter seinen Gesprächspartnern fanden sich der Philosoph Voltaire, Friedrich II. und Katharina die Große. Er schrieb Dutzende von Büchern, darunter mathematische Abhandlungen, eine Übersetzung der Ilias, mehrere Theaterstücke, eine heute noch von Historikern geschätzte Darstellung der Geschichte Polens und einen utopischen Roman, in dem er hellsichtig die Produktion von Flugzeugen, Autos, Telegraph und Giftgas vorwegnahm. Dabei hatten seine schriftstellerischen Werke und wissenschaftlichen Bücher weder damals, noch haben sie heute eine nennenswerte Resonanz. Berühmt wurde Casanova ausschließlich durch seine Memoiren.

Aus welchem Antrieb heraus schuf er dieses letzte umfangreiche Werk? Es scheint, als hätte er sich mit dem Schreiben das verschafft, wonach er in seinem ganzen Leben strebte: Lust. Er selbst gestand, das Schreiben habe ihm im böhmischen Dux die Langeweile vertrieben. Im Schreiben genoß er seine Abenteuer ein zweites Mal, und er genoß im voraus die Freude, die sein Buch späteren Lesern bereiten würde.

Und von diesen späteren Lesern hatte er genaue Vorstellungen: »Ich habe diese Erinnerungen nicht für die Jugend geschrieben; denn diese muß in der Unwissenheit erhalten werden, damit sie nicht zu Fall komme.« (I, 18)[1] Vielmehr habe er für jene geschrieben, die lebenserfahren und reif genug, gegen die Gefahr der Verführung gewappnet seien; so fährt er fort: »Da die wahren Tugenden nur Gewohnheiten sind, so erkühne ich mich zu sagen: Wahrhaft tugendhaft ist nur, wer Tugend übt, ohne daß es ihm die geringste Mühe macht. Solchen ist jene Unduldsamkeit fremd, und für sie habe ich geschrieben.« (I, 18)

Nicht im geringsten ging es ihm um nachträgliche Rechtfertigung. Rückhaltlos bekannte er sich zu allen Schandtaten; er scheute sich zum Beispiel nicht, begeistert zu berichten, wie er durch magische Kunststückchen reichen Leuten das Geld aus der Tasche zog. Erstaunlicherweise fühlte er sich trotz dieses Lebenswandels im Einklang mit Gott! In seinen Nöten wandte er sich betend an ihn und fand sich »stets erhört.« Die »göttlichen Grundsätze, die in meinem Herzen wurzelten, mußten notwendigerweise die Frucht einer ausgezeichneten Moral hervorbringen; trotzdem bin ich mein ganzes Leben lang das Opfer meiner Sinne gewesen.« (I, 8) Casanova gefiel sich darin, vom Pfad der Tugend abzuweichen und hatte dabei nur »den Trost, zu wissen, daß ich im Irrtum war.«

---

1 In Klammern wird im laufenden Text der betreffende Memoirenband mit römischen und die Seitenzahl mit arabischen Ziffern angegeben. Als Quelle diente die bei Kiepenheuer und C.H. Beck erschienene Gesamtausgabe: Giacomo Casanova, Geschichte meines Lebens, herausgegeben und kommentiert von Günter Albrecht u. in Zusammenarbeit mit Ulrike Albrecht, München 1984-1989, 12 Bde.

Im Vorwort kündigt Casanova eine Generalbeichte an; der Leser wird jedoch vergebens nach einem errötenden Sünder oder einer »Büßermiene« suchen. »Wenn du gut bist«, spricht er den Leser an, »so wirst du mit mir lachen über meine Torheiten«, und an anderer Stelle heißt es, die Erinnerungen seien eine »Satire auf mich selbst«. In der Tat künden die Memoiren auf fast jeder Seite von der Schreiblust des Autors. In der Regel stellte Casanova das Erlebte der Wahrheit gemäß dar, was ihn häufig im unvorteilhaftesten Licht erscheinen läßt. Es sind kaum andere Memoirenbeispiele der Weltliteratur bekannt, in denen der Autor derart schonungslos eigene Blößen aufdeckt.

Was die Aufnahme seines Werkes anbetrifft, so ahnte Casanova natürlich voraus, daß einige Episoden Anstoß erregen würden: »Ich muß gestehen, ich kann mich der Furcht vor dem Ausgepfiffenwerden nicht ganz erwehren; sie ist nur zu natürlich (...), und ich bin weit davon entfernt, mich damit zu trösten, daß ich nicht mehr am Leben sein werde, wenn diese Erinnerungen erscheinen.« (I, 17) In der Tat sollte das Werk später als Skandalschrift eingestuft werden. Der Leser lachte zwar mit dem Autor über dessen tolle Streiche, ganz wie Casanova es gehofft hatte, doch er tat es heimlich im stillen Kämmerlein. Die Gesellschaft lehnte die Memoiren als moralische Zumutung ab.

EINE GESELLSCHAFT IM GENUSSRAUSCH

Um dem Menschen Casanova gerecht zu werden, sollte man zunächst einen Blick auf das 18. Jahrhundert werfen, auf die Gesellschaft, in der er aufwuchs und lebte. Giacomo Casanova (1725-1798) lebte im Zeitalter der Aufklärung und des Rokoko. Der Kulturkritiker Jean Jacques Rousseau und der die Kirche angreifende Philosoph Voltaire bestimmten das Denken der Epoche. Casanova hat diese beiden großen Männer kennengelernt. Auf die Begegnung mit Voltaire werden wir später ausführlich zu sprechen kommen.

Einen der zentralen Begriffe der Aufklärung, das »Weltbürgertum«, verkörperte Casanova in der eigenen Person. Sein ganzes Leben reiste er durch die Welt und trotz eines gewissen Konservatismus in Religionsfragen, stand er ein für die wesentlichen Forderungen der Aufklärung: Freiheit, Kritik, Toleranz und Vernunft. Die Französische Revolution allerdings lehnte er ab, denn sie zerstörte die Grundlage jener Lebensform des Abenteurers und geistvollen Dandys, die sein Lebenselixier bildete.

Ein Weltbürger war Casanova auch in sprachlicher Hinsicht. Er beherrschte Französisch, Italienisch, Lateinisch, Altgriechisch und verstand etwas Spanisch. Mit der Weltsprache Französisch kam er sogar in Rußland zurecht, und auch in Deutschland, das damals noch in viele Kleinstaaten unterteilt war, sprach die höhere Gesellschaft Französisch. Unter Gelehrten, die zumeist im Lateinischen zuhause waren, kam es ohnehin kaum zu Verständigungsschwierigkeiten.

Typisch für die Epoche war das Ziel, sich fortwährenden Genuß zu sichern: Glücksspiel, Prostitution, Maskenbälle und Gelage wurden zu Markenzeichen der Zeit. Meist hatte die Geliebte ein höheres gesellschaftliches Ansehen als die Ehefrau, und in einigen Staaten waren die Prostituierten nicht nur hoch angesehen, sondern sie wurden sogar offiziell unterstützt. Als weiteres Kennzeichen des Zeitgeistes gilt das Wahren von Schein und Form. Ein Niesen am Hof des französischen Königs konnte sich für den Betreffenden katastrophal auswirken, seine Karriere gar beenden. Natürlich stand auch die »Ehre« hoch im Kurs, die in zahllosen Duellen verteidigt werden wollte.

Casanova war in jeder Hinsicht von diesem Zeitgeist geprägt: Er war Glücksspieler, Duellant und eifriger Liebhaber von gutem Essen, Trinken und schönen Frauen. Mehrmals lesen wir in den Memoiren, sein ganzes Bestreben habe immer und ausschließlich dem Genuß gegolten. Allerdings tun wir ihm Unrecht, sein Denken und Tun ausschließlich einem durch und durch »verworfenen Charakter« zuzuschreiben. Casanovas Lebenswandel unterschied sich kaum von dem der meisten Adligen und Lebemänner. Dagegen hatte er für das gar zu wüste Treiben vieler Zeit-

Venezianische Gaukler, Gemälde von Pietro Longhi (1702-1762)

genossen nur Verachtung übrig. Ein typisches Porträt eines jungen italienischen Adligen aus dem zwölften Band der Memoiren soll das belegen:

»Der Cavaliere Morsini war wirklich ein zügelloser Wüstling; von Literatur, von guter Gesellschaft, von vernünftigen Leuten wollte er nichts wissen. Seine einzigen Leidenschaften waren, ohne für sich selbst etwas zu befürchten, mit verhängten Zügeln bis zum Umfallen des Pferdes zu reiten, alle möglichen Arten von Wein in großen Mengen bis zum Verlust des Verstandes zu trinken, bei Prostituierten, die er oftmals prügelte, sich viehische Lust zu verschaffen. Er bezahlte einen Lohndiener eigens zu dem Zweck, ihm jeden Tag ein Mädchen oder eine Frau zu verschaffen, die nicht in Florenz als öffentliche Dirne bekannt war.« (XII, 117)

In Paris lernte Casanova einen 90jährigen Adligen kennen, über den er später schrieb:

»Der alte Herr ergötzte mich sehr durch seine Lächerlichkeit; er hatte sich rot geschminkt, seine Kleider waren mit Quasten geschmückt (...). Er behauptete, seiner Geliebten zärtlich ergeben zu sein; diese unterhielt für ihn ein Lusthäuschen, wo er täglich in Gesellschaft seiner Freundinnen zu Abend speiste, lauter reizende junge Mädchen; trotzdem geriet er nicht in Versuchung, ihr untreu zu werden, denn er schlief regelmäßig mit ihr. (...) Sein Knopfloch war stets mit einem Strauß von stark duftenden Blumen geschmückt. (...) Seine falschen Haare waren mit Ambrapomade

gesalbt; seine gemalten und parfümierten Augenbrauen und sein Elfenbeingebiß verbreiteten einen starken Duft, (...) den ich kaum ertragen konnte.« (VI, 134)

Das Zeitalter war voll von solchen Charakteren, und es wäre kein Problem, die nächsten Seiten mit weiteren Schilderungen zu füllen. Bedenkenloser und häufiger als heute gingen Männer und Frauen damals miteinander ins Bett, wenn auch die Sitten regional sehr unterschiedlich ausfallen konnten.

Liebeswerben, Gemälde von Jean Francois de Troy

Kulturgeschichtlich bedeutsam ist der Unterschied des Umgangs von Eltern mit ihren Kindern. In den Memoiren finden sich zahllose Hinweise auf das weit verbreitete Verhalten von Eltern, ihre Kinder gegen Bezahlung Fremden sexuell zur Verfügung zu stellen. Geschichtlichen Zeugnissen zufolge fügten sich die Kinder keineswegs ungern, und angesichts beengter Wohnverhältnisse, großer Armut und einem Zeitgeist, der in der Sexualität ein normales Bedürfnis sah, waren sie schon früh in die Sexualität der Erwachsenen verstrickt. Inzest gehörte zwar nicht zur Tagesordnung, kam aber doch wesentlich häufiger vor als heute. Jenen Zeitgeist sollte man beim Lesen der Memoiren im Hinterkopf behalten, denn immer ist die Moral nur die jeweils herrschende Moral der Zeit.

In Koblenz beispielsweise traf Casanova eine Schauspielerin, Madame Tessiere-Toscani, die ihre Tochter »von Kindheit an für die Gelüste des Fürsten (Herzog Karl Eugen von Württemberg) bestimmt hatte. Obgleich er damals eine anerkannte Mätresse hatte, so ließ er sich doch keine von den Ballettfigurantinnen entgehen(...).« VI, 83) Alle Regierenden jener Zeit waren mehr oder minder desselben Geistes und gaben damit ihren Untertanen ein Beispiel, dem viele nacheifern wollten. Jene Madame Toscani fand auch nichts dabei, in Anwesenheit der Tochter mit Casanova zu schlafen und ihm erotische Annäherungen an das Kind zu erlauben.

Ein anderes Beispiel für die erotische Verstrickung von Kindern und Eltern lieferte Prinz Honoré III. von Monaco, der Tochter der Marquise de Brignole heiratete. Zuvor allerdings war die Marquise selbst die Geliebte des Prinzen! Für das 18. Jahrhundert nicht außergewöhnlich, bildete auch der Klerus im Streben nach höchstem Genuß selten eine Ausnahme, insbesondere in Italien und Frankreich. In Rom dichtete Casanova beispielsweise dem Kardinal Sciarra Colonna Liebesgedichte, damit dieser seiner Geliebten eine Freude machen konnte. Auch in den Klöstern herrschten mancherorts lose Sitten, die nicht nur Casanovas Verhältnisse mit Nonnen, sondern auch zahlreiche andere zeitgeschichtliche Zeugnisse untermauern. Gerade die Stadt des Papstes bot vielerlei Möglichkeiten, sich auszuleben, wenn man nur nach außen hin sein Tun verschleierte. In Rom nahm Casanova einmal an einer Orgie teil, die ihm die Schamesröte ins Gesicht trieb und ihn veranlaßte, dem Gruppensex nur zuzusehen; er war zu feige, sich heimlich davonzustehlen. Voller Ekel nahm er sich hinterher vor, nie mehr ein solches Treiben zu besuchen. Wer hätte ein solche Reaktion ausgerechnet von Casanova erwartet?

Solche Sittenberichte sollen nun nicht dahingehend interpretiert werden, es hätte damals keine gottesfürchtigen Kirchenleute gegeben. Doch die Tatsache, daß jene anderen so zahlreich waren, und kaum jemand an ihrem Handeln Anstoß nahm, wirft ein bezeichnendes Licht auf die Epoche. Die bloße Existenz »jener anderen«, so hat Félicien Marceau zu Recht festgestellt, »ist ein Zeichen, das Erkennungszeichen sterbender oder in Wandlung begriffener Gesellschaften, zum Ausdruck gebracht durch die Kluft zwischen der geschriebenen und der praktizierten Moral, die Kluft zwischen den Menschen und den Institutionen, den Menschen und den Gesetzen (...).«[2]

Zeittypisch ist denn auch der Umgang zwischen den Geschlechtern. Auf dem Lande wurde die christliche Moral zwar noch praktiziert, in den Metropolen dagegen, besonders in Paris und in den höheren Kreisen, galt eine Frau, die ihrem Ehemann treu blieb als altmodisch. Die Heirat hatte in erster Linie den Zweck, den Namen und den Besitz zu wahren. Die Sitten der Zeit forderten Treue weder vom Mann noch von der Frau. Ein französischer Zeitgenosse schrieb: »Unter zwanzig Herren am Hofe leben fünfzehn mit einer anderen als mit ihrer eigenen Frau.«[3]

---

2 Félicien Marceau, Casanova, Düsseldorf 1985, S. 97

3 Will und Ariel Durant, Kulturgeschichte der Menschheit, Bd. 15 – Europa und der Osten im Zeitalter der Aufklärung, München 1978, S. 119

Adlige Paare verbrachten häufig einen großen Teil des Ehelebens getrennt. Der Herzog von Lauzun hatte seine Frau zehn Jahre lang nicht gesehen. Als man ihn fragte, wie er es aufnähme, wenn seine Frau schwanger werden würde, antwortete er im Stil der Zeit: Er würde sofort zu ihr eilen und sie beglückwünschen.[4]

La rose mal défendue,
Gemälde von Louis-Philippe Debucourt

Ein in Paris weilender persischer Reisender notierte: »Ein Ehemann, der seine Frau ganz alleine für sich beanspruchen würde, erschiene als ein Störenfried der allgemeinen Glückseligkeit, ähnlich einem Narren, der das Sonnenlicht ganz allein, unter Ausschluß aller anderen Menschen, genießen wollte.«[5] Eifersucht galt damals als Zeichen für eine schlechte Erziehung.

Nicht selten traf man auf einen Ehevertrag, der dem Mann oder der Frau ausdrücklich einen Hausfreund oder eine Geliebte zugestand. Sexualität und Ehe wurden als Ware behandelt, die einen bestimmten Kurswert hatte. Diese materielle Art der Betrachtung finden wir auch in Casanovas Verhaltensweisen wieder. Ganz zu Recht hat der Literaturwissenschaftler Roger Willemsen behauptet, Casanovas Eroberungen seien nur zum kleineren Teil Jagd, zum größeren Teil aber Handel.

Uneheliche Kinder wurden allerorten geboren. Oft ließen Eltern ihre Tochter gegen gutes Geld von einem Adligen schwängern, um sie anschließend mit einem Handwerker zu verheiraten, der es dank einer guten Mitgift als selbstverständlich betrachtete, das Kind als sein eigenes anzuerkennen. Casanova hat an die zehn Kinder unehelich gezeugt und sich fast nie darum gekümmert, was aus ihnen geworden ist. Doch wie bescheiden nimmt sich diese Zahl aus im Vergleich zu den 384 unehelichen Kindern des Königs August von Polen!

Zum beklagten Niedergang der Sitten gehörte auch die Spielleidenschaft, die Arm und Reich wie ein Virus ergriffen hatte. Nicht selten wurde in einer einzigen Nacht das gesamte Familienvermögen verspielt. In-

---

4 Hippolyte Taine, The Acient Regime, New York 1931, S.34
5 Franz Funck-Brentano, L'Acient Régime, Paris 1926, S. 50

trigen und Bestechlichkeit dirigierten fast ausnahmslos die Vergabe von Ämtern und Aufträgen.

Will und Ariel Durant schreiben in ihrer »Kulturgeschichte der Menschheit« über jene Zeit: »Seit den Tagen des kaiserlichen und dekadenten Roms war die Sucht nach Vergnügungen nie mehr so offen, so ›heidnisch‹ sichtbar geworden wie jetzt. Im 18. Jahrhundert wurden viele Werke über die Sittlichkeit veröffentlicht; aber es wimmelte daneben von ausgesprochen unanständigen Büchern, die eine weite, wenn auch unerlaubte Verbreitung fanden.«[6] Eines dieser »unanständigen Bücher« stammte von Aretino und war mit Aktstellungen illustriert. Casanova führte es stets bei sich.

1749 beklagte der Marquis von Argenson die Vernachlässigung moralischer Werte in Frankreich, jenem Land, das Casanovas zweite Heimat werden sollte:

»Die Fähigkeiten des Herzens gehen mit jedem Tag zurück, weil wir sie nicht ausüben, während der Geist ständig geschärft und verfeinert wird. (...) Ich sehe den Untergang dieses Landes voraus, weil es keiner Gefühlsbewegung mehr fähig ist. Wir haben keine Freunde mehr; wir haben Verhältnisse, keine Geliebten; wie sollten wir unsere Heimat lieben? (...) Mit jedem Tag verlieren die Menschen etwas mehr von jener schönen Eigenschaft, die sich Feinfühligkeit nennt. Liebe und das Bedürfnis nach Liebe verschwinden. (...) Wir sind ständig mit kalter Berechnung beschäftigt; alles ist käufliches Ränkespiel. (...) Das innere Feuer verlöscht, weil es nicht genährt wird; eine Lähmung beschleicht das Herz.«[7]

Die verbreitete Unmoral versteckte sich dagegen gekonnt hinter vollendeter Eleganz. Pompös gekleidete Herrschaften versprühten allerorts ihren Geist und Witz. Niemals habe es in Frankreich oder im zeitgenössischen Europa eine so geschliffene, so intelligente Gesellschaft gegeben wie die französische Gesellschaft des 18. Jahrhunderts, schrieb der französische Historiker Ducros. Die wechselnden Moden, so grotesk sie auch heute anmuten, wurden von beiden Geschlechtern peinlich genau befolgt. Die Frauen türmten ihre Haare zu solch schwindelnden Höhen auf, daß sie sich scheuten zu tanzen, da sie fürchten mußten, von den Kronleuchtern in Brand gesetzt zu werden. Über die obligatorische Schminke schrieb 1763 Mozarts Vater an seine Frau: »Du fragst, ob die Pariser Damen schön sind? Wie kann man es sagen, wenn sie bemalt sind wie Nürnberger Puppen und so entstellt (...).«[8]

Auch Casanova ordnete sich stets dem aktuellen Modediktat unter. Sein Lebenselexier jedoch bestand aus Geist, Witz und Bildung: Er war im

---

6 Will und Ariel Durant, Kulturgeschichte der Menschheit Bd. 14: Das Zeitalter Voltaires, München 1985, S. 309 ff.

7 Henri Martin, Histoire de France, Bd. XV, Paris 1865, S. 341

8 Max von Boehn, Die Mode - Menschen und Moden im achtzehnten Jahrhhundert, München 1909, S.196

Damenmode im 18. Jahrhundert, Chodowiecki

Lateinischen und Griechischen derart bewandert, daß er Horaz und Homer seitenlang auswendig zitieren konnte und in einer Diskussion mit dem Philosophen Voltaire seine Haut redlich verteidigte. Wer hätte ausgerechnet von Casanova hervorragende mathematische Veröffentlichungen erwartet oder damit gerechnet, daß er an der Entstehung von Mozarts Oper »Don Giovanni« direkt beteiligt war? Nicht zufällig waren die meisten Opern in italienischer Sprache geschrieben. Das 18. Jahrhundert war süchtig nach Schauspielen, Balletten und Opern, die man nur Italienisch für singbar hielt. Auch der Kleinstaat Venedig war im zersplitterten Italien eine Hochburg der Kunst und Kultur.

Casanovas Memoiren zählen zu den interessantesten Werken italienischer Kunst. Entgegen unserer Erwartung sind diese Erinnerungen keine Aneinanderreihung von Liebesabenteuern oder gar Perversitäten, sondern ein pralles, farbiges und umfassendes Sittengemälde des 18. Jahrhunderts: Wir begegnen berühmten Fürsten, Königen, Künstlern, Gelehrten, Spielern und Ganoven; wie schon erwähnt, besteht dieser Bilderbogen nur zu einem kleineren Teil aus der Schilderung von erotischen Abenteuern. Schuld an unserer einseitigen Vorstellung sind die in der Vergangenheit beliebten »Memoiren-Auszüge«, die naturgemäß sehr einseitig ausfielen. Aber auch die verfälschten Übersetzungen des Urtextes führten zu einem verzerrten Casanova-Bild. Bis 1960 (!) basierte unser Wissen über Casanova auf manipulierten Texten! Damit kommt den vor 1960 geäußerten wissenschaftlichen Kommentaren nurmehr ein relativer Wert zu. Die »pikanten Stellen« in jenen alten Übersetzungen wurden durch kitschige Ausschweifungen von Bearbeitern aufs Schlimmste entstellt. Vergleicht man die Originalstellen, so erfährt man meist nur die »nackten Tatsachen«, die keineswegs pornographisch wirken! Auch Heinrich Heine wurde das Opfer einer verkitschten alten Übersetzung. Das Wort »schwül« hätte er sonst wohl kaum zur Charakterisierung von Casanovas

Herrenmode im Rokoko, Chodowiecki

Text benutzt. Die unverfälschten Memoiren zählen zweifellos zur Weltliteratur: In tadellosem Stil geschrieben sind sie witzig und spannend von der ersten bis zur letzten Seite.

Zum Schluß noch ein Wort über den Aufbau dieser Biographie. Ein über Casanova schreibender Autor muß sich entscheiden, ob er den Schwerpunkt der Darstellung auf die einigermaßen vollständige Darlegung aller wichtigen Lebensereignisse legt, oder ob er sich Raum schafft für besonders spannende und interessante Episoden; man denke an die atemberaubende Flucht aus den Bleikammern Venedigs. Wenn man sich wie ich für die zweite Möglichkeit entscheidet, benötigt man den Mut zur Lücke. Angesichts von zu berücksichtigenden zwölf dicken Memoirenbänden und Bergen von wissenschaftlicher Literatur kann man ohnehin in einer Biographie dem Phänomen Casanova nicht vollständig gerecht werden.

Am 2. April 1725 wurde Giacomo Casanova als Kind des Schauspielers Gaetano Guiseppe Casanova und seiner Frau Zanetta, Tochter eines Schuhmachers, in Venedig geboren. Die Republik Venedig beherrschte eine Reihe von oberitalienischen Städten und hatte eine über tausend Jahre alte Geschichte hinter sich. Die einst wirtschaftlich starke Handels- und Seemacht verfügte im 18. Jahrhundert vor allem über kulturelle Macht, wenn auch der traditionelle Handel zur See noch gepflegt wurde.

Der Markusplatz in Venedig, Gemälde von Josef Heinz

Die Stadt Venedig war und ist in ihrem Herzen vom Markusplatz geprägt. Auf diesem prächtigen Platz vor dem Dogenpalast und dem Markusdom pulsierte das Leben. Gondolieri, Händler, Bettler und Adlige gingen scheinbar einträchtig ihren Geschäften nach. Jeder Stand lebte nach seinem ganz eigenen Codex, besonders die »Nobili« (Adlige) waren eifrig darauf bedacht, sich vom Rest der Bevölkerung abzuschotten. Heiratete ein Adliger aber eine Nichtadlige, wurde er diskussionslos aus dem Adelsregister gestrichen!

Wie in kaum einer anderen Stadt Europas, verstand man in Venedig die Kunst des Feierns. Ein deutscher Abenteurer schrieb: »Die Venezianer verbringen, wie alle anderen Italiener, den einen Teil des Lebens damit, daß sie sündigen, und den anderen, Gott dafür um Vergebung zu bitten.«[9] Ein damaliges venezianisches Sprichwort lautete: »Am Morgen eine

9 Roberto Gervaso, Giacomo Casanova und seine Zeit, München 1978, S. 29

kleine Messe, nach dem Mittagessen ein kleines Spielchen, am Abend eine kleine Frau.« Mit dem nötigen Kleingeld ließ es sich in Venedig wie in einem Hotel leben und seinem Liebesleben nachgehen.

Wer über das Feiern in Venedig spricht, darf natürlich den Karneval nicht vergessen. Karneval herrschte an sechs Monaten im Jahr: von Anfang Oktober bis Weihnachten und von Epiphanias bis Christi Himmelfahrt! Die allgemeine Maskerade zur Karnevalszeit bot die besten Gelegenheiten zu Verbrechen und Laster, schließlich aber auch zu natürlicher Fröhlichkeit. Zahlreiche Fremde besuchten die Stadt, um an dem bunten Treiben teilzuhaben. »Man glaubt, die Welt sei völlig aus den Angeln geraten«, befand ein Zeitgenosse. [10]

Karneval in Venedig

Der Philosoph Rousseau meinte dagegen, er würde sich nie mehr an irgendeine »käufliche Dirne« heranmachen, nachdem er nun die Gunst der kultivierten venezianischen Kurtisanen kennengelernt hatte. Eine weitere Besonderheit stellten die vielen Theater dar, die ob ihrer ganz eigenen Sitten heute schockieren mögen. Das Parkett, wo sich das Volk niederließ, glich einem brodelnden und stinkenden Hexenkessel. Die ersten beiden Parkettreihen waren reserviert für jene, die ihren Urin nicht einhalten konnten. Es wurde laut gerülpst und gefurzt, und wenn ein Stück dem Publikum nicht behagte, brach ohrenbetäubender Lärm aus. Zudem flog faulendes Obst und Gemüse und sogar Kot in Richtung Bühne. Der Kot war zum Teil vorsorglich schon mitgebracht worden, oder man produzierte ihn der Einfachheit halber gleich vor Ort.

Zu all diesen Gerüchen muß man sich schließlich vorstellen, daß fliegende Händler ihre noch dampfenden Waren verteilten: Kuchen, Waffeln, Gebäck, Tee und Schokolade. Bei den nicht seltenen Krawallen waren zuweilen auch Tote zu verzeichnen.[11] Apropos Gerüche: In den Gassen der Lagunenstadt hing meist ein unangenehm süßlicher Geruch der Verwesung, denn eine Müllbeseitigung gab es nicht. Dieses Geschäft übernahmen frei herumlaufende Schweine.

Kehren wir zurück zur Geburt Giacomos. Die Vaterschaft Gaetanos ist oft bezweifelt worden. Einige Biographen sehen in dem Adligen Michele Grimani den tatsächlichen Vater. Die Tatsache, daß Alvise Grimani, ein Bruder Micheles, nach Gaetanos frühem Tod zum Vormund für den Erstgeborenen Giacomo und aller anderen Casanova-Kinder ernannt wurde, gab dieser These Nahrung. In einer späteren Veröffentlichung bezeichnete Casanova selbst Michele Grimani als seinen wirklichen Vater; eine Aussage, die er jedoch später widerrief.

Gaetano Casanova hatte seine Frau Zanetta entführt, deren Mutter Marzia nie die Einwilligung in eine Heirat gegeben hätte. Für Marzia galt ein Komödiant als »höchst verabscheuungswürdige Person.« (I, 24) Dieses Urteil über Schauspieler war derzeit weit verbreitet; sie rangierten in sozialer Hinsicht weit unter den Handwerkern. Nachdem sich die Verliebten heimlich vor dem Patriarchen von Vendig[12] ihr Jawort gegeben hatten, soll Zanettas Mutter über dieses Unglück geflucht haben und der Vater vor Kummer gestorben sein.

Neun Monate nach der Eheschließung, so Casanova, sei er auf der Welt gekommen. Die kirchlichen Unterlagen datieren seine Geburt allerdings erst dreizehn Monate nach der Heirat. Da Zanetta ebenfalls Schauspielerin wurde, zog sie mit ihrem Mann nach London, um dort ein Engagement anzunehmen. Casanova, gerade erst ein Jahr alt, wurde in die Pflege

10 Ebenda, S. 32
11 Vgl. Gervaso, a.a.O., S. 32 ff.
12 Titel des venezianischen Bischofs

der Großmutter Marzia gegeben, die ihrer Tochter mittlerweile verziehen hatte. 1727 wurde in London als zweites Kind der Bruder Francesco geboren, dem man ebenfalls eine uneheliche Geburt nachsagt. Er soll aus einer Liaison Zanettas mit dem Prinzen von Wales entstanden sein.

Wieder zurück in Venedig kam 1730 der Bruder Giovanni zur Welt, der wie sein Bruder Francesco Maler werden sollte. In den folgenden Jahren gebar Zanetta noch zwei Töchter und einen Sohn. Von den Mädchen starb eines schon als kleines Kind. Wegen des unruhigen Künstlerlebens der Eltern, blieb Casanova die meiste Zeit in der Obhut seiner Großmutter, deren Liebling er war. Seine früheste Erinnerung an die Kindheit stammt erst aus dem neunten Lebensjahr: »Ich stand in der Ecke eines Zimmers gegen die Wand gebeugt; meinen Kopf hielt ich in den Händen und blickte unverwandt auf das Blut, das mir in Strömen aus der Nase floß und auf die Erde rann.« (I, 25)

Die Großmutter fuhr mit ihm wegen seines häufigen Nasenblutens auf die Insel Murano. Sie gingen zu einem »alten Weib, das mit einem schwarzen Kater in den Armen auf einem schmutzigen Bett saß und noch fünf oder sechs Katzen um sich hatte. Es war eine Hexe.« Die Alte legte den Jungen in eine dunkle Kiste. Noch immer mit blutender Nase, hörte Casanova laute rituelle Beschwörungen. Als er wieder aus der Kiste stieg, war das Blut gestillt. Dann verbrannte die Alte Kräuter, die sie in einem Tuch einfing und wickelte das Kind darin ein. Schließlich rieb sie ihm Schläfen und Nacken mit einer Salbe ein. Seine Blutungen würden nun für immer aufhören, sagte die Hexe und fügte hinzu, daß er in der kommenden Nacht Besuch von einer schönen Dame bekäme, doch dürfe er keinem Menschen der Welt davon erzählen.

Wieder zu Hause, vergaß Casanova die Ankündigung, bis er in der Nacht tatsächlich eine blendend schöne Frau sah, die ein prachtvolles Kleid und auf dem Kopf eine Funken sprühende Krone trug. Sie leerte über seinem Kopf eine Büchse aus und murmelte unverständliche Worte. Nach einem Kuß verschwand sie. Am nächsten Morgen erschien Marzia und drohte ihm, er sei des Todes, wenn er zu irgend jemandem von dem Erlebnis spreche. Doch diese Furcht war unbegründet, denn der Junge hatte keine Freunde, denen er davon hätte berichten können. Die Krankheit, so lesen wir, »hatte mich trübsinnig und nicht im geringsten unterhaltend« gemacht. Casanova war, was man heute »geistig zurückgeblieben« nennen würde. Bis zu diesem Zeitpunkt konnte er weder Lesen noch Schreiben. Später erinnerte er sich, wie er von allen Seiten bedauert wurde: »Man glaubte, ich würde nicht lange leben, und meine Eltern sprachen niemals ein Wort mit mir.« (I, 27) Diesen tiefen Schmerz, sich unerwünscht und abgelehnt zu fühlen; hat das Kind und später auch der Erwachsene verdrängt.

Es fällt auf, daß diese erste Kindheitserinnerung großen Bezug zu seinem späteren Leben gewann. Zeitlebens hat sich Casanova mit Okkultismus beschäftigt, um andere Leute damit zu beeindrucken und sich nicht zuletzt einen finanziellen Vorteil zu verschaffen. Obwohl er in den Memoiren immer wieder beteuerte, er glaube an den ganzen Spuk nicht, so bleibt ein anderer Teil in ihm gläubig. Die Tatsache, daß das Bluten tatsächlich dauerhaft zurückgegangen war, kommentierte er später: »Ohne Zweifel wäre es sicherlich lächerlich, meine Heilung diesem tollen Zauber zuzuschreiben; ich glaube aber auch, daß man unrecht hätte, wollte man rundweg leugnen, daß er vielleicht dazu beigetragen hat. (...) Ganz gewiß hat es niemals Hexen und Hexenmeister gegeben; aber ebenso unleugbar haben zu allen Zeiten Leute an Betrüger geglaubt, die das Talent besaßen, als Zauberer aufzutreten.« (I, 28) Die Seele des Kindes war wohl von der »magischen Operation« so tief beeindruckt, daß wir hier den Geburtsaugenblick des späteren Magiers Casanova vermuten dürfen.

Eine andere aufschlußreiche Szene aus Casanovas Kindheit lohnt der Betrachtung: Giacomo und Francesco schauten ihrem Vater bei seinen optischen Arbeiten zu. Ein geschliffener Kristall hatte es Casanova angetan, unbemerkt steckte er ihn in die Tasche. Als der Vater den Kristall suchte und die Kinder bat, der Dieb möge ihn herausrücken, ließ Giacomo den Stein heimlich in die Hosentasche des Bruders gleiten. Der Vater fand die Kugel bei Francesco und verabreichte ihm eine gehörige Tracht Prügel. Casanova jedoch empfand darüber zu jener Zeit und auch später keine Reue: »Drei oder vier Jahre später war ich so dumm, mich meinem Bruder gegenüber dieses Streiches zu rühmen; er verzieh ihn mir niemals und versäumte keine Gelegenheit, sich dafür zu rächen.« (I, 29)

Zeit seines Lebens hat Casanova nie echte Reue empfinden können, auch wenn seine Handlungen im Erwachsenenleben zuweilen schlimme Folgen hatten. Einmal wurde zum Beispiel ein Mann nach einem von Casanova verübten Streich dauerhaft geisteskrank, doch in den gesamten Memoiren findet sich nicht ein Wort des Bedauerns. Diese mangelnde Fähigkeit eines tieferen Fühlens, die manchmal auch mit einem Schuß von Zynismus einherkam, läßt sich aus psychologischer Sicht nur mit dem verdrängten Schmerz des alleingelassenen Kindes erklären und dem unbewußten Lebensmotto: Lieber fühle ich nur oberflächlich, als daß ich mich auf eine tiefe Empfindung einlasse. Tief zu empfinden hätte für Casanova bedeutet, in Kontakt mit diesen frühesten Schmerzen zu kommen. Der spätere unaufhörliche Appetit auf immer neue Frauen kann demnach gesehen werden als die verweigerte tiefe Bindung an einen Menschen. Die verweigerte tiefe Bindung an eine Frau, entspricht auf einer anderen Ebene dem frühem Trennungsschmerz des Kindes, vor allem in bezug auf die Mutter. Mit jeder neuen Frau sollte Casanova später dieses Muttererlebnis wiederholen.[13]

---

13 Der Psychotherapeut Bert Hellinger spricht in diesem Zusammenhang von einer »unterbrochenen Hinbewegung«; Thomas Schäfer, Was die Seele krank macht, und was sie heilt - Die psychotherapeutische Arbeit Bert Hellingers, München, 1998, Kap. III

Drei Monate nach der wundersamen Heilung der Nasenblutungen und sechs Wochen nach der Szene mit Francesco starb der Vater im jungen Alter von sechsunddreißig Jahren. Er hatte ein Geschwür im Ohr, das ihn innerhalb von acht Tagen tötete. Der Arzt, er hieß Zambelli, hatte Casanova zufolge keine glückliche Hand gehabt. Er habe dem Kranken verstopfende Heilmittel gegeben und dann geglaubt, »diese Dummheit mit der Verabreichung von Bibergeil[14] wiedergutzumachen. Mein Vater starb infolgedessen an Krämpfen. Eine Minute nach seinem Tod barst das Geschwür und floß durchs Ohr ab; es entfernte sich, nachdem es ihn getötet hatte, wie wenn es nun nichts mehr bei ihm zu tun hätte.« (I, 29)

Wir erfahren mit keinem Wort, wie der kleine Giacomo auf den Tod des Vaters reagiert hat. Casanova ist von seinem Fühlen abgeschnitten. Oder hat der Tod Gaetanos nichts für ihn bedeutet, weil er nur der Stiefvater war? Hat er später, je nach Zählweise, neun uneheliche Kinder vaterlos aufwachsen lassen, weil er selber ein Vaterloser war? Doch vaterlos war Giacomo jetzt in jedem Fall, denn mit Michele Grimani, dem Vormund und zuweilen vermuteten Vater, hatte er kaum Kontakt.

Mit großer Anteilnahme des Adels, so berichtet Casanova, sei Gaetano zu Grabe getragen worden. Man achtete in ihm einen Mann, »der sich durch seine Lebensführung wie durch seine Kenntnisse in der Mechanik über seinen Stand erhob.« (I, 29) Nach dem Tod ihres Mannes, nahm Zanetta verschiedene Engagements an, u.a. in Rußland und später in Dresden, wo sie bis zu ihrem Tod lebte. Bevor sie die Kinder verließ, bereitete ihr Giacomo großen Kummer: »Zunächst glaubte sie, sich mit mir beschäftigen zu sollen; nicht so sehr aus besonderer Vorliebe für mich, als wegen meiner Krankheit, die mich in einen solchen Zustand versetzte, daß man nicht mehr wußte, was man mit mir anfangen sollte. Ich war sehr schwach (...) und sah aus wie ein Blödsinniger.« (I, 30)

Für Casanova hat der Tod Gaetanos schlimme Folgen. Die Mutter sah er nur noch selten, denn sie ging ihrer Karriere nach und war gezwungen, Geld zu verdienen. Außerdem beschlossen die Ärzte, Giacomo würde eine Luftveränderung guttun. Man gab ihn in eine Pension nach Padua zu einer »Slawonierin« in Kost.[15] Das gekränkte Kind hat auch der in Dux schreibende alte Mann nicht vergessen: »So entledigte man sich meiner.« (I, 33) Von der Mutter ist in den weiteren Bänden der Memoiren dann kaum noch die Rede.

In Padua wurde er zunächst in die Schule gebracht. Den Zehnjährigen schickte man wegen seiner Spätentwicklung zu den Sechsjährigen, damit er Lesen und Schreiben lerne. Die Kinder machten sich über ihn lustig, und im Haus der slawonischen Wirtin erging es ihm nicht besser.

---

14 Drüsenabsonderung des Bibers, das früher zur Beruhigung und Krampfstillung eingesetzt wurde.

15 Padua gehörte damals zum Staat Venedig.

Meisterhaft verstand es Casanova, einen Menschen mit wenigen Worten zu erfassen: Die Slawonierin beschrieb er als »groß und breit wie ein Soldat; sie hatte eine gelbe Hautfarbe, schwarze Haare, lange dichte Augenbrauen, und ihr Kinn war mit etlichen langen Bartstoppeln geschmückt.« (I, 34) Das Essen bei diesem Mannsweib war schlecht, er durfte seine schmutzige Wäsche nur selten wechseln, und das Bett wimmelte von Ungeziefer. Zudem jagten Ratten um das Bett herum und machten ihm angst »daß mir das Blut in den Adern erstarrte.«

Da das Essen auf Dauer miserabel blieb, quälte ihn bald der Hunger. Doch »Not macht erfinderisch«, stellte er fest: »Ich hatte in einem Küchenschrank etwa fünfzig geräucherte Heringe bemerkt; diese verspeiste ich nach und nach sämtlich; desgleichen alle Würste, die im Rauchfang hingen.« (I, 37) Damit seine Diebeszüge unentdeckt blieben, »stand ich nachts auf und schlich auf den Zehenspitzen im Haus herum. Alle frisch gelegten Eier, deren ich im Hühnerhof habhaft werden konnte, schlürfte ich noch warm hinunter. (...) Um etwas zu essen zu finden, machte ich sogar Beutezüge in die Küche meines Lehrers.« (I, 37)

Die Slawonierin entließ unterdessen eine Magd nach der anderen, die sie des Diebstahls verdächtigte. Trotz der Zusatzrationen war Giacomo »mager wie ein Gerippe«; nicht immer fand sich die Gelegenheit zum Stehlen. Doch tat sich bald eine andere Quelle auf. Da er in einigen Monaten sein geistiges Defizit aufgeholt hatte und sich sogar zum Musterschüler entwickelte, ernannte ihn sein Lehrer, Doktor Gozzi, zum Aufseher über die Mitschüler. Casanova hatte nun die Aufgabe, die Fehler der Schüler zu verbessern und dem Lehrer Bericht zu erstatten. Diese Machtposition nutzte er zu seinen Zwecken. Mit den verschiedensten Leckerbissen und sogar mit dem Geld der Schüler ließ er sich bestechen. Wer ihm nicht reichlich spendete, wurde trotz guter Leistungen beim Lehrer angezeigt. Dieses ungerechte Regime konnte natürlich nicht lange währen, und Casanova wurde seines Postens enthoben.

Doktor Gozzi kam bald dahinter, welche Not Casanova zu diesem Mißbrauch getrieben hatte. Dank seines Einsatzes reiste Großmutter Marzia herbei und nahm den Jungen aus dem üblen Hause. Künftig wohnte er nun bei Doktor Gozzi, der seinerseits eine Pension für Jungen aufmachte. Neben dem Doktor wohnten noch dessen Eltern und die schöne dreizehnjährige Schwester Bettina im Haus.

Als Casanova elf Jahre alt war, kam seine Mutter zu Besuch, denn sie wollte vor ihrer Abreise nach Petersburg den Sohn noch einmal sehen. Sie war erfreut über die geistigen Fortschritte ihres Ältesten und bemängelte lediglich seine Haarpflege. Jeden Tag mußte nun Bettina ans Bett von Giacomo kommen und ihm die Haare bürsten. Aus diesem Zusammensein erwuchsen die ersten unschuldigen Liebkosungen. Es dauerte aber nicht lange, da gab sie ihm »die süßesten Küsse«, die ihn zunehmend verwirrten.

Eines Tages meinte Bettina, er sei an den Beinen schmutzig und müsse gewaschen werden. Sie zog ihn aus: »Auf meinem Bett sitzend trieb Bettina ihren Reinlichkeitseifer zu weit, und ihre Neugier verursachte mir solche Wollust, daß diese nicht eher aufhörte, als bis sie nicht weiter gehen konnte.« (I, 46) Danach fühlte er sich schuldig, die Gastfreundschaft der Familie verletzt zu haben. Dies »Verbrechen«, so sein Gedanke, konnte er nur dadurch wiedergutmachen, indem er sie heiratete, »wenn Bettina sich überhaupt entschließen könnte, einen ihr unwürdigen schamlosen Menschen zum Gatten zu nehmen.« (I, 47)

In der Folge ließ sich Bettina nicht mehr an seinem Bett sehen. Sie wandte sich einem der neuen Pfleglinge zu, einem gut gewachsenen Fünfzehnjährigen mit Namen Candiani. Casanova beschloß, der Schönen zu schreiben: »Mein Brief schien mir ein Meisterwerk zu sein und mehr als hinreichend, um zu bewirken, daß sie mich anbetete und mir den Vorzug vor Candiani gäbe (...).« (I, 47) Tatsächlich verabredeten sie sich zu einem nächtlichen Stelldichein, denn der Doktor war gerade verreist. Schlotternd vor Kälte wartete Giacomo auf dem Flur, doch statt Bettina traf er Candiani, der ihm einen kräftigen Tritt in den Bauch verpaßte und ihn aus der Tür und in den Schnee katapultierte.

Casanova kochte vor Wut und schmiedete die »schwärzesten Rachepläne«: »Sie alle beide zu vergiften, schien in mir in diesem furchtbaren und unglücklichen Augenblick sehr milde zu sein.« (I, 49) Außerdem fiel ihm noch ein Briefchen Candianis an Bettina in die Hände, der seine Wut noch weiter schürte: »Da Ihr Vater verreist ist, brauchen Sie nicht wie sonst Ihre Türe offen zu lassen.«

Am selben Tag berichtete Bettinas Mutter, die Tochter sei so krank, daß sie wohl sterben müsse. Casanova reagierte gefühlskalt: »Es hätte mich geärgert, wäre sie gestorben, ehe ich mich an ihr gerächt.« (I, 50)

Bettina galt unterdessen als verhext. Sie bog sich in Krämpfen und sprach irres Zeug. Schließlich wurde der berühmteste Teufelsaustreiber Paduas, ein Kapuziner, gerufen. Bettina warf dem guten Mann die fürchterlichsten Beleidigungen entgegen. Die Anwesenden amüsierten sich insgeheim darüber, »denn nur der Teufel konnte so frech sein, einen Kapuziner dermaßen zu behandeln. Dieser aber, als er sich Dummkopf, Eindringling und Stinkbock schimpfen hörte, schlug mit einem großen Kruzifix auf Bettina los.« (I, 53)

Diese Szenen brachten Giacomo immer wieder zum Lachen, denn er war überzeugt, daß Bettinas Krankheit eingebildet war und mit den »nächtlichen Aktivitäten« in Zusammenhang stand: »Unbegreifliches, talentvolles Mädchen! Sie ließ den Kapuziner abfahren, und kein Mensch wunderte sich darüber, denn alle ihre Antworten wurden dem Teufel zugeschrieben.« Wegen fortgesetzten Lachens schickte man Casanova nun häufig aus dem Zimmer.

Einmal ergriff Bettina, als der Kapuziner ihr Zimmer betrat, ein großes Medizinglas mit schwärzlichem Inhalt und warf es ihm an den Kopf. Den meisten Teil des Inhalts bekam der neben dem Teufelsaustreiber stehende Candiani ab, »was mir ungeheuer viel Vergnügen machte. Bettina hatte recht, daß sie sich die Gelegenheit zunutze machte, denn alles wurde dem armen Teufel auf Rechnung geschrieben.« (I, 54)

Da der Kapuziner mit seinen Bemühungen erfolglos blieb, kamen nun andere Exorzisten zum Zuge. Zwischenzeitlich ging es Bettina wieder besser, doch plötzlich bekam sie hohes Fieber und delirierte. Die Pocken brachen aus, und alle, die sie noch nicht gehabt hatten, mußten das Haus verlassen. Casanova hatte die Krankheit schon erlebt und blieb. Aufopfernd saß er viele Stunden täglich am Bett der Kranken, die dem Tode nahe war. Die Krankheit entstellte Bettinas Gesicht. Besonders schlimm war der Geruch, vor dem alle außer Casanova flohen.

Mit hintergründigem Humor weiß der brillante Schriftsteller Casanova seine aufmerksamen Beobachtungen zu beschreiben und gibt uns damit auch einen Einblick in das Denken der einfachen Leute seiner Epoche: So habe sich Bettinas Mutter beim Gemeindepfarrer erkundigt, »ob der Teufel, von dem sie besessen wäre, sie jetzt noch zu Tollheiten antreiben könne, und was aus dem Teufel würde, wenn Bettina stürbe. Denn sie hielt ihn, so sagte sie, nicht für so dumm, daß er in einem so ekelerregenden Körper bleibe. Der Doktor[16] (...) gab auf alle Fragen Antworten, in denen keine Spur vom gesunden Menschenverstand war, so daß dadurch die Verlegenheit der armen Mutter nur noch größer wurde.« (I, 69) In solcherlei Bemerkungen und auch seinen späteren Feststellungen, wie leicht man manchen Leuten mit okkultistischem Schabernack das Geld aus der Taschen ziehen könne, zeigt sich Casanova als Vertreter der Aufklärungsbewegung.

Die unerträglichen Qualen Bettinas versöhnten Casanova wieder mit ihr. Für alle überraschend überlebte sie. Auf Casanovas Gesicht blieben als Andenken drei Pockennarben zurück, die ihm »Ehre bei Bettina machten«, denn sie waren Zeichen seiner treuen Pflege. Endlich erkannte sie, »daß ich ihre ausschließliche Zärtlichkeit verdiente, (...) ohne jedoch eine Blume zu pflücken, die das Schicksal im Bunde mit dem Vorurteil für die Ehe aufbewahrte.« (I, 70)

Noch einmal bekam Casanova kurzen Besuch von seiner Mutter, bevor er in Padua das Studium der Rechtswissenschaft aufnahm. Da es damals keine höheren Schulen gab, mußte man Universitäten besuchen, wollte man ein normales Bildungsniveau erreichen. Ein Blick in die Archive der Universität Padua belegt, daß Casanova tatsächlich fünf Jahre bei den Juristen als Student eingeschrieben war. Wie so viele Fakten, die in Casanovas Lebensbericht Erwähnung fanden, wurde auch dies lange als Er-

16 Doktor der Theologie

findung des Autors abgetan, bis ein Historiker die Welt eines Besseren belehrte. Viel lieber wäre Casanova Arzt geworden und hätte damit einen Beruf, in dem »man mit Scharlatanerie noch mehr ausrichten kann als im Advokatenstande.« Das Handwerk des Blenders sollte ihn aber sein Leben lang begleiten, und auch im medizinischen Bereich wußte er es geschickt zu nutzen.

Mit dem Studium in Padua war ein sozialer Einschnitt verbunden; jetzt erst lernte er die Welt kennen, leider nicht von der besten Seite. Er nahm teil an studentischen Randalen gegen die Polizei und unter seinen Kollegen machte er vor allem schlechte Bekanntschaften: »Wüstlinge, Spieler, Hurer, Trunkenbolde, Prasser, Verführer ehrbarer Mädchen, Raufbolde, Lügner. (...) Als Kamerad solcher Leute lernte ich jetzt die Welt kennen.« (I, 72) In kürzester Zeit nahm man den Vierzehnjährigen im Spiel aus, und seine Schulden wuchsen immer mehr. Die zur Hilfe gerufene Großmutter Marzia nahm Casanova schließlich mit nach Venedig, damit er wieder zur Besinnung komme.

Zurück in Venedig, erhielt Casanova die vier niederen Weihen der Katholischen Kirche und wurde damit »Abate«, ein Laiengeistlicher. Dies hinderte ihn nicht, als Siebzehnjähriger den Doktortitel in der Rechtswissenschaft zu erwerben. Er selbst definierte sich jedoch als Geistlicher. Der Leser wird im unklaren darüber gelassen, wie diese Wandlung zustande kam. War es der Vormund Grimani gewesen oder doch eher die Großmutter, die darauf gedrängt hatte?

Im 18. Jahrhundert war ein Beruf in der Kirche ein Beruf wie jeder andere. Der fünfzehnjährige Abate Casanova hatte nicht die geringsten moralischen Skrupel; nirgends erfährt man etwas von einer Läuterung oder einer Hinwendung zum Glauben. Dazu muß man sich klarmachen, daß die große Anzahl der Abates ein fester Bestandteil der Rokokogesellschaft war. Im kurzen schwarzen Rock mit weißem Bäffchen traten sie einem allenthalben entgegen. Die jungen Abates besaßen Intelligenz und gute Umgangsformen. Ihre Bindung an die Kirche brachte ihnen den Zugang zur guten Gesellschaft ein, ohne selbst dem Adel anzugehören. Soziologisch betrachtet, waren die Abateämter ein Karrieresprungbrett für talentierte nichtadlige junge Männer, ganz wie Casanova einer war.

Den Titel »Abate« legten sich auch viele Müßiggänger zu. Im ausgesprochen überrepräsentierten geistlichen Stand – allein im vier Millionen Einwohner zählenden Königreich Neapel gab es 120.000 Priester – fanden sich zahlreiche Abates in weltlichen Berufen. Politiker, Dichter, Wissenschaftler begannen ihre Karriere nicht selten als Abate. Ein nach eigenen Angaben konservativer Neapolitaner klagte über diesen gesellschaftlichen Zustand:

»So stark hat sich der Klerus an Zahl vermehrt, daß die Fürsten entweder Maßnahmen ergreifen müssen, ihn zu beschränken, oder zulassen müssen, daß er den ganzen Staat verschluckt. Warum ist es notwendig, daß das kleinste italienische Dorf von fünfzig oder sechzig Priestern beherrscht wird? (...) Die große Zahl von Glockentürmen und Klöstern verdunkelt die Sonne.« [17/18]

Diese Einschätzung mag übertrieben erscheinen, doch tatsächlich besaß der weltliche Klerus Italiens ein größeres Vermögen und oft auch mehr Grundbesitz als der Adel.

Zusammen mit seinem Bruder Francesco wohnte Casanova im Sterbehaus des Vaters, für das die Mutter noch immer Miete bezahlte. Die Be-

17 Durant, Bd. 15, a.a.O., S. 261

18 Vgl. Werner Wolf Schrader, Leben, Werk und Wirkung des Giacomo Casanova de Seingalt in kultursoziologischer Interpretation, Dissertation zu Heidelberg 1956, S.17

schreibung des Hauses als »groß und gut eingerichtet« erstaunt, denn Zanettas Schauspielhonorare dürften wohl kaum für eine entsprechende Miete ausgereicht haben. Hatte der Vormund Grimani sich finanziell beteiligt?

Rialto-Brücke in Venedig, Gemälde von Canaletto (1697-1768)

Seine Einführung in die gute Gesellschaft Venedigs und die nötigen Umgangsformen erhielt Casanova von dem alten gichtkranken Patrizier Senator Malipiero. Regelmäßig war Casanova in Malipieros Haus zu Gast und wurde sogar als Ziehsohn des Alten betrachtet. Dessen Vorliebe galt dem schönen Geschlecht, insbesondere einem jungen Mädchen, Terese Imer, die sich dem Senator aber standhaft verweigerte. Eines Tages, nach einem Essen zu dritt, legte sich der Senator schlafen und ließ sie allein. Schnell bekamen die beiden »Lust, den Unterschied unserer Körperbildung festzustellen. Aber als wir gerade beim interessantesten Teil der Aufgabe waren, mußten wir unsere Arbeit unvollendet lassen, denn ich erhielt einen kräftigen Stockhieb über den Rücken und gleich darauf einen zweiten.« (I, 139) Ohne Mantel und Hut ergriff Giacomo die Flucht. Seit diesem Tag durfte er Signor Malipieros Haus nicht mehr betreten. Die Dienstboten des Hauses errieten sehr bald die Ursache von Casanovas Vertreibung, und so lachte bald die ganze Stadt über diese Geschichte.

Da Casanova durch die Förderung des Senators zahlreiche Adlige kennengelernt hatte, erreichte ihn eines Tages die Einladung, sich auf einem ländlichen Grafensitz zu erholen. Jeden Morgen kam dort Lucia, ein vierzehnjähriges schönes Mädchen, an sein Bett: »Ihre Haut war weiß wie

Alabaster, ihr Haar schwarz wie Ebenholz, ihr schwarzes Auge feurig und unschuldig zugleich, ihr Haar in reizender Unordnung.« (I, 95) Im Nu hatte sich Giacomo rasend verliebt. Doch der bloße Gedanke, mit Lucia zu schlafen, »macht ihn schaudern«, denn wie konnte er das Vertrauen seiner Gastfamilie enttäuschen?

Von Tag zu Tag wuchs sein Verlangen, doch er kehrte nach Venedig zurück, »ohne daß ich der süßen Versuchung erlag.« Als er nach einiger Zeit erneut auf den Landsitz eingeladen wurde, vernahm er, daß das Mädchen von einem Laufburschen entführt worden war. Wie er später erfahren sollte, endete sie im Elend. In eigenwilliger Art und Weise sollte diese Nachricht sein späteres Verhalten Frauen gegenüber grundsätzlich verändern: Bevor ihm Lucias Unglück zu Ohren gekommen war, »war ich eitel, ja stolz darauf gewesen, daß ich soviel Selbstbeherrschung besessen hatte, sie unberührt zu lassen; jetzt aber schämte ich mich und bereute meine Zurückhaltung; ich nahm mir fest vor, mich in Zukunft in dieser Beziehung vernünftiger zu benehmen.« (I, 130) Der Gedanke, daß das unglückliche Mädchen dem Elend und der Schande verfallen sei, machte ihn untröstlich. Er war sich sicher, daß sie »mein Andenken verfluchen, und mich als ersten Urheber ihres Unglücks hassen werde. Infolge dieses traurigen Ereignisses wandte ich mich einem neuen System zu, das ich dann in der Folge oft zu weit trieb.« (I, 130)

Hübsche Mädchen gab es zu seinem Glück auch in Venedig. Lange umwarb Casanova Angela, die Nichte des Pfarrers Tosello. Da sie sich aber stets nur von ihrer kühlsten Seite zeigte, wandte er sich kurzerhand zwei mit ihr befreundeten Schwestern zu: Martina und Nanetta. Durch einige Tricks verschaffte er sich Zugang zu ihrem Schlafzimmer, ohne jedoch zu vergessen, den besten Zypernwein und eine geräucherte Zunge mitzunehmen. Als es dann dunkel war, merkte er gar nicht, mit wem er zunächst die »Sache in Angriff nahm«. Daß ausgerechnet beim ersten berichteten Beischlaferlebnis die Person des Sexualpartners austauschbar war, mag man als symbolisch für die kommenden Jahrzehnte auffassen.

Erst nachdem seine »Anstrengungen (...) von vollem Erfolg gekrönt waren (...), entzückt einen Genuß gekostet zu haben, den ich in vollem Umfang selber jetzt zum erstenmal kennengelernt hatte (...)«, (I, 122) kümmerte er sich darum, wen er gerade beglückt hatte. In seinen sämtlichen Liebesberichten bediente sich Casanova einer auffallend technisch-aggressiven und künstlichen Sprache: »Das Opfer vollziehen«, »den Tribut der Liebesglut darbringen« oder »den vollständigsten Sieg erringen« – all das sind jedoch zeittypische Formulierungen, die man nicht ausschließlich Casanova zuschreiben darf.

Der junge Abate erlebte aber nicht nur Liebesabenteuer, sondern hielt auch Predigten. Die erste Gelegenheit ergab sich anläßlich einer Festpredigt für die »Bruderschaft zum Heiligen Sakrament«. Seit dem 16. Jahrhundert besaß in Italien nahezu jede Gemeinde eine solche Vereinigung, die in der Förderung einer christlichen Einstellung ihre Aufgabe sah. Casanova erinnerte sich mit Vergnügen an den Inhalt seiner ersten Predigt. Mit Versen von Horaz untermauert, beklagte er »die Bosheit und Undankbarkeit des Menschengeschlechts, wodurch es die Absicht der göttlichen Weisheit, es zu erlösen, zuschanden gemacht habe.« (I, 85) Zweifelsohne verrät uns der komödiantische Ton seiner Erzählung, daß Casanova seinen Auftritt eher als Posse betrachtete. In der vollbesetzten Kirche jedenfalls, war man sich über das Urteil schnell einig: »(...) Jedermann glaubte mir prophezeien zu können, daß ich der erste Prediger des Jahrhunderts zu werden bestimmt sei; denn im Alter von fünfzehn Jahren hätte noch niemand seine Sache so gut gemacht.« (I, 85) Im Klingelbeutel fanden sich die beträchtliche Geldsumme von fünfzig Zechinen[19], und einige Liebesbriefe! »Diese reiche Ernte (...) ließ mich allen Ernstes daran denken, Prediger zu werden.«

Doch schon die zweite Predigt machte alle diesbezüglichen Pläne zunichte: »Jung und von mir eingenommen wie ich war, glaubte ich, ich brauchte mir keine große Mühe zu machen, um meine Predigt auswendig zu lernen.« (I, 87) Nach den ersten Sätzen wußte er schon nicht mehr, was er sagen sollte. Die Kirchenbesucher lachten und verließen das Gotteshaus. Casanova verging vor Scham und fiel in Ohnmacht: »Ich hätte sterben mögen.«

Einschneidendere Folgen hatte der Tod der Großmutter im Jahre 1743. Mit ihr verlor er den einzigen Menschen, zu dem ihn ein tieferes, über eine längere Zeit gewachsenes Vertrauensverhältnis verband. Zudem gab die Mutter aus Warschau bekannt, daß das mit Francesco gemeinsam bewohnte Haus nicht länger gehalten werden konnte. Der Vormund, Alvise Grimani, beauftragte einen Vertrauten mit Namen Razetta, die Räumung vorzunehmen. Das rüde Benehmen dieses Mannes sollte Casanova nicht vergessen. Seine Rache ließ nicht lange auf sich warten.

Die Mutter hatte aber auch etwas Erfreuliches mitzuteilen. Durch besondere Kontakte mit der Königin von Polen hatte sie bei deren Tochter, der Königin von Neapel erreicht, daß ein mit ihr befreundeter Mönch Bischof in Kalabrien wurde, genauer gesagt, in Martorano . Da eine Hand die andere wäscht, sollte dieser Bernado de Bernadis als Bischof Casanova in Dienst nehmen und seine Kirchenkarriere unterstützen. Der junge Abate, noch nicht einmal achtzehn Jahre alt, war ganz aus dem Häuschen: »Ade Venedig! Mit der sicheren Aussicht auf das glänzendste Glück konnte ich es kaum erwarten, in die Laufbahn einzutreten (...). Eine Laufbahn, die mich vielleicht auf den päpstlichen Stuhl führen konnte.« (I, 137/142) Ein Frauenheld als Papst? Casanova wäre in der Kirchengeschichte weiß Gott nicht der erste gewesen ...

19 Bezeichnung für den venezianischen Dukaten

Zunächst jedoch beschlossen Zanetta Casanova und Alvise Grimani, Giacomo auf ein Internat zu schicken. Auf der Gondel, die ihn zu diesem Seminar führen sollte, erlitt er einen Schwächeanfall, der »ohne Zweifel« daher rührte, »daß ich zuviel Weihrauch auf dem Altar der Liebe verbrannt hatte.« Der Trennungsschmerz von Nanetta und Martina, hatte ihn zu häufig dem Gott der Liebe »opfern« lassen. Nicht zufällig umschrieb Casanova seine Liebesspiele immer wieder mit religiösen Ausdrücken, denn dieses »heilige Werk«, wie er es nannte, war seine eigentliche Religion.

In jenem Internat herrschten die strengsten Sitten. Vor allem anderen war untersagt, nachts im Bett eines anderen zu liegen, »denn man nahm an, daß ein solcher Besuch unmöglich unschuldig sein konnte. Es galt als Kapitalverbrechen (...).« (I, 148) Im Seminar fiel Casanova ein fünfzehnjähriger Junge wegen seines »schönen Gesichts und durch seine Geistesgaben« auf. Sie wurden so gute Freunde, daß sie wie ein Liebespaar eifersüchtig aufeinander wurden, wenn der eine mit jemand anderem sprach. Eines Nachts schlüpfte der Freund in Casanovas Bett. So wie Casanova es später darstellte, handelte es sich um eine völlig unschuldige Sache. Jedenfalls erwiderte Casanova den Besuch des Freundes, und als er in sein Bett zurückkehrte, lag schon ein anderer Junge darin. Der Skandal war perfekt. In Konstantinopel und in Rußland sollte Casanova noch zwei weitere flüchtige homosexuelle Erlebnisse haben, ohne daß man ihn jedoch deswegen als verhinderten Homosexuellen bezeichnen könnte.

Das kleine homoerotische Abenteuer brachte Casanova eine Anzahl Stockhiebe und einen Aufenthalt im Karzer ein. Als dem Vormund Grimani das Ganze zu Ohren kam, ließ er Casanova sofort abholen. Am selben Abend noch eilte Casanova zu seinen beiden Geliebten. Doch schon am nächsten Tag erlebte er eine böse Überraschung: Nach dem Besuch bei der schon älteren Signora Manzoni, die für eine lange Zeitspanne seines Lebens eine Art von geistiger Freundin werden sollte, zwangen ihn einige Männer unter Androhung von Gewalt, in eine Gondel zu steigen. Er folgte seinem Wahlspruch »sequere deum«[20] und leistete keinen Widerstand. Als der Vorhang zur Seite gezogen wurde, erkannte er »seinen bösen Genius« Razetta, der wieder einmal von Grimani mit einer unliebsamen Aufgabe betraut worden war. Casanova hatte in seiner Wut keinen Blick dafür, daß Razetta nur den Auftrag seines Herrn ausführte, und seine Wut den Falschen traf.

Man brachte ihn in die Festung Sant' Andrea. Dort kam er zwar nicht in Haft, sondern erhielt sogar den Sold eines Soldaten, doch durfte er die gänzlich von Wasser umgebene Festung nicht verlassen. Der Aufenthalt

20 Lateinisch: »Folge dem Gott«, was heißen soll, daß man sich den scheinbar zufälligen Ereignissen des Lebens fügen soll, weil oft ein gewisser Sinn dahinter liegt. Diesen Spruch hatte ihm der Senator Malipiero ans Herz gelegt, und er sollte ihn in den nächsten Jahrzehnten oft befolgen.

war als eine Art pädagogischer Urlaub gedacht. Der gesellige Casanova machte sich schnell bei allen beliebt. Auch Gelegenheiten zum Flirten waren reichlich vorhanden. Eine kurze Romanze mit einer schönen Griechin, der Frau eines Fähnrichs, bescherte ihm allerdings unangenehme Folgen: Er holte sich eine Gonorrhoe und schämte sich sehr dafür. An einer anderen Stelle der Memoiren äußerte er, er habe den größten Teil seines Lebens damit verbracht, »mich krank zu machen; wenn ich dann meinen Zweck erreicht hatte, suchte ich ebenso eifrig wieder meine Gesundheit wieder zu erlangen. Beides ist mir gleich gut gelungen; aber heute (im Alter!), da ich mich in dieser Hinsicht vollkommener Gesundheit erfreue, ist es mir schmerzlich, daß ich mich nicht mehr krank machen kann.« (III, 228)

Damals wurden zwar auch schon Kondome[21] benutzt, doch Casanova machte nur selten Gebrauch von ihnen. Entgegen unserer Annahme waren Präservative nicht nur ein Privileg für die Reichen; in England wurde in großen Anzeigen dafür geworben, um die Infektionshäufigkeit zu mindern. Die Schwangerschaftsverhütung spielte dabei allerdings eine untergeordnete Rolle.[22]

Wegen der sommerlichen Hitze schrieb Casanova an seinen Vormund, er möge ihm leichte Kleidung schicken. Kurz darauf erschien erneut Razetta und reichte Casanova die Kleider mit den Worten: »Da bring' ich dir deine Lumpen!« Casanova kochte vor Zorn und beschloß, sich zu rächen. Er bestach einen von den Schiffern, die regelmäßig die Lebensmittel brachten, ihn nach Einbruch der Dunkelheit abzuholen. Zuvor hatte er sich jedoch ein handfestes Alibi besorgt. Am Nachmittag markierte er vor allen Leuten einen Unfall und tat, als hätte er sich den Fuß verstaucht. Der Arzt zwang ihn, ins Bett zu gehen, wo man ihm Wickel mit Kampfer machte. Da ihn viele Leute besuchten, bat er sich zur Bewirtung einen Soldaten aus, den er gut kannte. Ein einziges Glas Branntwein genügte, um ihn betrunken zu machen und tief schlafen zu lassen.

Anschließend fuhr er mit dem Bootsmann in die Stadt, besorgte sich einen Knüppel und wartete in der Nähe von Razettas Haus auf dessen Heimkehr. Als er ihn erblickte, stürmte er auf ihn zu, schlug ihn auf den Kopf und die Arme und warf ihn schließlich ins Wasser. Razetta erkannte ihn und schrie seinen Namen. Ein herbeieilender Furlane[23] erkannte ihn ebenfalls. Von überall her liefen nun Leute herbei, doch Casanova entkam auf seinem Boot. Bei der Festung angekommen, kletterte er am Mast des Schiffes entlang, durch das Fenster in sein Zimmer zurück, während die Uhr gerade Mitternacht schlug. Der Soldat schlief noch, und Casanova legte sich zu Bett. Mit einem gellenden Schrei weckte er den Mann

21 Sie konnten aus unterschiedlichen Materialen bestehen, z.B. aus Därmen oder feinster Seide.
22 Laut Daniel Turner in einem 1717 geschriebenen Buch über die Syphilis. Zitiert nach, Gordon Rattray Taylor, Kulturgeschichte der Sexualität, Frankfurt 1970, S. 150
23 Packträger und Dienstmann in Venedig

und wand sich, als hätte er eine Bauchkolik. Der Beichtvater der Bastion eilte herbei, um ihm ein Medikament zu bringen.

Am nächsten Morgen erschien der Festungskommandant und berichtete, Razetta sei um Mitternacht verprügelt worden. Die Nase sei gebrochen, der Arm verwundet, und drei seiner Zähne seien im Kanal versunken. Razetta habe Casanova erkannt und ihn angezeigt, doch selbstverständlich könne jeder im Fort dafür bürgen, daß Casanova krank gewesen sei, und es sich infolgedessen um einen Irrtum handeln müsse.

Drei Tage später erschienen Beamte, die Casanova verhören wollten. Der Beichtvater, der Soldat und noch einige andere schworen, daß Casanova krank gewesen sei und mit Sicherheit das Zimmer nicht habe verlassen können. Da Razetta als Tatzeitpunkt Mitternacht angegeben hatte, fiel auch dies zu Casanovas Gunsten aus, denn um Mitternacht war der Beichtvater bei ihm gewesen. Dieses niet- und nagelsichere Alibi hatte zur Folge, daß Razetta zu allem Ungemach auch noch für die Untersuchungskosten aufkommen mußte. Bald darauf durfte Casanova die Festung wieder verlassen.

Endlich konnte Casanova seiner geistlichen Berufung folgen. Er verabschiedete sich von seinem Vormund Grimani und machte sich auf den Weg zu Bischof Bernardo de Bernadis in Kalabrien. Unterwegs verführte er in der Stadt Orsara die Haushälterin eines Priesters. Den Ereignissen vorausgreifend, sei erwähnt, daß Casanova ein Jahr später wiederum in dieser Stadt weilte und einem Arzt begegnete, der beteuerte, ihm »aufs Höchste verpflichtet« zu sein. Casanova verstand ihn nicht. Der Arzt versicherte noch einmal, er sehe in ihm seinen Wohltäter und müsse ihn jetzt zu einem guten Essen einladen. Darauf erzählte er, er betreibe seit zwanzig Jahren in der Stadt sein Handwerk als Arzt, doch er könne eher schlecht als recht davon leben, da nur selten einmal ein Aderlaß oder eine Schröpfkur vorzunehmen sei. Doch seit dem vergangenen Jahr sei er nun endlich zu Reichtum gekommen; Casanova scheine ihm vom lieben Gott geschickt worden zu sein. Immer noch verstand Casanova nicht, worauf der Arzt hinaus wollte. Schließlich erzählte der Mann, Casanova habe der Haushälterin ein »Liebesandenken« – welch ein Wort für eine Geschlechtskrankheit! – hinterlassen. Die Frau habe es an einen Liebhaber vermacht, der es wiederum so freigiebig weitergegeben habe, daß in kürzester Zeit fünfzig Patienten zu ihm gekommen seien. »Die folgenden Monate«, so fuhr der Mann begeistert fort, »waren nicht minder fruchtbar, und ich kurierte alle Leute und ließ mich, wie recht und billig, gut bezahlen. Noch jetzt habe ich einen Patienten, doch nach einem Monat werde ich niemand mehr haben, denn die Krankheit ist erloschen. (...) Darf ich mir schmeicheln, daß Sie einige Tage hier bleiben werden, um die Quelle meines Glücks von neuem hervorsprudeln zu lassen?« (II, 68) Zum Leidwesen des Arztes mußte Casanova seine Fahrt fortsetzen.

Nach einigen weiteren Abenteuern kam er endlich bei dem Bischof an. Kalabrien war schon damals eine arme Gegend, und Casanova wußte sofort, daß er hier nicht bleiben konnte: »(...) nichts als jämmerliches Elend und nichts von jenem angenehmen Überflüssigen, wodurch das Leben erst erträglich wird.« (I, 217) Das »angenehm Überflüssige« hat Casanova sein ganzes Leben gesucht: schöne Salons, in denen man geistreiche Gespräche führen, dem Spiel frönen und hübsche Damen kennenlernen kann. Von all dem gab es in der Provinz nichts; keinerlei geistige Nahrung war vorhanden, noch nicht einmal einen einzigen Buchhändler hatte das Bistum aufzuweisen. Casanova war zu einem Snob geworden, der herablassend auf die unteren sozialen Klassen blickte: »Dazu die Entartung der spärlichen Bevölkerung (...), die ich nur mit Erröten als Abkömmlinge meiner eigenen Rasse anerkennen konnte.« (I, 218) Ein mitfühlendes Wort für sozial Unterprivilegierte wird man in den Memoiren vergeblich suchen.

Statt einen Bischof in prunkvoller Residenz anzutreffen, wie in den großen Städten Italiens üblich, entpuppte sich Bernardo de Bernadis als armer Schlucker, der in einem baufälligen Gemäuer hauste. Seine Schäfchen zählten zu den Ärmsten Italiens, und so hatte der Bischof mehr Schulden als Einkommen. Casanova wollte dem Mann nicht zur Last fallen, der ihn ohnehin als Sekretär hätte kaum bezahlen können. Doch versehen mit einigen Empfehlungsbriefen für Rom, hoffte Casanova, seine Kirchenkarriere auf andere Weise starten zu können.

Die nun folgenden Ereignisse (1743-1745) sind in bezug auf ihre Datierung mit Recht umstritten[24], doch folgen wir Casanovas Angaben. Auf der Fahrt nach Rom verliebte sich Casanova in Lucrezia, die Frau eines Advokaten, der in Rom einen längeren Prozeß vor sich hatte. In einem Gasthaus übernachteten der Advokat und Casanova aus Raummangel zusammen in einem Bett, während Lucrezia und ihre Schwester in einem benachbarten Zimmer schliefen. Soweit war dies im 18. Jahrhundert nichts Ungewöhnliches. Als der Advokat eingeschlafen war, wollte Casanova sich zu Lucrezia schleichen, doch leider machte das Bettgestell einen so furchtbaren Lärm, daß der Ehemann wach wurde. Eine Weile später weckte den Advokaten erneut großer Lärm, und diesmal ging er nach unten, um nachzusehen, während Casanova auf schnellstem Weg zu dem erträumten Abenteuer eilte. Manchmal kommt es anders, als man denkt: Um nichts von der »kostbaren Zeit zu verlieren, nahm ich mir so viele Freiheiten, wie ich nur konnte, wobei mich noch die Schwäche des Widerstandes ermutigte. Da ich mich aber trotz aller Vorsicht etwas zu schwer auf meine Schöne gelegt hatte, brach das Bett zusammen, und da lagen wir nun alle drei im schönsten Durcheinander.« (I, 236)

---

24 Vgl. Heinz von Sauter, Der wirkliche Casanova, Stuttgart 1987, S. 51

Der Krach lockte den Advokaten herbei, doch schöpfte er keinen Verdacht. Als man Licht brachte, lachte er beim Anblick des zusammengebrochenen Bettes und bat den zurück in sein Schlafzimmer geflüchteten Casanova, es sich anzuschauen: »Aber ich war bescheiden und unterließ es.« Während seiner Zeit in Rom traf Casanova Lucrezia regelmäßig, und angeblich wurde sie von ihm auch geschwängert.

Die Karriere des Neunzehnjährigen begann in Rom recht vielversprechend. Er wurde Sekretär des Kardinals Acquaviva, eines gefürchteten Frauenhelden, und lernte auf dessen Anweisung hin zunächst einmal Französisch. Casanova begriff schnell, daß Rom eine Stadt mit ihren eigenen Gesetzen war. Um hier Karriere zu machen, mußte man ein »Chamäleon« sein, das sich allen Situationen diplomatisch anzupassen wußte. Hinterlistige Offenheit, Falschheit und Undurchdringlichkeit waren gefordert, die Gesichtszüge mußten stets maskenhaft verstellt sein, und was das Religiöse betrifft, so genügte ebenfalls der äußere Schein. Erstaunt stellte er fest, »daß es keine katholische Stadt gebe, wo in religiösen Dingen so wenig Zwang ausgeübt wird. Die Römer gleichen den Angestellten beim Tabaksmonopol, die soviel umsonst nehmen dürfen, wie sie wollen.« (I, 241) Casanova wußte wovon er sprach, denn in Spanien sollte er später ganz andere Sitten kennenlernen.

Kardinal Acquaviva

In Rom wimmelte es von Abates: Da es nicht verboten war, geistliche Tracht zu tragen, »so trägt sie jeder, der geachtet werden will.« Nur Adlige, die keine geistliche Laufbahn einschlagen wollten, verzichteten darauf. Einer dieser Abates, ein Kastrat, bot Casanova in einem Café seine Liebesdienste als Mann oder auch als Frau an, ganz wie er wolle; Casanova lehnte jedoch ab.

Auch die Kardinäle unterschieden sich in Sachen moralischer Festigkeit kaum vom niederen Klerus. Kardinal Colonna di Sciarra ließ sich beispielsweise von Casanova Liebesgedichte verfassen, die er seiner Geliebten gegenüber als eigene ausgeben konnte.

In Rom begegnete Casanova sogar dem Papst. Bendikt XIV. hatte sich gerade von einem Mann mit den Worten, »Empfehlt Euch Gott!« verabschiedet, worauf der Mann sich traurig entfernte. Im folgenden Wortwechsel mit dem Papst blitzt jener Witz auf, der das Lesen der Memoiren so unterhaltsam gestaltet:

»›Dieser Mann, Allerheiligster Vater‹, sagte ich, ›ist von der Antwort Eurer Heiligkeit nicht sehr befriedigt?‹

›Warum?‹

›Weil er allem Anschein nach sich Gott bereits empfohlen hatte, bevor er mit Ihnen sprach. Wenn nun Eure Heiligkeit ihn an Gott verweisen, so wird er, wie es im Sprichwort heißt, von Pontius zu Pilatus geschickt.‹« (I, 265)

Der Papst und seine Begleiter lachten laut auf. Als Casanova bei dieser günstigen Gelegenheit erzählte, daß er von den Fastenspeisen Augenentzündungen bekomme, dispensierte der Papst ihn vom Verbot des Fleischessens. Neben den von Kardinal Acquaviva verordneten Französischstunden und den kirchlichen Tätigkeiten blieb ihm genügend Zeit für das Verhältnis mit Lucrezia, an das er sich mit feierlich religiösen und militärischen Worten erinnert:

*»(Wir) trockneten (...) als erfindungsreiche Diener unserer Liebe ernst und schweigsam unsere Lager, auf dem der Ausbruch unserer ersten Leidenschaft seine beredten Spuren hinterlassen hatte. Eifersüchtig bedacht auf das Feuer, das sich in unseren Adern neu entzünden sollte, besorgten wir diesen **heiligen Dienst** mit feinster Wäsche gegenseitig, **feierlich** und in **gottesfürchtiger Stille**. Nach dieser Buße bedeckten wir alle die Stellen unseres Körpers mit Küssen (...).« (I, 270) (Hervorhebung durch den Autor)*

Papst Benedikt XIV.

Der »Kampf«, dessen »Taktik« nur der Göttin der Liebe bekannt sein könne, wurde fortgesetzt: »(...) wie zwei tapfere Krieger, die ihre Waffen nur sinken ließen, um mit um so größerer Glut den Kampf wieder zu - beginnen (...).« (I, 271) An einer anderen Stelle (IV, 42) ist die Rede vom »Schlachtfeld der Liebe«. Waffen, Krieger, Kampf, Schlachtfeld ..., als sei der Krieg ausgebrochen und keine stürmische Liebesnacht! Jedes Zeitalter enthüllt sich auch durch die von ihm praktizierte Sprache.

Nachdem sich die Dinge für Casanova in jeder Hinsicht aufs beste entwickelt hatten, geschah etwas Unvorhergesehenes: Die Tochter seines Französischlehrers floh vor der Polizei zu ihm, denn man war ihrem Geliebten auf den Fersen, der sie aus Rom entführen wollte. Um seine Karriere nicht zu gefährden, hätte Casanova das Mädchen auf keinen Fall verstecken dürfen. Doch genau das tat er, denn er ließ sich anrühren: »Nichts ist so unwiderstehlich wie Tränen aus schönen Augen, wenn ein schönes, anständiges und unglückliches Weib sie vergießt.« (I, 290)[25] Ohne sich dem Mädchen sexuell anzunähern, versteckte er sie, und als die Sache aufflog, sah sich sein Brotherr Kardinal Acquaviva gezwungen, ihn zu entlassen. Der Kardinal würdigte zwar Casanovas ehrenhaftes Handeln, doch wegen des entstandenen Geredes sah er sich zu seinem aufrichtigen Bedauern zu diesem Schritt gezwungen. Zum Schluß bot er ihm ein Empfehlungsschreiben, für welches Land und welche Stadt auch immer, an. Ohne selbst zu wissen, wie ihm geschah, hörte sich Casanova »Konstantinopel« sagen.

Casanova verließ Rom und lernte in Ancona einen Kastraten mit Namen Bellino kennen.[26] Er verliebte sich in den jungen Mann und war sicher, daß es sich in Wahrheit um eine Frau handelte. Nach langem Hin und Her bestätigten sich seine Anatomiekenntnisse. Er beschloß, wie noch viele weitere Male in seinem Leben, das Mädchen zu heiraten. Doch wie er selbst zugab, liebte er die Frauen zwar bis zum »wahnsinnig werden«, seine eigene Freiheit aber liebte er noch mehr. Immer wenn er im Begriff stand, sie zu verlieren, »hat das Schicksal mich gerettet«. Immer sollte »etwas« dazwischenkommen. Entweder lernte die Angebetete gerade zufällig »eine gute Partie« kennen, der Casanova gerne zustimmte, oder sie erhielt beruflich ein glänzendes Angebot, oder aber das Schicksal sorgte anderweitig für eine Trennung.

Im Falle Teresa Bellino war es eine Paß-Überprüfung, die ihn vorübergehend in Haft brachte und somit die Heiratspläne in den Hintergrund drängte. Teresa fuhr nach Rimini, wo sie ihn später darüber unterrichtete, daß man ihr in Neapel ein glänzendes Angebot an einem Theater gemacht habe. Wie konnte sich Casanova da quer stellen? Er riet ihr zu und versprach nachzukommen, um sie dort zu heiraten. Doch er scheint sie schnell vergessen zu haben und von einer Neapelreise war keine Rede mehr. Im letzten Memoirenband findet sich zu Casanovas Fähigkeit des Vergessens der zwiespältige Ausspruch:

»Alle Trennungen sind furchtbar, und die letzte scheint stets noch schlimmer zu sein als alle vorhergehenden. Ich wäre hundertmal gestorben, wenn Gott mir nicht eine gute Veranlagung gegeben hätte, die sich leicht mit den Tatsachen abfand und

25 Casanova zitiert hier einen Vers seines Lieblingsdichters Ariost
26 Wahrscheinlich die Tänzerin Teresa Lanti

sich in wenigen Tagen beruhigte. Man hat Unrecht, wenn man das Vergessen nennt. Vergessen rührt von Schwachheit her; um sich zu beruhigen, indem man einen Ersatz unterschiebt, ist eine Kraft nötig, die man zu den Tugenden rechnen kann.« (XII, 108)

Zu jener Zeit kam Casanova der Gedanke, Soldat zu werden, denn nach der Entlassung aus den Diensten des Kardinals, waren seine Karrierechancen in der Kirche dahin.[27] Außerdem stellte er fest, daß der »Soldatenrock in Ehren« gehalten und man respektiert wurde. Er ging zu einem guten Schneider und ließ sich eine Phantasieuniform anfertigen. Der Venezianer Casanova liebte nicht nur die Verkleidung und Maskerade, sondern sie entsprach auch seinem Naturell: Nachdem er sich mit einem langen Degen, einem schönen Stock in der Hand, einem »keck aufgekrempelten Hut mit schwarzer Kokarde auf dem Kopf« und einem langen künstlichen Zopf auf dem Rücken versehen hatte, präsentierte er sich in Bologna. Die Uniform war weiß, die Weste blau, mit »goldenen und silbernen Fangschnüren und gleicher Degenquaste.« (II, 52)

Jeder andere hätte vielleicht in dieser Aufmachung lächerlich gewirkt, aber Casanova besaß die Fähigkeit, seine Mitmenschen – oft gegen deren Willen, mit seinem Auftreten zu beeindrucken. Alle Leute interessierten sich für ihn, als er in ein Kaffeehaus ging, doch er tat ganz unbefangen und genoß es, bewundert zu werden. Hier kam das Kind im Manne zur Geltung, jenes Kind, dem sich früher niemand zugewandt hatte und das keiner loben wollte.

Noch ein anderer Charakterzug kam hier zum Tragen: Casanova war zeitlebens ein äußerst eitler Mensch. Schmuck, Kleidung, Parfüm und Frisuren waren stets perfekt aufeinander abgestimmt. Wollte man im Rokoko etwas gelten, mußte man der Form den höchsten Wert beimessen.

Aus dem Spiel wurde Ernst, als Casanova nach Venedig zurückkehrte. Da es im 18. Jahrhundert kaum etwas gab, das man nicht kaufen konnte, wie Ämter, Offiziersstellen oder Titel, erwarb er sich die Stelle eines Leutnants, die dieser aus Gesundheitsgründen aufgeben wollte. Casanova war nun Soldat der Republik Venedig und diente einem auf Korfu stationierten Regiment. Zu seinem Leidwesen wurde er aus militärinternen Gründen aber nur als Fähnrich eingestellt, doch als Ausgleich sicherte man ihm sowohl eine spätere Beförderung zum Leutnant als auch einen längeren Urlaub zu.

Bald schon trat Casanova seine geplante Reise nach Konstantinopel an. Unter den Menschen, die er kennenlernte, war ein Türke mit Namen Jussuf, der den jungen Mann schätzte und ihm seine Tochter anbot, ohne daß er sie vorher allerdings sehen durfte. Casanova lehnte ab, vor allem, weil er in sich eine Mission fühlte, die er erfüllen mußte. Er spürte, daß er

---

27 Die Chronologie der Ereignisse wird zu Recht angezweifelt. Siehe auch Fußnote Nr. 24 und 28

berühmt werden würde, und dieser Zukunft durfte er keinesfalls den tristen Alltag eines Familienvaters in den Weg legen. Noch in seiner Lebensmitte wurden viele wichtige Entscheidungen Casanovas von dem Gedanken an seine »Mission« beeinflußt. Tatsächlich fand er seine ihn unsterblich machende Aufgabe aber erst im Alter: Das Schreiben der Memoiren.

Eine andere Bekanntschaft in Konstantinopel knüpfte Casanova mit Ismael Effendi, den die Historiker mittlerweile als einen ehemaligen türkischen Außenminister identifiziert haben. Wieder einmal wurden Casanova homosexuelle Avancen gemacht: Ismael Effendi »bekam Einfälle, die ich nicht nach meinem Geschmack fand. Ich erklärte ihm lachend, daß ich kein Freund solcher Dinge sei; als mir dann seine Freundlichkeiten lästig wurden, stand ich etwas hastig auf.« (II, 87)

Bei einer anderen Gelegenheit hatte Ismael Effendi mehr Glück, seinen Gast zu erfreuen. Die Geschichte begann wie ein Märchen aus Tausendundeinernacht. Ismael brachte seinen Gast in ein Kabinett, das ein Fenster zu einem Teich hatte, und bat ihn, keinerlei Geräusche zu machen. Casanova ahnte, daß »etwas Amüsantes« geschehen würde. »Wir traten ein und sahen bei dem Licht des Mondes, das voll auf das Wasser des Teiches fiel, drei Nymphen, die bald schwimmend, bald aufrecht oder auf den Marmorstufen sitzend sich unseren Augen von allen möglichen Seiten, in allen Stellungen der Anmut und Wollust darboten.«(II, 98) Dieses »entzückende Schauspiel entflammte mich auf der Stelle« und – wir ahnen mittlerweile schon Casanovas Wortwahl voraus – das »Feuer mußte gelöscht« werden. Ismaels »Strategie«, denn wir dürfen dem Türken vermutlich Hintergedanken unterstellen, ging auf: Er »trug den Sieg davon, denn da er sich in meiner Nähe befand, mußte er den Gegenstand meiner Wünsche ersetzen (...). Und ich mußte erfahren, daß auch er mir Genugtuung verschaffte. Ich hätte wenig Großmut bewiesen, wenn ich mich dagegen gewehrt hätte; außerdem wäre ich ihm gegenüber undankbar gewesen. Dazu war ich aber aufgrund meines Charakters nicht fähig.« (II, 99)

Nach diesem kurzen Aufenthalt in Konstantinopel[28] kehrte Casanova mit einem Schiff nach Korfu zurück. Dort hatte er eine Liebschaft mit einer adligen Dame, »Signora F.« Die Liaison mit einer Adligen war für Casanova stets besonders erstrebenswert, weil er selber aus niederen Verhältnissen stammte. Zunächst fühlte er sich ihr so tief unterlegen, daß er eine intimere Kontaktnahme für ausgeschlossen hielt. Doch er hatte Erfolg. Nachdem er sich jedoch bei einer Prostituierten ein neues hartnäckiges »Liebesandenken« zugezogen hatte, wollte sie nichts mehr von

28 Historische Forschungen legen nahe, daß Casanova 1741 zum ersten Mal nach Korfu und Konstantinopel fuhr und 1743 nochmals nach Korfu reiste. Erst danach ereignete sich die Episode auf dem Fort St. Andrea und der Rom-Aufenthalt beim Kardinal Acqaviva mit der anschließen Bellino-Affäre.

ihm wissen. Zu allem Unglück hatte er auch noch Pech im Spiel. Frustriert resümierte er: »Als ich reich und gesund war, wurde ich von aller Welt gefeiert; dem Armen und Abgemagerten erwies man kein einziges Zeichen von Achtung mehr.« (II, 182)

Was blieb, war wieder einmal die Abreise. Mit der Fahrt nach Venedig ließ er zugleich einen Berg von Schulden zurück, »nicht aus bösem Willen«, wie er behauptet, sondern »aus Gedankenlosigkeit«.

Im Jahre 1746 wurde Casanova einundzwanzig Jahre alt. Obwohl noch so jung, hatte er schon eine Vielzahl von Abenteuern und drei erfolglose berufliche Anläufe hinter sich: Advokat, Geistlicher und Soldat. Was nun? Der Untertitel des siebten Kapitels im zweiten Memoirenband lautet: »Ich werde ein Taugenichts«. Mangelnde Ehrlichkeit kann man Casanova nur selten vorwerfen.

Im Orchester des Theaters San Samuele trat das Multitalent Casanova gegen kärglichen Lohn als, wie er selbst sagt, »mittelmäßiger« Geigenspieler auf. Doktor Gozzi hatte ihm seinerzeit in Padua das Violinspiel beigebracht. Zusammen mit seinen neuen Freunden trank und spielte er und ging in Bordelle, wo man die »unglücklichen Mädchen der Verdorbenheit ihres kargen Lohnes beraubte«, obwohl er ihnen vom Gesetz garantiert war. Die Prostituierten waren in Venedig und auch in manch anderen Staaten gesetzlich geschützt, weshalb sich Casanova durch dieses Verhalten mutwillig großer Gefahr aussetzte.

Zu den üblichen Streichen der jungen Leute gehörten nicht nur das noch relativ harmlose Losbinden von Gondeln, die anschließend herrschaftslos in den Kanälen trieben, sondern auch gemeinschaftliche Vergewaltigungen. Aus einer Schenke entführten sie die Frau eines Mannes, indem sie sich als Sbirren[29] ausgegeben hatten. Freimütig erzählte Casanova von jener »schönen Heldentat«:

»Unser Chef (mußte) den Tanz eröffnen; durch Höflichkeiten besiegte er das natürliche Widerstreben, das sie anfangs bezeigte, das Opfer in so zahlreicher Gesellschaft zu vollbringen. Ohne Zweifel erschien ihr die Opfergabe süß, denn nachdem ich mich als mutiger Opferpriester zur zweiten Opfergabe angeboten hatte, empfing sie mich mit einer Art Erkenntlichkeit; und sie konnte ihre Freude nicht verbergen, sobald sie sah, daß sie bestimmt war, ebenso viele glücklich zu machen, als wir Gäste waren.« (II, 192)

Nach vollbrachter Tat begleiteten sie die Frau nach Hause, worauf diese sich angeblich in der »herzlichsten und aufrichtigsten Weise bei uns bedankte!« Tatsächlich? – fragt sich der Leser fassungslos. Die Szene wirkt durch und durch unglaubwürdig. Hätte die Frau gegen die Grobiane Widerstand geleistet, wäre womöglich weit Schlimmeres passiert. Casanova zeigte auch als alter Mann, der dies in seinen Memoiren aufzeichnet, nicht das geringste Schuldgefühl.

Der Ehemann der Frau erstattete Anzeige gegen unbekannt. Die Obrigkeit kam den Tätern bald auf die Schliche, doch sie unternahm nichts.

29 Venezianische Polizisten

Ganz Venedig lachte über den gehörnten Ehemann. Das 18. Jahrhundert besaß kaum Sensibilität für sexuellen Mißbrauch, wie könnte es auch anders sein, wenn man den Trieb als etwas Naturgegebenes ansah, dem man sich fügen mußte. Noch ein weiterer Umstand band in diesem Falle der Justiz die Hände: Der Anführer der Bande war ein Adliger, und Adlige wurden nur in den seltensten Fällen vor Gericht gestellt.

Ein Zufall brachte Casanova aus diesem schlechten Milieu heraus. Eines Tages bemerkte er, als er gerade eine Treppe hinabstieg, einen Senator in seiner roten Robe. Der Mann zog ein Schnupftuch aus seiner Hose und ließ dabei einen Brief fallen. Casanova hob ihn auf und reichte ihn dem Senator. Bragadin, so hieß der in Venedig berühmte Staatsmann, fragte Casanova, wo er hin wolle, und nahm ihn in seiner Gondel mit. Kaum waren sie abgefahren, da traf den Senator ein Schlaganfall.

Casanova besorgte einen Arzt und brachte den Kranken in dessen Haus. Dort übernahm er sofort das Zepter: Er kümmerte sich aufopferungsvoll um Bragadin und schickte alle Besucher fort, außer Dandolo und Barbaro, dessen adlige Freunde. Als einer der beiden vorschlug, Casanova könne sich jetzt wieder seinen Geschäften zuwenden und gehen, antwortete er, daß er bleiben müsse, denn, »›wenn ich mich entfernte, würde der Kranke sterben, und ich bin überzeugt, daß er so lange leben wird, als ich hier bleibe.‹ Diese salbungsvolle Antwort (...) machte einen starken Eindruck auf sie.« (II, 196)

Casanova hat in seinem Leben immer gespürt, wann das Schicksal ihm eine Chance bot. Der behandelnde Arzt rieb Bragadins Brust mit Quecksilbersalbe ein. Casanova hatte nicht nur einen praktischen Menschenverstand, sondern zeit seines Lebens immer wieder bewiesen, daß er über fundiertere medizinische Kenntnisse verfügte als viele Ärzte. Erschreckt beobachtete er, wie Bragadin immer schwächer wurde und zweifellos an der Salbe gestorben wäre, wenn man sie ihm nicht abstreifte. Dandolo und Barbaro dagegen waren überzeugt, daß die Salbe ihrem besten Freund das Leben retten würde. Casanova war jetzt ganz in seinem Element. Ohne sich auf weitere Diskussionen einzulassen, machte er sich ans Werk. Nach nur drei Minuten atmetete der Kranke schon leichter und fiel in den Schlaf.

Am nächsten Morgen erschien der Arzt, und angesichts des munteren Patienten freute er sich, daß die Quecksilberkur so gut angeschlagen habe. Als Dandolo ihn jedoch aufklärte, was tatsächlich geschehen war, wurde der Arzt zornig und prognostizierte das Schlimmste. Schließlich schaltete sich Bragadin ein. Er lobte Casanova als einen Arzt der klüger sei als er. Beleidigt verließ darauf der Arzt das Haus. Casanova jedoch sah sich in einer neuen Rolle: »(...) Ich war also der Arzt eines der berühmtesten Mitglieder des Senates von Venedig geworden. Ich muß gestehen, (...) ich war davon entzückt, und ich sagte dem Kranken, er bedürfe nur der Diät, und die Natur werde (...) alles übrige besorgen.« (II, 197 f.) Mit solch einfachen Therapieanweisungen sollte Casanova in Zukunft noch so manchen heilen. Des öfteren hat er darauf hingewiesen, daß er, im Gegensatz zu den Ärzten, wenigstens keinen Schaden anrichtete und damit der Natur die besten Möglichkeiten zu einer Heilung bot. In der Tat sind im 18. Jahrhundert nicht wenige Patienten durch falsche Behandlungen geschädigt worden.

Doch Casanova bot sich noch eine zweite Chance: Die drei unzertrennlichen Freunde waren Jungesellen geblieben, damit sie sich ungestört mit okkultistischen Dingen beschäftigen konnten. Casanova bewies sogleich, daß er das Metier ebenfalls studiert hatte. Er demonstrierte ihnen eine Zahlenberechnung, wodurch er, indem er eine Frage aufschrieb und in Zahlen setzte, gleicherweise in Zahlen eine Antwort erhielt, die über alles Auskunft geben konnte. Dieses kabbalistische Orakel ließ sich natürlich, seinen Wünschen entsprechend, manipulieren. Wie seine Veröffentlichungen beweisen, besaß er außerdem enorme mathematische Kenntnisse, die er hier direkt zu seinem Nutzen anzuwenden wußte.

Die drei Patrizier waren ganz beglückt, einen solchen »Hierophanten«[30] in ihren Reihen zu wissen. Leider konnte Casanova ihren Wunsch nicht erfüllen, die Methode näher zu erläutern, denn er tischte ihnen das Märchen auf, ein ihn einweihender Eremit habe ihm verboten, vor seinem fünfzigsten Lebensjahr Kenntnisse preiszugeben. Doch selbstverständlich stellte sich Casanova für die vielen Fragen der drei Herren zur Verfügung. Manchmal saß er bis zu zehn Stunden am Tag mit ihnen zusammen, um ihre Neugier zu befriedigen. Nie kam den Dreien der Verdacht, getäuscht zu werden. Oft stellten sie Fragen über Gegenwart und Zukunft, doch da Casanova das Orakel nur doppeldeutige Antworten geben ließ, konnten die Antworten nur nach dem Eintritt des Ereignisses ausgelegt werden: »So schlug meine Kabbala nie fehl. Ich erkannte, wie leicht es den alten heidnischen Priestern gewesen sein mußte, die unwissende und daher leichtgläubige Welt zu betrügen.« (II, 201)

In Casanovas Augen wäre es recht unhöflich gewesen, die drei Männer über ihre Unwissenheit aufzuklären. Alle Beteiligten wären unglücklich geworden und er selber hätte nicht mehr die Vergnügungen genießen können, »die man sich mit zwanzig Jahren (...) verschaffen kann.« Zudem wären die drei Adligen »der Gefahr ausgesetzt (gewesen), das Opfer des ersten besten Spitzbuben zu werden«, der sie mühelos hätte ruinieren können. Casanova sah sich demnach nicht als Betrüger sondern als Beschützer! Diese Denkweise legte Casanova in allen anderen ähnlichen Fällen ebenfalls an den Tag. Man darf ihm allerdings seine Behauptung abnehmen, daß er die Drei in sein Herz geschlossen hatte und sie nicht nur als Melkkühe betrachtete.

30 Mysterienpriester, der das Heilige enthüllte.

In der Folge wurde Casanova in Venedig ein geachteter Mann. Alle Welt zerbrach sich den Kopf, wie diese seltsame und ungleiche Freundschaft der Vier Bestand haben konnte. Nach einigen Monaten erklärte der mittlerweile völlig genesene Bragadin seinem Schützling: »Wer du auch seist, ich verdanke dir mein Leben. (...) Wenn du mein Sohn sein willst, hast du mich nur als Vater anzuerkennen, und künftighin werde ich dich bis zu meinem Tode als solchen behandeln.« (II, 203) Casanova warf sich ihm zu Füßen: »(...) Und ich umarmte ihn, indem ich ihm den süßen Vaternamen gab.« Alle vier Freunde umarmten sich und schworen sich ewige Bruderschaft.

Der Vaterlose glaubte nun endlich, eine Heimat und einen Vater gefunden zu haben. »Das, lieber Leser«, so unterstreicht er zum Schluß dieser Schilderung, »ist die Geschichte meiner Metamorphose und des glücklichen Ereignisses, das mich aus dem niederen Gewerbe eines Fiedlers um Tagelohn zum Range eines vornehmen Herrn erhob.« (II, 204) Von 1746 bis zu seinem Tod 1767 hat Bragadin Casanova viele kluge Ratschläge gegeben, ihn monatlich finanziell unterstützt und stand später mit ihm auch dann noch in regelmäßigen Kontakt, als Casanova den Boden Venedigs nicht mehr betreten durfte.

Die nächsten beiden Jahre genoß Casanova das Leben eines Dandys: Er hatte ein erstes Duell mit einem Falschspieler erlebt und Liebschaften mit einer »Contessa A. S.«, einer Tänzerin und der Kurtisane Ancilla Cardini genossen, die einmal als hübscheste Frau Italiens bezeichnet wurde; eine weitere Tänzerin und schließlich das Bauernmädchen Christina schlossen sich an.

Die vom Lande kommende Christina war ein Mädchen, das ihn wegen ihrer Natürlichkeit bezauberte. Nachdem er mit ihr geschlafen hatte, versprach er ihr sogar die Ehe. Schon bald waren alle Unterlagen beisammen. Wir dürfen ihm glauben, daß er in einem solchen Moment nicht bewußt log und betrog, sich aber unbewußt schon längst gegen eine Bindung entschieden hatte. Nie würde Casanova heiraten. Jahre später in London wird er zu einer Geliebten sagen: »Die Heirat ist ein Sakrament, das ich verabscheue, (...) weil sie das Grab der Liebe ist.« (IX, 224) Wie so oft, konnte er in seiner Bindungspanik seine Freiheit nicht aufgeben:

»Ich hatte den Gedanken gehabt, sie (Christina) zu heiraten, als ich sie mehr als mich selbst liebte. Allein nach dem Genuß hatte sich die Waagschale so sehr auf meine Seite geneigt, daß meine Eigenliebe sich stärker erwies als meine Liebe. Ich konnte mich nicht entschließen, auf die Vorteile und Hoffnungen zu verzichten, die ich mit meiner Unabhängigkeit verbunden ***glaubte.*** *« (II, 254) (Hervorhebung durch den Autor)*

Dies sind die Worte des alten Mannes in Dux, der rückblickend seine Memoiren schreibt. Hier zeigt uns das Wort »glaubte« die Einsicht des alten Casanova, daß jene Unabhängigkeit sich nur scheinbar als Vorteil erwies. Später sollte er sogar sagen, er habe sein ganzes Leben vergeudet.

Christina, so befürchtete Casanova, war möglicherweise von ihm schwanger. So dachte er daran »für sie einen Mann ausfindig zu machen, der mir in jeder Hinsicht vorzuziehen wäre, daß sie mir nicht allein die Schmach verziehe, die ich ihr angetan hatte, sondern daß sie mich sogar wegen meines Betruges schätzte und mich um so mehr liebte.« (II, 255) Was für eine wirre Logik! Glaubte sich Casanova diese Sätze selber? Es ist zwar nicht bekannt, ob Christina tatsächlich von Casanova ein Kind bekommen hat, aber hier wird deutlich, daß Casanova nichts mehr fürchtete, als eine Familie gründen zu müssen. Da er selbst kaum ein Familienleben erlebt hatte, da er selber als Kind heimatlos war, reproduzierte er dieses Muster nun unbewußt. Bösen Willen und absichtlichen Betrug darf man ihm somit nicht unterstellen. Nie ließ Casanova seine Partnerinnen im Elend zurück. Entweder suchte er ihnen einen neuen Mann, oder er ließ ihnen reichlich Geld zurück. Darin unterschied er sich positiv von vielen anderen Lebemännern seiner Zeit.

Im Falle Christinas wurde der neue Gatte, Carlo Bernardi, schnell gefunden. Sogar bei der Hochzeit war Casanova anwesend. Als er sah, wie sich Christina über Carlo freute, ging er in ein Nebenzimmer, um seine Tränen vor den anderen zu verbergen. Doch er freute sich darüber, daß es ihm wieder einmal gelungen war, andere glücklich zu machen. Nur sich selber würde Casanova nie mehr als das »kleine Glück« besorgen können.

Eigentlich war Casanova noch immer ein Taugenichts wie zu jener Zeit, als er Geigenspieler war, doch diesmal in einem anderen Milieu. Er porträtierte sich selbst als einen von der Natur reichlich mit guten Gaben und angenehmen Äußerem ausgestatteten Mann, ein leidenschaftlicher Spieler, »ein unverbesserlicher Verschwender, redselig, immer scharf in meinem Witz, nichts weniger als bescheiden, furchtlos, stellte den hübschen Weibern nach, schlug die Nebenbuhler aus dem Felde, erkannte nur eine Gesellschaft, die mich unterhielt, als gut an, und so konnte ich nur gehaßt sein.« (I, 205)

Vergleichen wir dieses Selbstporträts mit dem eines Zeitgenossen. Der Dichter Chiari beschreibt nur wenige Jahre später Casanova auf die folgende Weise:

»Er hat eine gute Figur, einen olivbraunen Teint, affektierte Manieren und eine unglaubliche Selbstsicherheit. Das ist einer der Sterne, die in der Gesellschaft glänzen, ohne daß man weiß, woher ihnen der Glanz kommt, noch, wie sie es anstellen, ihr Leben zu bezahlen und zu leben, ohne zu arbeiten (...). Bezaubert von allem bis zur Manie, was jenseits der Berge kommt, führt er stets London und Paris im Mund, wie wenn es außer diesen berühmten Hauptstädten nichts mehr auf dieser Welt gäbe. (...). Immer herausgeputzt wie ein Narziß, bläht er sich auf, ein Ballon steckt nicht mehr voll Luft (...). Unaufhörlich schlängelt er sich überall hinein,

macht er allen Weibern den Hof, ergreift er alle günstigen Gelegenheiten oder beschafft sich Geld, oder bedient sich seiner amourösen Erfolge, um sich vorwärts zu drängen. Mit den Geizhälsen spielt er den Alchimisten, mit den Schönen den Poeten, mit den Großen die Politik, mit allen alles (...). Leicht wie die Luft, wovon sein Hirn voll ist, kann er im Handumdrehen der geschworene Freund oder unversöhnliche Feind sein.« [31]

Der Dichter und Abate Petrus Chiari (1711-1785)

Der Vergleich der beiden Porträts enthüllt ihre prinzipielle Ähnlichkeit, wenn natürlich auch Chiari, der Casanova wegen verschiedener Auseinandersetzungen ablehnte, den negativeren Ton traf. Bedeutsam erscheint die Erwähnung der Leichtigkeit: Casanova stand nicht mit beiden Beinen auf der Erde, sondern er schwebte. Wer sich auf nichts einläßt, weder beruflich noch privat, dem fehlt die gesunde Schwere; statt dessen wird er oberflächlich und unverbindlich. Dank seiner Intelligenz brachte es Casanova zum »Blender«, der die anderen täuschen konnte. Erst in der Rückschau des Alters vermochte Casanova sich einzugestehen, daß diese Art des Lebens zwar viele Glücksmomente gehabt hätte, ihm aber letzten Endes keine tiefe Befriedigung einbringen konnte.

Die folgende Episode sei hier erzählt, weil sie Casanova wiederholt und in schockierender Weise als einen Menschen ohne tieferes Mitgefühl zeigt. Bei einer Landpartie mit Freunden spielte man Casanova einen üblen Streich, einen Streich der ihn an seinem schwächsten Punkt traf, seinem Stolz und seiner Eitelkeit: Casanova ging beim Spazierengehen wie immer als erster über einen bestimmten Steg, um den Damen die Hand zu reichen. In diesem Augenblick gab das Brett nach, »und ich liege in dem Graben, in einen stinkenden Kot eingehüllt, der mir bis zum Kinn geht, und trotz der Wut, die ich (...) spüre, muß ich nach dem üblichen Brauch in die allgemeine Heiterkeit einstimmen, die indessen nur einen Augenblick dauerte, denn der Streich war abscheulich, und die ganze Gesellschaft erklärte ihn dafür.« (II, 273)

31 Zitiert nach Schrader, a.a.O., S. 24 f.

Man rief einen Bauern herbei, der Casanova mit einiger Mühe aus dem Unrat herauszog. Casanova verging vor Wut und Scham: »Ein ganz neuer Anzug, mit Pailetten gestickt, meine Spitzen, meine Strümpfe, mit einem Wort, alles war verdorben. Dessenungeachtet lachte ich stärker als die anderen, obgleich ich innerlich daran dachte, mich so grausam wie nur möglich zu rächen.« (II, 273)

Immer, wenn Casanova sich in seiner Ehre verletzt fühlte, sann er auf Rache. Dieses Mal sollte das schlimme Folgen haben. Zunächst ergab eine Begutachtung des Brettes, daß es angesägt worden war. Mit einigen Trinkgeldern bei der Bäuerin und einem Burschen hatte er schnell herausgefunden, wer den Streich ausgeheckt hatte: Es handelte sich um einen griechischen Gewürzhändler, »dem ich keinen anderen Streich gespielt hatte, als daß ich ihm eine zierliche kleine Zofe weggeschnappt hatte, in die er verliebt war.« (II, 273/274)

Casanova zerbrach sich lange den Kopf, wie seine Rache aussehen mußte, damit sie stärker ausfiel als jener Streich, der ihm gespielt worden war. Es fiel ihm nichts ein, doch »ein Begräbnis zog mich aus der Verlegenheit.« Um Mitternacht begab er sich mit einem Jagdmesser auf den Friedhof. Er schaufelte den frisch Verstorbenen wieder heraus und schnitt ihm »nicht ohne Mühe«, wie er betont, den Arm bei der Schulter ab. Nachdem die Leiche wieder eingescharrt war, kehrte er mit dem Arm des Toten in sein Zimmer zurück. Wie es scheint, hat er in der Nähe des verwesenden Arms gut geschlafen.

Am nächsten Abend begab er sich heimlich in das Zimmer des Griechen Demetrio und versteckte sich unter dem Bett. Irgendwann trat der Ahnungslose ein, kleidete sich aus, löschte das Licht und legte sich ins Bett. Als er eingeschlafen war, zog Casanova ihm nach und nach bis zu den Hüften die Bettdecke herunter. Demetrio erwachte und sagte: »Wer Sie auch seien, gehen Sie und lassen Sie mich schlafen; ich glaube an keine Geister.« Er zog die Decke wieder an sich und wollte weiterschlafen. Nach fünf Minuten begann das Spielchen von vorne. Der Grieche beteuerte, daß er keine Angst vor Geistern habe. Jetzt aber »setzte ich ihm Widerstand entgegen. Er richtete sich auf, um die Hand fassen zu können, die die Decke hielt, aber ich richtete es so ein, daß er die Totenhand fand.« Demetrio zog daran, aber Casanova hielt die Leichenhand fest. Doch plötzlich ließ er los, und der Grieche fiel mit der Hand auf sein Kopfkissen zurück und sprach kein Wort mehr. »Da mein Stück ausgespielt war«, entfernte sich Casanova befriedigt. Er schlief gut und tief, doch am nächsten Morgen weckte ihn ein lautes Hin- und Herlaufen.

»Signor Demetrio liegt im Sterben«, erzählte die Bäuerin. Das ganze Haus war im Zimmer des Griechen versammelt, und alle blickten Casanova vorwurfsvoll an. Doch er tat, als habe das alles nichts mit ihm zu tun. Ein Priester bezichtigte ihn der Leichenschändung, eines abscheulichen Verbrechens. Daraufhin riefen alle Anwesenden wie aus einem Mund:

»Sie, nur Sie allein, sind einer solchen Abscheulichkeit fähig. Sie sieht Ihnen ähnlich. Kein anderer als Sie würde es zu tun gewagt haben.« (II, 275) Casanova war nicht zu erweichen, doch Demetrio trug schwer an den Folgen dieses »Streiches«: Der Schock hatte ihn gelähmt und ihn die Sprache verlieren lassen. Am nächsten Tag konnte er zwar wieder sprechen, doch er hatte nun Krämpfe und blieb für den Rest seines Lebens wahnsinnig. Das Bedauern, das sich Casanova zugestand, blieb äußerst begrenzt: Er verteidigte sich damit, daß er ja nicht die Absicht gehabt habe, dem Griechen so »viel Übles zuzufügen«, doch angesichts des ihm zuvor gespielten Streiches habe er doch schließlich reagieren müssen.

In der Folge wurde der Arm wieder beerdigt und Klage gegen Casanova wegen Leichenfrevels eingereicht. Zur selben Zeit wurde er auch angeklagt, ein kleines Mädchen geschlagen zu haben. Der Hintergrund: Die Mutter des Kindes hatte mit Casanova eine Wette abgeschlossen, daß die Kleine noch Jungfrau sei. Er hatte im voraus sechs Zechinen bezahlt, und als er mit der Tochter allein war, hatte sich diese verweigert. Daraufhin hatte er einen Besenstiel ergriffen und sie verprügelt, »um wenigstens etwas für meine sechs Zechinen zu haben«, (II, 277) Die Jungfernschaft habe er dem Mädchen somit nicht genommen, und deswegen sei er unschuldig, argumentierte er. Diese Schilderung teilte er dem Gericht mit und hoffte, freigesprochen zu werden.

Doch die gleichzeitige Klage wegen der Leichenschändung, die Casanova als »lächerlich« bezeichnete, setzte einen Haftbefehl in Gang. Signor Bragadin riet seinem Schützling dringend, für einige Zeit aus Venedig zu verschwinden. Diesem Rat folgte Casanova, wenn auch nur sehr ungern: »Niemals habe ich Venedig mit größerem Bedauern verlassen, als dieses Mal, denn ich hatte einige sehr angenehme galante Intrigen im Gange, und das Glück begünstigte mich im Spiel.« (II, 278) Neben diesen hier von Casanova aufgezählten Gründen für eine Flucht, gab es noch einen, den er verschwieg: Die Obrigkeit war seltsam davon berührt, daß einer der ihren in die Hände eines »Magiers« gelangt war. In Spitzelberichten ist davon die Rede, daß im Hause Bragadin auf Casanovas Veranlassung hin des öfteren Geistersitzungen stattfanden. Nichts hätte man in Venedig lieber gesehen, als wenn Casanova seinen großen Einfluß auf Bragadin verloren hätte.

In Mantua, Mailand und Cesena folgten weitere Abenteuer: ein buntes Durcheinander von Streichen, Liebschaften, Geschlechtskrankheiten und Glücksspiel. In Cesena erwachte Casanova eines Morgens in einem Gasthof durch großen Lärm. Die Schergen des Bischofs waren in ein Nachbarzimmer eingedrungen, weil dort angeblich ein unverheiratetes Paar miteinander schlief. Es handelte sich um einen alten ungarischen Hauptmann und eine junge Französin, die sich, in eine Männeruniform gekleidet, ins Zimmer geschmuggelt hatte. Casanova legte sich ritterlich für den Hauptmann ins Zeug und eilte zu dem noch im Bett liegenden Bischof. Auch ein General wurde in die Sache eingeschaltet. Durch Casanovas beherztes Eingreifen brauchte das seltsame Paar schon bald nichts mehr zu befürchten. Obwohl Casanova eigentlich nach Neapel fahren wollte, schloß er sich den beiden nach Parma Reisenden an.

Wie es sich herausstellte, handelte es sich keineswegs um ein Liebespaar. Henriette, die verkleidete Frau, von der Casanova noch im Alter schwärmte, war erst kurze Zeit verheiratet. Um einem unerträglichen Schwiegervater zu entfliehen, hatte sie sich dem unbekannten Offizier angeschlossen. Als Gegenleistung hatte sie sich ihm einmal hingeben müssen. Casanova schenkte dem Ungar reinen Wein ein und gestand, daß er Henriette begehrte. Daraufhin überließ ihm der Offizier die junge Frau, die sich nur zu gern Casanova anschloß.

In Parma angekommen, kaufte Casanova Berge von feinsten Kleidern. Vor ihm entstand schon bald eine bezaubernde Frau, die zu allem auch noch einen gebildeten Geist bewies. Die für Casanova intensivsten Beziehungen zu Frauen waren meist jene, bei denen sich natürliche Anmut mit Geist gepaart hatten: Henriette hatte viel gelesen, sie besaß Taktgefühl und natürlichen Geschmack; ihr Urteil war sicher, und »ohne gelehrt zu sein, sprach sie logisch wie ein Mathematiker, aber leichthin und anspruchslos, und in alles mischte sie jene natürliche Anmut, die jedem Dinge Reiz verleiht. (...) Eine Schönheit ohne Geist bietet der Liebe nur den materiellen Genuß ihrer Reize.« (III, 61) Voller Bewunderung bemerkte er: »Das Glück, das mich ganz und gar erfüllte, (...) war viel vollkommener, wenn ich mich mit ihr unterhielt, als wenn ich sie nachts in meinen Armen hielt.« (III, 61) Drei Monate lang lebten sie in einem »Freudentaumel des Glücks«.

Doch wie immer bei Casanova fand die Zeit des Glücks ein rasches Ende. Nachdem Henriette von einem provencalischen Adligen gesehen wurde, einem Freund der Familie ihres Mannes, besprach sie mit diesem

32 Fiktiver Name, vermutlich Jeanne-Marie d'Albert de St. Hyppolyte

die Bedingungen der Heimkehr. Casanova mußte wie ein kleines Kind draußen vor der Tür warten. Niemals widersprach er der Geliebten: »Ich tat alles, was sie wollte.« Und Henriette beschloß, in ihre Heimat zurückzukehren. Hätte er sie aber wirklich geliebt, wie er vorgibt, hätte er dann alles so ergeben hingenommen? Wie auch immer, Henriette eröffnete ihm das Weitere: »Fasse dich, mein zärtlichster Freund: Wir trennen uns in Genf, wohin du (mich) führen wirst. Besorge mir morgen eine passende Kammerjungfer. Mit ihr werde ich mich von Genf aus an meinen Bestimmungsort begeben.« (III, 86) Die schöne Dame konnte demnach nicht nur »logisch wie ein Mathematiker« denken, sondern mitunter auch recht kühl und dominant kalkulieren. Den Text darf man wohl durchaus wörtlich nehmen: Casanova war ihr »zärtlichster Freund«, nicht mehr und nicht weniger.

Im Genfer Hotel »Zur Waage« trennten sich die beiden. Ihren Stolz demonstrierte Henriette, indem sie ihm fünfhundert Louis[33] übergab. War das Geld als Ausgleich für all die Ausgaben gedacht, die er für sie geleistet hatte? In ihrem Abschiedsbrief beschwor sie noch einmal die gemeinsame Zeit als »angenehmen Traum«, dessen sie sich beide ihr ganzes Leben lang erinnern sollten. Trotzdem ermahnte sie ihn: »Erkundige dich nicht nach mir, und wenn du durch Zufall erfahren solltest, wer ich bin, so beachte es nicht.« (III, 90) So weit hatte sie sich nun doch nicht hingegeben, daß sie ihm ihre Identität preisgegeben hätte. Anscheinend traute sie ihm nicht ganz. Von Anfang an war die Liaison eine Verbindung auf Zeit gewesen, Casanova jedoch schien sich dies nur ungern eingestehen zu wollen.

In Genf verbrachte Casanova »einen der traurigsten Tage meines Lebens.« Auf einer Fensterscheibe entdeckte er einige Worte, die Henriette mit einem von ihm geschenkten Diamantring eingeritzt hatte: »Du wirst auch Henriette vergessen!« Wie gut Henriette ihren »zärtlichen Freund« kannte! Casanova grübelte lange über diesen Worten: Henriette hätte den Trennungsschmerz »nicht noch zu vertiefen brauchen, indem sie mir diese Art des Vorwurfs machte.« Trotzig fährt er fort: »Nein, ich habe sie nicht vergessen, ihr Andenken ist ein wahrer Balsam für mein Herz.«

Der Chronologie vorgreifend, sei hier ein Episode erwähnt, die sich dreizehn Jahre später ereignete. Bei einer Wagenpanne im französischen Aix wurde Casanova in ein adliges Haus eingeladen. Es war das Haus der mittlerweile verwitweten Henriette, doch Casanova erkannte sie nicht! Henriette ihrerseits gab sich keine Blöße und verriet nicht, wer sie war. Allerdings erhielt er später einen Kurzbrief von ihr: »Dem ehrenhaftesten Mann, den ich jemals gekannt habe.«

---

33 Französische Goldmünze
34 1828 berichtete ein gewisser Lord Malmesbury, er habe Henriettes Worte in dem Hotel gelesen.

Denken wir zurück an Casanovas erstes Beischlaferlebnis mit Nanetta und Martina: Erst nach dem Akt hatte er sich erkundigt, mit wem er das Vergnügen gehabt hatte. Die Persönlichkeit des Mitmenschen stand für Casanova, selbst wenn er uns im aufrichtigen Ton anderes erzählt, nicht im Vordergrund. Seine Lieben blieben letztlich austauschbar, auch wenn er natürlich das Zusammensein mit einer geistvollen Frau wie Henriette ganz anders zu genießen wußte, als die Nacht mit einer Prostituierten.

AUFREGENDES PARIS UND PRÜDES WIEN

Kehren wir zurück ins Jahr 1750; Casanova war fünfundzwanzig Jahre alt. Voller Trauer fuhr er nach Parma zurück. Wie noch des öfteren nach solchen Trennungen, ging Casanova zu einer Prostituierten und holte sich prompt wieder ein »Liebesandenken«, das ihn zu längerer Enthaltsamkeit zwang. Da Bragadin ihm mitteilte, in Vendig hätte man seine Streiche vergessen, beschloß er, dorthin zurückzukehren. Doch schon zwei Monate später war Casanova zusammen mit dem befreundeten Schauspieler Antoine Balletti unterwegs nach Paris. Dort erwies sich Casanova als noch recht zurückhaltender Playboy: Im Gegensatz zu seinem späteren Parisaufenthalt stand ihm diesmal weder ein Diener, noch ein eigenes Haus zur Verfügung. Mit dem Geld von Signor Bragadin hieß es sparsam umzugehen.

Casanova war begeistert von den guten Straßen, dem vorzüglichen Essen und der Sauberkeit des Landes. Aus der Perspektive des alten Mannes in Dux, nimmt er die später einsetzende Französische Revolution vorweg und stimmt ein Loblied an auf jene frühere Zeit, die er noch miterleben durfte. Weniger schmeichelhaft fiel seine Meinung über »das Volk« aus; überall sei es von derselben Beschaffenheit: »Geben Sie einem gemeinen Menschen sechs Francs, damit er ausruft: ›Es lebe der König!‹, so wird er Ihnen diesen Gefallen tun. Aber für drei Francs wird er einen Augenblick später schreien: ›Tod dem König!‹« (III, 179) Das Volk war für ihn ein »Tier von ungeheurer Größe und ohne jegliche Vernunft.« Die Bestrebungen des Volkes reduzierten sich für ihn darin, den Adligen die Köpfe abzuhacken.

Eine für das Rokoko bezeichnende Episode ereignete sich in einem Pariser Theater. Ein vornehm gekleideter Herr, der »dreimal so dick war« wie Casanova, trat an ihn heran und erkundigte sich, ob er fremd in der Gegend sei. Casanova bejahte, und es entspann sich ein Gespräch. Währenddessen betrat eine »mit Edelsteinen bedeckte riesige Dame« die Loge nebenan.

»Ihr ungeheurer Umfang verblüffte mich, und ich sagte dummerweise zu dem Herrn: ›Was ist denn das für ein dickes Schwein?‹
›Die Frau dieses dicken Schweins‹
›Oh Monsieur, ich bitte Sie vieltausendmal um Entschuldigung!‹«(III, 147)

Doch der Mann, er war der Generalsteuereinnehmer, war nicht im geringsten böse und wollte vor Lachen platzen. Später ging er in die Loge seiner Frau und erzählte ihr die Geschichte. Mit bangem Blick schaute Casanova zu den beiden hinüber, doch auch die Frau begann zu lachen. In der Folge war er bei diesem Ehepaar oft zu Gast und konnte dort für ihn wichtige Persönlichkeiten kennenlernen. Für das Knüpfen zukünftiger Kontakte diente ihm auch der schon früher in Lyon erfolgte Beitritt zu den Freimaurern, denen zahlreiche französische Adlige angehörten.

Während der Pariser Zeit lernte Casanova durch Silvia Balletti, einer bekannten Schauspielerin und Mutter seines Reisegefährten, die Pariser Theater- und Literatenwelt kennen. Bei ihr traf er den berühmten Lehrer Crébillon den Älteren, bei dem er sein Französisch verbesserte. Dem Unterricht dieses hervorragenden Schriftstellers verdanken wir übrigens den Umstand, daß Casanova seine Memoiren nicht in seiner Landessprache, sondern in Französisch verfaßte. Casanova lernte Menuett zu tanzen und übersetzte ein Theaterstück ins Italienische.

In den Memoiren gibt uns Casanova eine Kostprobe seiner schriftstellerischen Darstellungskunst mit der Schilderung der Herzogin von Ruffec, die man dem Venezianer vorstellte, um ihm einen Streich zu spielen: »Leser, wenn ich ganz wahrheitsgetreu wäre, würde das Porträt, das ich von dieser geilen Megäre entwerfen müßte, dich entsetzen. Stelle dir ein mit roter Schminke bemaltes Gesicht vor, auf dem sich sechzig Winter angesammelt haben, eine mit Finnen bedeckte Haut, ein hohlwangiges fleischloses Gesicht, eine ekelhafte Physiognomie, die von der Ausschweifung mit dem Brandmal der Häßlichkeit gestempelt war.« (III, 158)

Als Casanova die Herzogin erblickte, lag sie wollüstig auf einem Sofa ausgestreckt und rief: »Ah, aha! Das ist ein hübscher Junge! (...) Setz' dich hierher, mein Junge.« Er gehorchte, »aber ein Pestgeruch von Moschus, der mich an einen Leichnam erinnerte, hätte mich beinahe ohnmächtig gemacht. Die Herzogin richtete sich auf, und ich erblickte einen »gänzlich entblößten scheußlichen Busen, vor dem der Tapferste hätte Angst bekommen können. Schönheitspflästerchen verbargen die zahlreichen Pickel.« Hierauf streckte das »geschminkte Gerippe seine dünnen Arme aus, ehe ich Zeit hatte, mich zu besinnen, und preßt seine feuchten Lippen auf meine Wange, daß mir zum Brechen übel wird; eine ihrer Leichenhände verirrt sich in der unanständigsten Weise.« Wie hypnotisiert wartete Casanova und mit ihm der Leser, was geschehen wird. Die Alte sprach zu ihm: »Laß' doch mal sehen, mein Hühnchen – hast du denn auch einen schönen...?« Casanova wehrte sich zitternd. Da kam ihm die rettende Idee: »›Ich habe den Tripper.‹ – ›Oh, das garstige Schwein!‹ rief sie, indem sie mich losließ; ›was hätte mir da passieren können.‹« (III, 159)

So schnell er konnte, machte er sich aus dem Staub.[35] Casanova lernte alsbald den königlichen Hof kennen. Wie wir bei der Darstellung der Erlebnisse in Preußen und Rußland sehen werden, war es damals leichter,

35 Casanovas Schilderungen können im allgemeinen als wahr gelten. Historiker haben ein Zeugnis aus dem Jahre 1734 entdeckt, in dem es heißt, die Herzogin sei klein und häßlich und dränge sich allen Männern auf.

Fontainebleau

an einen königlichen Hof zu gelangen, als man heute beispielsweise ins Bundeskanzleramt in Bonn Eingang findet. Casanova fuhr nach Fontainebleau, wo während der Anwesenheit des Königs weitaus größerer Prunk herrschte als in Versailles. Am ersten Tag hatte er ein keckes Gespräch mit der Madame de Pompadour. Sein Witz verschaffte ihm später eine Audienz beim Marschall Richelieu. Am zweiten Tag sah er Ludwig XV., als er gerade zur Messe ging. Außerdem erspähte er die ganze königliche Familie und die Hofdamen, deren Häßlichkeit ihn unangenehm überraschte. Ein Dutzend dieser Damen schien eher zu laufen als zu gehen: »Sie standen so unsicher auf ihren Beinen, daß sie fortwährend vornüber zu fallen schienen.« Von einem in der Nähe stehenden Herrn erfuhr er, daß diese Damen sich deswegen so seltsam fortbewegten, weil sie Schuhe mit sechs Zoll hohen Absätzen trugen, »weshalb sie mit krummen Knien gehen müssen, um nicht auf die Nase zu fallen.« Auf Casanovas Frage, warum die Damen keine bequemeren Schuhe tragen würden, entgegnete der Mann: »Es ist Mode.« Da sage einer, die heutige Mode sei verrückt!

Einen Augenblick später entdeckte Casanova den König. Über dessen mangelndes Talent zum Regieren schrieb Casanova nichts, um so mehr interessierte ihn die äußere Wirkung des Monarchen: »Ludwig trug den schönsten Kopf, den man nur sehen konnte, und er trug ihn mit ebensoviel Anmut wie Majestät. Niemals ist es dem geschicktesten Maler gelungen, den Ausdruck dieses wundervollen Kopfes wiederzugeben, wenn der Herrscher ihn wohlwollend zur Seite warf, um jemanden anzusehen.«

---

36 Ca. 15 cm

Casanova fiel es schwer, seine Begeisterung für den Monarchen im Zaum zu halten: Seine Schönheit »riß auf den ersten Blick zur Liebe hin. Als ich ihn sah, glaubte ich, der idealen Majestät begegnet zu sein (...).« (III, 167) Nun darf man nicht denken, daß hier blinde Monarchiebegeisterung im Spiel ist. Carlos III., den spanischen König, wird er später als Ausgeburt von Häßlichkeit beschreiben.

König Ludwig XV.

Wer hätte gedacht, daß Ludwig XV. dem venezianischen Helden eine längere Liebschaft verdankte? Casanova lernte die neunzehnjährige irische Schauspielerin O'Morphy kennen. Für die Entjungferung ihrer vier Jahre jüngeren Schwester Louison verlangte sie einen Geldbetrag, der Casanova zu hoch erschien, doch er ließ sie nackt malen. Seiner Ansicht nach war die Kleine genau nach dem Geschmack des Königs. Das fertige Bild brachte ein Mitarbeiter des Hofes, der ausschließlich für »königlichen Nachschub« zu sorgen hatte, seinem Herrscher. Tatsächlich ließ dieser, während er noch das Bild betrachtete, nach ihr schicken. Als das Mädchen kam, setzte er sie auf seinen Schoß und liebkoste sie: »Nachdem er sich mit der eigenen königlichen Hand überzeugt hatte, daß sie ganz unberührt war, gab er ihr einen Kuß.« (III, 210) Für drei Jahre wurde sie eine Geliebte des Königs und gebar ihm einen Sohn und eine Tochter. Die hier berichtete Geschichte wurde von mehreren zeitgenössischen Quellen bestätigt. Unklar ist nur, welchen Anteil Casanova tatsächlich am Zustandekommen dieser königlichen Affäre hatte.

Zurück zu Casanovas Rundgang durch die königlichen Gemächer. Schließlich gelangte er in einen prachtvollen Saal, in dem ein Dutzend Hofkavaliere auf- und abgingen. In der Mitte des Raumes befand sich eine Tafel mit Speisen für zwölf Personen, an der jedoch nur für eine Person gedeckt war. In diesem Moment erschien die aus Polen stammende Königin von Frankreich: »Sie hatte kein Rot aufgelegt und war einfach gekleidet, den Kopf mit einer großen Mütze bedeckt. Ihr Gesicht war alt und ihre Miene fromm.« Sie dankte zwei Nonnen, die einen Teller von frischer Butter brachten. Nachdem sich die Königin gesetzt hatte, stellten sich die Hofkavaliere zehn Schritt von der Tafel entfernt in einem Halbkreis auf. Casanova gesellte sich zu ihnen, »indem ich ihr

Die Schauspielerin und Geliebte Ludwigs XV.: Marie-Louise O'Morphi, Gemälde von Boucher

ehrfurchtsvolles Schweigen nachahmte.« Ach, wie gerne wäre Casanova doch selber mit königlichem Blut auf die Welt gekommen! Auch, wenn er dies nirgends zugab, wird es doch zwischen den Zeilen offensichtlich.

Natürlich dürfen Liebesaffären während Casanovas Zeit in Paris nicht fehlen. Eine der weniger rühmlichen endete vor dem Bezirkskommissariat. Die Mutter der jungen Mimi hatte Casanova verklagt, weil dieser ihre geschwängerte Tochter nicht heiraten wollte. Casanova wurde freigesprochen. Er zog sich aus der Affäre, indem er die Entbindung bezahlte. Casanovas Sohn wurde schließlich in ein Heim für Findelkinder gebracht. Diese unfeine Art, sich der Verantwortung zu entziehen, war damals an der Tagesordnung.

Nach zwei Jahren Aufenthalt in Paris fuhr Casanova im Herbst 1752 nach Dresden, wo er zusammen mit dem Bruder Francesco seine Mutter besuchte.

»In Wien war alles schön. Viel Geld und viel Luxus«, schwärmte Casanova. Für den geistigen Austausch war ebenso gesorgt, denn er besuchte den berühmten Hofdichter Metastasio. Bedauerlich in dieser Weltmetropole fand er nur die von der strengen Maria Theresia eingesetzten »Keuschheitskommissare«, die durch die Sittenpolizei alle Mädchen verfolgen ließ. Verdächtige Frauen deportierte man auf der Donau in das westrumänische Temesvar; »Wasserschübe« wurden diese Deportationen von den Wienern genannt.

Casanova gab uns einen detaillierten Einblick in die Tätigkeit dieser Kommissare: »Zu allen Stunden des Tages und in allen Straßen Wiens wurden allein gehende Mädchen, die oft nur ausgegangen waren, um sich in Ehren ihren Lebensunterhalt zu verdienen, verhaftet und ins Gefängnis geschleppt.« (III, 234) Casanova entrüstete sich: »Wie konnte man wissen, daß das Mädchen zu einem Mann ging (...)?« Unglücklicherweise trugen diese Spione keinerlei Unformen, so daß man nicht erkennen konnte, wer einen aus der Entfernung beschattete. Folglich wurde jeder Unbekannte kritisch beäugt. Wenn der Sittenwächter bemerkte, daß ein Mädchen ein Haus betrat, so versteckte sich wie ein Spion unten an der Tür und wartete, bis sie wieder herunterkam, um sie schließlich zu verhören: »Wenn das arme Ding ein verlegenes Gesicht machte, wenn sie nur einen Augenblick zögerte, eine Antwort zu geben, die den Spitzel befriedigte, brachte der Kerl sie ins Gefängnis«, nachdem er ihr vorher alle Wertsachen gestohlen hatte.

Die Chance auf Rückgabe konnte man getrost vergessen, denn Wien war in dieser Beziehung eine »wahre Räuberhöhle, voll von privilegierten Spitzbuben.« Eines Tages erlebte Casanova, wie ein junges Mädchen ihm auf der Straße eine goldene Uhr in die Hand drückte, damit der sie verfolgende Sittenpolizist sie nicht stehlen konnte. Casanova war das Mädchen unbekannt, doch einen Monat später traf er sie durch Zufall wieder und gab ihr die Uhr zurück.

Wie aber mußten sich die Mädchen verhalten, um einigermaßen geschützt zu sein? »(...) Sie mußten gesenkten Kopfes und mit einem Rosenkranz in der Hand über die Straße gehen; denn alsdann durfte sich das ekelhafte Gezücht sich nicht erlauben, sie ohne weiters zu verhaften.« (III, 234)

Eines Tages hielt ein Mann mit Perücke Casanova in einer Straße fest und forderte ihn auf, sich wo anders hinzubegeben. Casanova fragte, »Warum?« und der Mann antwortete: »Weil da links von Ihnen eine Frau ist, die Sie sehen kann.« Casanova war verblüfft, denn er konnte niemanden sehen. Doch im vierten Stock über ihm tauchte der Kopf einer Frau auf. Casanova erzählte dieses Erlebnis mit der Sittenpolizei als Merkwürdigkeit unter seinen Wiener Bekannten weiter, doch keiner seiner Zuhörer war erstaunt, denn »so etwas kam am Tag hundertmal vor.«

Zu Casanovas Glück stellte sich heraus, daß man in den Kreisen der Begüterten sehr wohl die strengen Sitten zu umgehen wußte. Damit man ihn dort akzeptierte, mußte er sich gegen seinen Willen überall als Baron anreden lassen. Eine Adlige klärte ihn auf: »Sie müssen doch irgend etwas sein (...), und weniger als Baron können Sie nicht sein. Sie müssen sich Baron nennen lassen.«

Zum Abschluß seines Aufenthalts gibt es noch eine Geschichte zu berichten, die drastisch Casanovas Mißtrauen den Ärzten gegenüber verdeutlicht. Nach einem Essen in Schönbrunn hatte er sich anscheinend eine gefährliche Mageninfektion zugezogen. Er glaubte sterben zu müssen. Als ein Arzt erschien, der den völlig Geschwächten zur Ader lassen wollte, schlug er gerade die Augen auf, entzog ihm müde den Arm und sagte, »Nein!«

Casanova erinnerte sich nämlich an einen an Durchfall und Magenverstimmung leidenden Maler, der nur deshalb hatte sterben müssen, weil er sich in dem geschwächten Zustand nicht gegen das Aderlassen hatte wehren können. Doch Casanovas Arzt kümmerte sich nicht um den Widerstand seines Patienten: »Gerade in diesem Augenblick spürte ich eine Belebung meiner Kräfte; ich streckte die Hand aus, ergriff eine meiner Pistolen, und die Kugel riß ihm eine seiner Locken vom Kopf. Dies genügte. Alle Anwesenden machten sich aus dem Staube (...).« (III, 240) Casanova trank in der Folge reichlich Wasser und war am vierten Tag wieder gesund.

Alle erklärten ihm später, daß nichts weiter geschehen wäre, hätte Casanova den Arzt erschossen. Jeder hätte bezeugt, daß dieser den Patienten gegen seinen Willen zur Adler lassen wollte, und daß der Schuß nur als Notwehr betrachtet werden konnte. Gesellschaftlich hatte das Ereignis positive Folgen. Jedermann wollte Casanova kennenlernen: »Man sah in mir einen Mann, der sich mit Pistolenschüssen gegen den Tod gewehrt hatte.«

Im Frühsommer 1753 kehrte Casanova nach Venedig zurück. Er wollte dort sein gewohntes Leben wieder aufnehmen, wenngleich mit »mehr Zurückhaltung.« Schon bald verliebte er sich in ein fünfzehnjähriges Mädchen. Hinter dem Pseudonym »C.C.« versteckte sich Caterina Capretta. Um oft mit ihr zusammen zu sein, ließ er sich auf dunkle Geschäfte mit ihrem Bruder Pietro ein. Überhaupt war Pietro ein gefühlloser Mensch. Bei einem gemeinsamen Treffen in einem Lokal mit seiner Freundin, der jungen Schwester und Casanova zeigte er sich von seiner schlechtesten Seite:

Er »stellt (...) seinen Zustand der Erregung zur Schau, setzte sich plötzlich seine Geliebte zurecht und nahm sie sich rittlings vor, die, während sie sich noch immer stellte, als könne sie seinen Händen nicht entschlüpfen, ihn gewähren ließ und mitmachte. Ich ging zu C.C., um mit ihr zu sprechen, und stellte mich dabei so, daß mein Körper diese für sie widerliche Szene ihren Augen entzog, aber sie mußte sie bereits (in einem) Spiegel gesehen haben.« (III, 267)

Casanova war die ganze Sache sehr peinlich, denn bislang hatte er sich der noch unerfahrenen Caterina kaum annähern können. Nachdem Caterina auf seine Avancen einging, entschloß er sich, sie zu heiraten. Signor Bragadin war bereit, sich bei dem Vater des Mädchens für ihn einzusetzen, obwohl dieser einen Mann vom Schlage Casanovas zweifellos ablehnen würde. So kam es dann auch. Hätte sich Casanova wirklich auf eine Heirat eingelassen, mag man ketzerisch fragen. Der Vater schickte die Tochter in ein Kloster auf der Insel Murano, bis ein passenderer Bräutigam gefunden werden würde.

Casanova vertrieb sich nun die Zeit, indem er mit dem Falschspieler Antonio Croce gemeinsame Sache machte. Durch eine Botin hatte er mit Caterina regelmäßigen Briefverkehr. Er erfuhr, daß Caterina ein zärtliches Verhältnis mit einer anderen gebildeten hübschen Nonne eingegangen war, die ihr Französischunterricht gab. Des weiteren nahm Casanova von Caterinas Schwangerschaft Kenntnis. Der besorgte Geliebte quartierte sich in der Nähe ein und schickte ihr die nötigste Wäsche, als das Kind unter Lebensgefahr der Mutter vorzeitig tot zur Welt kam. Casanova verbrachte eine fürchterliche Nacht, weil er sich schuldig fühlte, »den Tod des unschuldigen Mädchens« herbeigeführt zu haben. Doch Caterina überlebte.

Um die schließlich Genesende wenigstens von Ferne zu sehen, besuchte Casanova regelmäßig die Klostermesse. Dort erregte er die Aufmerksamkeit einer jungen adligen Nonne, die ihm über eine Botin einen Brief überbringen ließ. Wie sich später herausstellte, war es diesselbe, von der schon Caterina berichtet hatte: »M.M.«.[37] Als Casanova den Brief erhielt, war er »in der Phantasie bereits meiner lieben C.C. untreu«, ohne M.M. überhaupt gesehen zu haben.

Casanovas Wohnhaus in Venedig

Nachdem er dann Marina, so hieß M.M., im Besuchszimmer des Klosters zum ersten Mal gesehen hatte, war er einfach überwältigt: »(...) Der Schnitt ihres Gesichts war von der schönsten Form. Ihr Wuchs ging weit über das Mittelmaß hinaus, ihre sehr weiße Gesichtsfarbe war ein wenig blaß, ihr Ausdruck edel und kühn, aber zugleich zurückhaltend und bescheiden; ihre wohlgeschnittenen Augen waren von schöner himmelblauer Farbe. (...) Ihre Lippen waren schön und feucht von der süßesten Sinnlichkeit.« (IV, 25) Die neue Eroberung vor Augen, klingen seine Rechtfertigungen gegenüber Caterina sehr fadenscheinig: »(...) Ich gestehe, daß ich trotz meiner Liebe zu Caterina durchaus keine Gewissensbisse darüber verspürte. Mir schien an einer Untreue dieser Art könnte sie keinen Anstoß nehmen, wenn sie sie zufällig entdecken sollte; denn diese kleine Abweichung vom Wege war nur dazu angetan, mich in Atem zu halten und mich ihr zu retten, denn dadurch konnte ich dem Kummer entgehen, der mich dahinsiechen ließ.« (IV, 27)

»Die kleine Abweichung vom Wege« sollte Casanovas berühmtestes Liebesabenteuer werden. Das Verlassen des Klosters war kein Problem, denn Marina besaß dort für solche Fälle weltliche Kleidung und versicherte sich durch Geldzahlungen der Verschwiegenheit. Die Glaubwürdigkeit von Casanovas Angaben werden durch zeitgenössische Berichte aus venezianischen Klöstern untermauert. Im Buch eines Reiseschriftstellers lesen wir:

»Die Klosterfrauen (...) sind liebenswürdige Libertinerinnen. (...) Sie machen Ränke, aber fast allezeit nur aus Liebe. Sie sind gemeiniglich so gut, daß diejenigen, die nicht mehr im Stande sind, Liebhaber zu halten, denjenigen gern Dienste leisten mögen, die noch in dem Alter des Vergnügens sind. Sie sind also insgesamt

37 Hinter dem Pseudonym versteckt sich die ungefähr zweiundzwanzigjährige Adlige Marina Maria Morisini.

liebreich, die jungen auf die eine und die alten auf eine anderen Art. In den vornehmsten Klöstern gibt es stets Klosterfrauen, die sich die Freiheit nehmen, sich insgeheim zu maskieren, in die Oper, in die Komödie und auf den Markusplatz zu gehen und ihre Liebhaber zu sprechen. Sie brauchen dazu nur die Pförtnerinnen zu gewinnen, die sich nicht unterstehen würden, denjenigen nicht die Türe öffnen zu wollen, welche von hohem Herkommen sind und mächtige Freunde und Liebhaber haben. Eben diese Ursachen schließen auch der Superiorin den Mund, im Falle sie etwa diese Ausschweifungen entdeckte. Ich weiß dieses nicht vom Hörensagen, sondern ich kenne selbst Klosterfrauen, welche sich dergleichen Freiheit bedienen.«[38]

Das erste Zusammensein mit Marina fand im Casino[39] ihres Geliebten Bernis statt, der als französischer Gesandter in Venedig lebte. Wie Marina versicherte, war Bernis in keinerlei Weise eifersüchtig. Bernis wurde übrigens später Kardinal und französischer Außenminister und sollte in dieser bedeutenden Position Casanova immer wieder von Nutzen sein.

Das zweite nächtliche Treffen war in Casanovas Casino verabredet worden. Das Dumme war nur, daß Casanova keines besaß, doch dies hatte er gegenüber Marina natürlich nicht zugeben wollen; so mietete er sich eines samt französischem Koch. Wie man sich vorstellen kann, war ein solches Liebesnest voll von Luxus: Die Speisen wurden durch ein blindes Fenster gereicht, das mit einem drehbaren Brett ausgestattet war, damit die Anonymität gewahrt blieb. Der Speisesaal war mit prachtvollen Spiegeln, Kronleuchtern aus Bergkristall und Wandleuchtern aus Bronze ausstaffiert. Des weiteren befand sich »ein herrlicher Standspiegel über einem Kamin aus weißem Marmor, der mit kleinen Vierecken aus chinesischem Porzellan ausgelegt war, worauf nackte Liebespaare in allen möglichen, die Phantasie entflammenden Stellungen abgebildet waren.« (IV, 56). Links und rechts neben dem Kamin standen elegante Sofas.

An diesen Raum grenzte ein achteckiges Zimmer, dessen Fußboden, Decken und Wände gänzlich mit venezianischen Spiegeln ausgelegt war, »so daß das Liebespaar, welches dieses Gemach benutzte, alle seine Stellungen hundertfach vervielfältigt sah.« Daneben war ein Alkoven mit geheimen Zugängen zum Bad und Ankleidezimmer. Die Deckentäfelung war vergoldet und mit Blumenornamenten versehen.

Casanova verstand wie kein Zweiter, die richtige Atmosphäre für ein Liebestreffen herbeizuzaubern. Als »aufmerksamer und zartfühlender Liebhaber« ging er hin und kaufte »die schönsten Pantoffeln, die überhaupt zu haben waren, und eine Nachtmütze mit Aleçonspitzen[40].«

---

38 Pilati di Tassulo, Reisen in verschiedene Länder von Europa in den Jahren 1774, 1775 und 1776, Leipzig 1778, S. 235- 236

39 Venezianisches Landhaus

40 Die besten Spitzen kamen damals entweder aus Venedig oder aus Nordfrankreich.

Nichts überließ Casanova dem Zufall. Nicht nur für das erlesenste Essen mit vielen Gängen und den besten Weinen war gesorgt, sondern der Koch mußte für ihn sogar vorher ein Probeessen arrangieren: Stör, Wild, Trüffel, Austern, Weine, Nachtisch. Gereicht wurde das Essen auf Meissner Porzellan und Silber.

Kardinal de Bernis

Als Marina erschien, konnte Casanova keineswegs eine Nonne in ihr erkennen: Sie trug eine Jackett von rosafarbenem Samt mit goldenen Stickereien, dazu eine passende bestickte Weste, schwarze Atlaskniehosen, einen wertvollen Solitär am kleinen Finger und Brillantohrringe. Von auffallender Schönheit war ihr schwarzer Umhang aus Seidenspitzen. Casanova untersuchte mit ihrer Zustimmung ihre Taschen: Er fand eine goldene Tabaksdose, eine mit Perlen besetzte Bonbonniere, Fläschchen, ein Zahnstocheretui, eine ausgefallene Lorgnette, Taschentücher aus Batist, die mit den kostbarsten Essenzen parfümiert waren und schließlich noch Uhren und ein englisches Feuerzeug aus reinem Stahl.

Casanova sparte nicht an Komplimenten: »Alles was ich hier sehe, meine göttliche Freundin, reicht nicht annähernd an deine eigenen Vorzüge heran.« (IV, 59) Nach dem Essen folgte der eigentliche Hauptgang: »Trunken von Liebe und Glück sank ich in ihre Arme, und sieben Stunden lang gab ich ihr die untrüglichsten Beweise meiner Liebesglut. (...) Ich lernte von ihr nichts Neues in bezug auf das Sinnliche des Aktes, aber viel an Seufzern, an Verzückungen, Ekstasen, an Gefühlen wie sie nur in einer empfindsamen Seele (...) sich entwickeln.« (IV, 62) Nach einer Tasse Kaffee am frühen Morgen fuhr Marina wieder zurück ins Kloster, während Casanova endlich schlafen konnte: »Zehn Stunden ununterbrochenen Schlafes gaben mir alle meine Kräfte zurück.«

Durch einen Brief Marinas erfuhr Casanova, daß Bernis, ihr Geliebter, in einem geheimen Kabinett auf dem Sofa liegend durch ein Guckloch in der Wand alles mitangesehen hatte. Sie fragte, ob Casanova etwas dagegen hätte, wenn Bernis beim nächsten Treffen in seinem Casino erneut den Zuschauer spielen würde. Sie sah in dieser Mitteilung einen Liebesbeweis an Casanova, da sie Bernis angeblich versprochen hatte, das

Casanovas Casino

Geheimnis zu wahren. Ohne Zweifel war Casanova angeführt worden, doch er ließ sich nichts anmerken und gab seine Zustimmung. Ca-sanova schrieb M.M.: »Ich halte ihn (Bernis) für meinen Freund.«

Bernis war ein Voyeur, und allem Anschein nach konnte er Marina nicht völlig zufriedenstellen. Mit einem dicken Bauch, Doppelkinn und hängenden Wangen war er nicht gerade der attraktivste Liebhaber. Er arrangierte für Marina anscheinend des öfteren Treffen mit reizvolleren Männern, und als Lohn durfte er dabei zusehen.

Während dieser Zeit ging Casanova auch intensiv dem Spiel nach. Sprichwörtlich hatte Casanova Pech im Spiel und Glück in der Liebe. Er verlor enorme Summen, doch Marina tröstete ihn darüber hinweg. Beim verabredeten nächsten Treffen unternahm Casanova eine athletische sexuelle Leistung, um Bernis zu beeindrucken. Nachdem er sich »und meinen kleinen Sultan« in Position gebracht hatte, begann ein »Kampf« bis zur Erschöpfung.

Das nächste Rendezvous brachte eine Überraschung: Anstelle von Marina erschien Caterina. Casanova war völlig verunsichert; er fühlte sich vernichtet, »und meine Seele war betäubt wie mein Körper.« (IV, 94) Sie beschwichtigte ihn, nicht im geringsten eifersüchtig zu sein. Marina hätte ihr eine Freude machen wollen, und schließlich habe sie selbst eine lesbische Beziehung mit dieser adligen Nonne. Dem großen Liebhaber wuchsen die Dinge allmählich über den Kopf. Wie konnte sich Marina, die ihn doch vorgeblich liebte, durch eine andere ersetzen lassen? Man brachte ein Essen, doch Casanova hatte keinen Appetit, während es sich Caterina schmecken ließ. Auch danach blieb die Atmosphäre gespannt. Casanova gab sich kalt, obwohl er sah, daß Caterina noch schöner geworden war.

Später erfuhr Casanova durch einen Brief Marinas, daß diese im Kabinett anwesend gewesen war und den Abend mitbekommen hatte. Sie erklärte alles für ein Mißverständnis, sie habe nur mit Caterina den geliebten Mann teilen wollen. Im nächsten Akt dieser seltsamen Geschichte kam es zu einem Treffen zwischen Marina, Bernis und Casanova, denn der französische Gesandte wollte unbedingt den außergewöhnlichen

Liebhaber kennenlernen. Casanova konnte sich auf dieses Treffen mit einer solch bekannten Persönlichkeit etwas einbilden, und tatsächlich sollte er mit Bernis' Hilfe später in Paris sein Glück machen. Bei dem Gespräch ließ Bernis durchblicken, daß er an Caterina großen Gefallen gefunden habe. Casanova ahnte, wohin der Hase laufen sollte: »Mir blieb nichts weiter übrig, als gute Miene zum bösen Spiel zu machen, teils um nicht als ganz dummer Tölpel dazustehen, teils um nicht einem Manne gegenüber, der mir unerhörte Vorrechte eingeräumt hatte, als undankbar zu erscheinen.« (IV, 124) Bei einem späteren Essen zu viert, bei dem auch Caterina zugegen war, sah Casanova voraus, »daß ich schließlich der Angeführte sein und daß meine arme C.C. einem Taschenspielerstückchen zum Opfer fallen würde.« (IV, 127)

Ein von Bernis vorgeschlagenes erotisches Treffen zu viert, verlief jedoch anders als geplant, denn Bernis erschien nicht; angeblich war er durch einen dringenden Termin verhindert. Zusehends wurde Casanova zum Spielball anderer, denn er spürte, was Bernis unausgesprochen von ihm forderte: Als Gegenleistung sollte er Caterina für ein späteres Liebesspiel freigeben, bei dem er selber tunlichst nicht zugegen sein sollte. Wenn wir Casanova glauben, konnte er die Nacht zu dritt dennoch genießen: »(...) Wir spürten, wie wir in diesem Dreikampf zu einem einzigen Geschlecht verschmolzen.« (IV, 131)

Bei all dem munteren Treiben, fragt man sich natürlich nach möglichen Schwangerschaften. Casanova gab bereitwillig Auskunft: »Ich seufzte vor Schmerz bei dem Gedanken, daß ich bei einer unserer letzten Orgien die beiden Mädchen nicht geschont hatte und nicht aufgepaßt hatte.« Für den Fall von Schwangerschaften sah er bereits voraus, daß »ich sie alle beide auf dem Halse hatte, und die Aussicht auf so reichen Segen war nicht glänzend.« (IV, 132)

Schließlich kam es zu dem vorausgesehenen Treffen, an dem Casanova als Gegenleistung für Bernis' bislang gezeigte Großmut nicht teilnahm. Er verhielt sich so, wie man es von ihm erwartete: Er sagte wegen scheinbar dringender Geschäfte ab. Caterina schrieb Casanova hinterher, sie sei überrascht gewesen, daß er nicht gekommen sei. Hatte sie das Ganze nicht durchschaut? Weiter schriebt sie ihm: »(...) Wir verbrachten die ganze Nacht mit Trios, die uns nicht ermüdeten, sondern sehr belustigten.« (IV, 134) Wie hatte sich doch dieses naive Mädchen durch den Kontakt mit Casanova und Marina verändert!

Auch von Marina erhielt Casanova einen Brief. Sie gab zu, »daß es nicht sehr lustig für uns geworden wäre, wenn du dabei gewesen wärst.« Beim Lesen dieser beiden Briefe spürte Casanova einige »Bitterkeit, die ich durch alle Adern strömen fühlte.« Doch der Schein mußte gewahrt bleiben und seine Antworten »süß sein wie Honigseim.«

Die Zeit der unbeschwerten Gelage schien vorüber, denn Bernis mußte der hohen Politik wegen nach Wien reisen und zugleich starb Caterinas

Mutter. Außerdem wurde Caterina von ihrer Freundin getrennt und zu einer anderen Nonne gelegt. Caterinas nächtlichen Eskapaden war nun ein Riegel vorgeschoben. Von Bernis erhielt Casanova die Anweisung, die um ihn trauernde Marina zu trösten. Die Rolle des Frauentrösters war Casanova auf den Leib geschrieben.

Doch schließlich erkrankte Marina so schwer, daß man mit ihrem Tod rechnete. Casanova mietete sich in der Nähe des Klosters ein Zimmer.

Als nach einiger Zeit Marina gesundheitlich über den Berg war, wandte er sich sogleich der jungen Tochter seiner Zimmerwirtin zu: »Ich pflückte die Rose und fand sie natürlich, wie immer, viel schöner als alle anderen, die ich gepflückt hatte, seitdem ich in den letzten vierzehn Jahren die fruchtbaren Felder der Liebe bestellte.« (IV, 164) Sicherlich dürfen wir in diesen Worten einen gehörigen Schuß von Selbstironie erkennen. In jedem Fall war Casanova ein Mensch, der stets im Jetzt lebte, und wenn er einem Mädchen »ewige Liebe« schwor, so glaubte er im betreffenden Augenblick vermutlich selber daran. Doch schon kurze Zeit später verkuppelte er die Kleine an einen Diplomaten, der dem Mädchen eine regelmäßige Geldzahlung in Aussicht stellte.

Im Frühsommer 1755 erhielt Casanova einen anonymen Brief. Man warnte ihn vor einem drohenden Unglück. Doch Casanova nahm die Warnung nicht ernst. Zu dieser Zeit hatte ihm ein Spitzel der Staatsinquisition angeboten, ihm auf Kredit Diamanten zu verschaffen. Naiv, wie er manchmal war, lud Casanova ihn in seine Wohnung ein, um das Weitere zu besprechen. Der Spitzel, Manuzzi mit Namen, entdeckte dabei im Regal mehrere Bücher und Handschriften, die von Magie handelten. Manuzzi erzählte, er könne die Bücher gegen gutes Geld an einen Interessierten verkaufen. Nichtsahnend gab ihm Casanova die Bücher zur näheren Prüfung mit. Wie man sich denken kann, landeten sie auf dem schnellsten Weg auf dem Schreibtisch von Manuzzis Auftraggebern. In alten Archiven hat man Manuzzis Spitzelberichte gefunden, in denen u. a. steht: »Man sagt, daß er (Casanova) ein Literat sei, aber mit einem an Kabalen reichen Geist (...), daß er sich mit Kavalieren und mit Frauen sehen ließ, indem er daraus unerlaubt Vorteile zog, da es immer seine Art gewesen ist, auf Kosten anderer zu leben und leichtgläubige Leute auf seine Seite zu bringen (...), daß er Spieler ist und Bekanntschaft mit Patriziern, Fremden und Leuten aller Art hat.«[41]

Dieser letzte Punkt sollte sich als sehr bedeutsam erweisen. Es war den Bürgern der Stadt Venedig verboten, Kontakt mit ausländischen Diplomaten zu haben, Casanova jedoch scherte sich nicht um dieses Verbot. Man vermutete, daß Casanova seine großen Spielschulden in jener Zeit damit beglich, daß er Staatsgeheimnisse verriet. Bewiesen werden konnte das jedoch nie.

Unglück kommt selten allein. Einer der drei damaligen Staatsinquisitoren, Antonio Condulmer, hatte persönliche Gründe, Casanova hinter Schloß und Riegel zu bringen. Er war nämlich Besitzer des Theaters St. Angelo, in dem die Stücke von Pietro Chiari aufgeführt wurden. Casanova hatte eifrig seinen Teil dazu beigetragen, auf die mangelnde Qualität dieser Stücke hinzuweisen. Für das Theater und seinen Besitzer hatte das erhebliche finanzielle Einbußen zur Folge.

Ebenfalls zu jener Zeit wurde Casanova von einer Witwe, Lucia Memmo, verklagt, er verführe ihre drei Söhne zum Atheismus. Manuzzis Entdeckung von Casanovas magischen Büchern kam da wie gerufen. Anläßlich seiner Verhaftung schrieb er in den Memoiren über diese Schriften: »Meine Leser werden wohl so freundlich sein, mir zu glauben, daß ich an die Lehren dieser alten Scharteken nicht im geringsten glau-

41 Gustav Gugitz, Giacomo Casanova und sein Lebensroman - Historische Studien zu seinen Memoiren, Wien, Prag, Leipzig 1921, S. 170

be; aber ich hatte sie und belustigte mich daran, wie man sich eben an den tausend Dummheiten belustigt, die aus hohlen Köpfen entsprungen sind.« (IV, 205)

Doch Casanova sollte das Lachen schon bald vergehen. Drei Zeugen hatten ausgesagt, Casanova stoße, wenn er beim Spiel verliere, niemals einen Fluch gegen den Teufel aus, während doch in solchen Momenten jeder anständige Christ zu fluchen pflege. Zudem, so vermutete Casanova, legte man ihm zu Last, er esse jeden Tag Fleisch, gehe nur selten in die Messe und stünde im Verdacht, den Freimaurern anzugehören. Tatsächlich gehörte er dieser Sekte an.

Die Inquisitionsakten über Casanovas Verhaftung gelten als frühestes Dokument, das man über das Auftauchen der Freimaurerei in Venedig gefunden hat. Etwas später, im Jahre 1783, zeigte sich, wie staatsgefährdend man die Freimaurerei einschätzte. Der Marchese Vivaldi wurde als Mitglied dieses Geheimbundes verhaftet und anschließend im Gefängnis erdrosselt. Den Leichnam stellte man mit einem Schild öffentlich aus: »So behandelt die Republik die Freimaurer«. Manuzzi schrieb in seinen Berichten über Casanovas Freimaurerei:

»(...) er ließ mich ein weißes Fell sehen, (...) um sich damit die Hüften bedecken zu können. (...) Er brauche es, wenn er an einen gewissen Ort ginge, wo man auch Dolche und ein schwarzes Gewand verwende. (...) Ich erinnere mich, daß derselbe Casanova mir einige Tage zuvor von der Sekte der Maurer erzählt hatte, indem er mir von den Ehren und Vorteilen berichtete, die man hat, wenn man zu der Zahl der Brüder gehört. (...) Als er bei der Loge eingeführt wurde, (...) hat er sich mit verbundenen Augen hinführen lassen.« (IV, Anhang, S. 376 f.)

War Casanova tatsächlich so naiv, einem fast unbekannten Menschen all diese Dinge zu erzählen? Angesichts der hohen Intelligenz, die Casanova in den unterschiedlichsten Zusammenhängen immer wieder unter Beweis stellte, ist dies schwer zu glauben. Und dennoch stößt man in den Memoiren auf die unterschiedlichsten Episoden, die Casanova in gefährlicher Weise leichtsinnig zeigen.

Gegen Ende Juli ging Casanova am Morgen zu einem Spaziergang aus dem Haus. Als er zurückkam, war das Schloß seines Zimmers aufgebrochen. Die Wirtin erzählte, der Messergrande[42] sei mit einer Truppe Sbirren[43] gekommen und hätte die Wohnung nach einem Koffer Salz durchsucht. Der Salzschmuggel wurde damals streng verfolgt.

Am selben Tage noch eilte Casanova in das Haus seines adligen Gönners Bragadin, der selber einmal Mitglied der Staatsinquisition gewesen war. In Kenntnis der Sitten sagte er: »Das gestrenge Tribunal kann dich schuldig finden, ohne dir darüber Rechenschaft abzulegen.« (IV, 212)

---

42 Polizeichef Venedigs
43 Polizeidiener

Bragadins Meinung nach war die Geschichte mit dem Salzfaß nur ein Vorwand. Eigentlich habe man Casanova verhaften wollen. Da er glücklichweise nicht zu Hause gewesen sei, solle er zumindest jetzt fliehen. Wie schon so oft, bot Bragadin ihm Geld an. Casanova schlug das Angebot jedoch aus und entschied, sich zu bleiben. Unter Tränen bat Bragadin, daß er doch zumindest vorläufig in seinem Haus wohnen solle. Dazu muß man wissen, daß Häuser von Adligen für die Polizei tabu waren. Auch dieses Angebot schlug Casanova in den Wind. Bragadins Abschiedsworte »Vielleicht mein Freund ist es mir nicht mehr beschieden dich zu sehen; aber 'fata viam inveniunt'«[44] sollten zutreffen. Nach Casanovas Flucht aus Venedig konnte er für Jahrzehnte nicht mehr in seine Heimat zurück. Bragadin starb elf Jahre später, doch blieb er bis zu seinem Tod in fortwährendem Briefwechsel mit seinem Zögling.

Schon am nächsten Morgen, es war der 26. Juli 1755, erwachte Casanova in seinem Bett und sah das Gesicht des »schrecklichen Messergrande« über sich gebeugt. In einem großen Sack wurden alle Bücher und Manuskripte gesammelt, um sie gegen Casanova verwenden zu können. Nicht nur astrologische und magische Werke, sondern auch Werke von Ariost, Petrarca und Horaz verschwanden auf Nimmerwiedersehen. »Wie versteinert« sah Casanova all dem zu. Er mochte nicht glauben, daß man ihn ins Gefängnis führen wollte und hielt alles für ein Mißverständnis, das sich bald aufklären würde.

Als er sich angekleidet hatte, und sie das Schlafzimmer verließen, staunte er nicht schlecht, daß im Vorzimmer vierzig Sbirren Aufstellung bezogen hatten. Hielt man Casanova in der Tat für so gefährlich? In den Memoiren gab er dazu eine interessante Erklärung:

»Es ist eigentümlich, daß man in London, wo ein jeder tapfer ist, nur einen ausschickt, um einen Menschen zu verhaften, während man in meinem lieben Vaterlande, wo man im allgemeinen sehr feige ist, dreißig braucht. Vielleicht kommt es daher, daß ein Feigling als Angreifer mehr Furcht haben muß als ein angegriffener Feigling; daher kann ein für gewöhnlich furchtsamer Mensch unter Umständen tapfer sein. So viel ist sicher, daß man in Venedig oft einen einzelnen sich gegen zwanzig Sbirren verteidigen sieht und daß er ihnen schließlich entrinnt, nachdem er sie tüchtig durchgebleut hat.« (IV, 215)

Zunächst wurde Casanova in das Haus des Messergrande gebracht. Dort stellte er fest, daß er in kurzen Abständen ungeheure Mengen von Urin lassen mußte. Erklären konnte er sich das nur mit der ungeheuren Erregung, die die Verhaftung bewirkt hatte. In den Memoiren lesen wir etwas verwundert dazu den Kommentar: »Ich schenke diese Entdeckung den Ärzten« (IV, 213). Hierzu muß man sich jedoch klar machen, daß damals so etwas wie eine »Psychosomatische Medizin« noch nicht existierte,

44 IV, S. 213/ lateinisches Zitat nach Vergils Aeneis, V. 395: »Das Schicksal weist den Weg.«

und Casanovas Feststellung für viele Menschen tatsächlich eine Entdeckung war.

Als die Glocken des Campanile zu San Marco zwölf Uhr schlugen, trat ein Sbirrenführer ein und sagte, er würde ihn unter die Bleidächer führen. Das Gefängnis, in das Casanova gebracht wurde, ist in dem mit Bleiplatten bedeckten Dach des Dogenpalastes untergebracht. Gefangene, die hierher kamen, erhielten niemals eine Anhörung und vernahmen auch keinerlei Urteil. Auf diese Weise erfuhren sie auch nicht, wie lange man sie inhaftieren wollte. Bragadins Vermutungen sollten sich demnach bewahrheiten.

Die Bucht von San Marco in Venedig, rechts der Dogenpalast

Wenn Casanova auch nie eine offizielle Begründung für seine Inhaftierung erhielt, so hat es doch einen intern formulierten Anklagepunkt gegeben: Wegen »öffentlicher Schmähungen gegen die Religion« war er zu fünf Jahren Haft verurteilt worden, heißt es in den Archiven. In Wahrheit allerdings dürfte die privat motivierte Rache des Staatsinquisitors Condulmer die Hauptursache für die Inhaftierung gewesen sein. In einem späteren Kommentar äußerte sich Casanova sogar mit Verständnis: »Meine Verhaftung (...) war ein Akt reiner Despotie; aber da ich wußte, daß ich die Freiheit selbst mißbraucht hatte, fand ich in manchen Augenblicken, daß man im Recht war, wenn man mich ohne die sonst üblichen Formalitäten einsperren ließ.« (VI, 274)

In den Bleikammern durfte man weder Briefe schreiben noch erhalten, Besuch war verboten. Das Schrecklichste aber war für Casanova, das

Nichtstun auszuhalten und die Ungewißheit, wie lange man noch inhaftiert sei. Daraus resultierten seiner Erfahrung nach die fürchterlichsten Alpträume. Casanovas Zelle war 3,90 x 3,90 Meter groß und die Deckenhöhe betrug 1,80 Meter. Da Casanova ungefähr 1,90 Meter groß war, konnte er nur leicht gebückt stehen. Licht erhielt der Raum durch ein kleines zum Dachboden führendes Gitter. Als Casanova die Zelle mit dem Wärter betrat, fiel ihm ein seltsames eisernes Gerät an der Wand auf. Lorenzo Basadonna, der Wärter, erklärte ihm sogleich, wozu es diente: Auf einem Schemel sitzend und mit dem Rücken gegen ein Halseisen gepreßt, setzte man einen Drehmechanismus in Gang, der den Delinquenten langsam erdrosselte.

Ob er etwas essen wolle, fragte der Wärter, doch der Häftling verneinte. Niedergeschlagen und betäubt orientierte er sich in seinem neuen Zuhause: Dunkel, zu niedrig, um stehen zu können und keinerlei Tisch, Stuhl oder Bett. Die einzigen Möbelstücke waren ein Kot- und Urinkübel und ein an der Wand befestigtes Brett. Auf dieses Brett legte er seinen kostbaren Mantel und einen Hut, der mit spanischen Spitzen eingefaßt war und eine weiße Feder trug. Es war unerträglich heiß. Durch das Gitter zum Dachboden machte der Gefangene eine Entdeckung, die seine Stimmung noch weiter verschlechterte: Ratten, groß wie Hasen, tollten vor seinen Augen herum.

Des Abends begannen ihn Hunger und Durst zu quälen. Er wurde wütend und trommelte mit Fäusten und Füßen gegen die Tür. Es gab nicht das geringste Anzeichen dafür, daß irgend jemand seinen Protest hören konnte. Schließlich gab er auf. Noch wußte Casanova nicht, daß man nur einmal am Tag eine warme Mahlzeit erhielt, üblicherweise bei Sonnenaufgang. Schließlich wurde er müde und schlief auf dem Boden der Zelle ein.

Als es Mitternacht schlug, erwachte er. »Wie furchtbar ist das Erwachen, wenn es einen aus dem Nichts oder den Illusionen reißt!« (IV, 220) schrieb er in den Memoiren. Verwundert nahm er zur Kenntnis, daß er mehrere Stunden auf der linken Seite gelegen hatte, ohne Schmerzen zu fühlen. »(...) Ohne mich im übrigen zu rühren, streckte ich die rechte Hand aus, um mein Taschentuch zu erfassen, das ich, wie ich mich erinnerte, links von mir auf den Boden gelegt hatte. Ich taste danach – Gott! Welche Überraschung! Meine Hand ergreift eine andere eiskalte Hand! Der Schreck durchfuhr mich von Kopf bis zu den Füßen, und mir standen die Haare zu Berge.« (IV, 220)

Niemals, so schrieb er weiter, hatte er im Leben eine solche Angst empfunden. Einige Minuten lag er wie erstarrt. Er konnte sich nicht mehr bewegen und nicht mehr denken. Als er wieder zu sich kam, glaubte er, die Hand könne doch nur in seiner »erhitzten Phantasie« vorhanden sein. Mit einiger Hoffnung streckte er abermals die Hand aus, und fassungslos spürte er wieder jene andere Hand. Ein gellender Schrei entfuhr seiner

Kehle. Er schob die fremde Hand, die er hielt, zur Seite und schob zögernd seinen Arm wieder zurück.

Schließlich bemächtigte sich seiner wieder der Verstand. Er kam zu dem Schluß, daß man ihm während seines Schlafes einen Leichnam zur Seite gelegt habe. Es wird die Leiche irgend eines unglücklich Erdrosselten sein, dachte er sich. »Man will mir auf diese Art das Schicksal zeigen, das auch mir bevorsteht.« (IV, 221) Dieser Gedanke machte ihn rasend vor Wut, und er streckte zum dritten Male den Arm nach der eisigen Hand aus. Er packte sie fest, »um mich von der abscheulichen Tatsache völlig sicher zu überzeugen.« Dann wollte er aufstehen und schließlich fühlte er, daß die Hand, die er hielt, die eigene war. Das Gewicht seines Körpers hatte auf dem harten Boden die Blutzirkulation zum Stillstand gebracht. Trocken kommentierte Casanova: »Dieses Erlebnis hatte zwar etwas Komisches an sich, aber es erheiterte mich keineswegs; es rief vielmehr die schwärzesten Gedanken in mir wach.« (IV, 221)

Erheitert und begeistert zeigten sich aber später die Leser von Casanovas Büchlein »Die Geschichte meiner Flucht«[45] und die Leser der Memoiren. Gerade die Darstellung der Inhaftierung und Flucht ist innerhalb der Memoiren wegen ihrer psychologischen Tiefenschärfe eine schriftstellerische Meisterleistung. In der Folge des geschilderten Ereignisses bemerkte Casanova weiter: »Ich erkannte, daß ich an einem Ort war, wo die Wahrheit falsch erscheinen müßte, da ja das Falsche wahr erschien; wo der Verstand die Hälfte seiner Vorzüge verlor und wo durch die krankhafte Phantasie die Vernunft entweder einer sinnlosen Hoffnung oder einer entsetzlichen Verzweiflung zum Opfer fallen mußte.« (IV, 221)

Ab jetzt beschloß er, auf der Hut zu sein, und die Philosophie zur Hilfe zu nehmen. Seiner Ansicht nach sterben die meisten Menschen, ohne jemals wirklich gedacht zu haben. Daran sei jedoch nicht mangelnder Geist schuld, sondern es ist der notwendige Anstoß »zur Erweckung der Denkfähigkeit niemals durch ein außerordentliches Ereignis gegeben worden«. Casanova war zu diesem Zeitpunkt dreißig Jahre alt. Die Haft mit ihren Anforderungen zwang ihn, neue und erwachsenere Seiten in seiner Persönlichkeit zu entdecken.

Bis das Dämmerlicht des anbrechenden Tages erschien, brütete Casanova vor sich hin. Alles in ihm schrie nach Rache. In der Phantasie sah er sich an der Spitze einer Volksregierung, die die adlige Herrschaft stürzte. Erbarmungslos metzelte er alle Feinde nieder. Wie im Fieberdelirium geriet er in Raserei und stellte das Naturrecht wieder her, wonach alle Menschen nur dem Gesetz gehorchen müssen und nur von ihresgleichen gerichtet werden dürfen. Sein Fazit über diese Phantasien: Solche Luftschlösser baut der Mensch, wenn ihn eine große Leidenschaft bewegt. Er merkt nicht, daß sein größter Feind der Zorn ist.

---

45 Im Original: Histoire de ma fuite

Was nun folgte, ist ein Wechselbad der Gefühle. Ein untrügliches Vorzeichen sagte ihm, daß man ihn noch am selben Tage entlassen werde. In den nächsten Wochen und Monaten sollte er noch oft hin und her schwanken zwischen der Überzeugung, demnächst entlassen zu werden und der Vorstellung, lebenslänglich hinter Gittern bleiben zu müssen. Um sechs Uhr kam Lorenzo und fragte, ob er nun endlich etwas essen wolle. Außerdem eröffnete er ihm, daß er auf Kosten des Gefangenen gerne Tisch, Bett und Stuhl besorgen könne, da er auf längere Zeit Gast dieser Zelle sei. Casanova sprach beherrscht und in knappen Worten mit Lorenzo und bemerkte, »daß der Lümmel erstaunt war, nicht die Klagen zu hören, die er erwartet hatte.« Casanova hatte den ersten Sieg gegen seinen Zorn errungen.

Im Laufe des Tages brachte man ihm das Essen und auch die Möbelstücke, die er bezahlen mußte. Bei dieser Gelegenheit bedankte er sich bei Lorenzo, daß er allein in einer Zelle war und keine Mitgefangenen erdulden müsse. Lorenzo konnte das nicht begreifen, und Casanova mußte schon bald erkennen, daß er sich getäuscht hatte:

»Ein Mensch, der allein eingesperrt ist, hat keine Möglichkeit, sich zu beschäftigen. Wenn man an einem dunklen Ort allein ist, wo man nichts sehen kann, wohin nur einmal am Tag der Mann kommt, der das Essen bringt, (...) dann ist man der allerunglücklichste Mensch. Man wünscht sich, wenn man daran glaubt, in die Hölle, nur um Gesellschaft zu haben. Dieses Gefühl ist so gebieterisch, daß ich schließlich sogar einen Mörder, einen Verrückten, einen Pestkranken, einen Bären als Kerkergenossen wünschte.« (IV, 224)

Selbst seinen Feinden mochte er eine solche isolierende Erfahrung nicht wünschen. Die Leere des Geistes war ihm das vorstellbar Schlimmste: »Wenn ein wissenschaftlich gebildeter Mensch in meiner Lage Federn, Tinte und Papier erhält, vermindert sich sein Unglück um neun Zehntel; aber die Henker, die mich verfolgten, dachten nicht daran, mir Erleichterung zu bewilligen.«(IV, 224)

Die nächsten Tage verliefen trostlos. Casanova hatte große Probleme, sich an die nächtlichen Besuche der Ratten zu gewöhnen. Es dauerte eine gewisse Zeit, trotz dieses Lärms einschlafen zu können. Zudem schlug noch die Turmuhr von San Marco so laut, daß »ich glaubte, sie befände sich in meinem Zimmer.« Zu all diesen Unannehmlichkeiten gesellten sich Legionen von Flöhen. Sie »belustigten sich an meinem ganzen Leibe«, und von ihren unaufhörlichen Stichen bekam er Krämpfe.

Eines Tages brachte ihm Lorenzo im Auftrag der Staatsinquisition zwei Bücher: »Die mystische Gottesstadt« von Schwester Maria de Agreda und eines von einem Jesuiten. Da das Tageslicht gerade ausreichte, um mit Mühe lesen zu können, machte er sich an die Lektüre. In jeder anderen Situation hätte er die Bücher auf den nächsten Müllhaufen geworfen. Obwohl er sich gegen die überspannten, dümmlichen Gedanken und

Phantasien wehrte, träumte er nachts davon: »Sobald ich einschlief, spürte ich die Pest, womit Schwester de Agreda meinen Geist ansteckte«, der über alle Maßen geschwächt war. Hätte er Schreibzeug gehabt, so hätte er seine verrückten Träume aufgezeichnet und vielleicht, so schrieb er, »hätte ich in meinem Kerker ein Werk geschaffen, das noch verrückter gewesen wäre« als das der frommen Schwester.

Durch diese Erfahrung erkannte er, daß man dem menschlichen Geist keine positive Kraft zuschreiben kann: »Diese Kraft ist nur relativ, und wenn ein Mensch sich selber gründlich beobachtete, würde er nur Schwäche in sich entdecken.« Wahnsinnig wird der Mensch jedoch nicht so schnell; seiner Überzeugung nach geschieht dies nur unter bestimmten Bedingungen: »Das Buch der Spanierin besitzt alle Eigenschaften, um einen Menschen verrückt zu machen; aber damit das Gift diese Wirkung auf ihn übe, muß man ihn isolieren – unter die Bleidächer stecken – und ihm jede Beschäftigung rauben.« (IV, 227)

Nach zehn Tagen bat Lorenzo um neues Geld, um auch weiterhin das Essen kaufen zu können. Casanova hatte jedoch keines mehr. Das Tribunal bewilligte daraufhin dem Häftling einen kleinen täglichen Betrag. Unterdessen wurden die klimatischen Bedingungen immer unerträglicher. Nackt saß er in seinem gekauften Lehnstuhl, und dennoch rann ihm unaufhörlich der Schweiß am Körper herunter und tropfte auf den Fußboden. Noch ein anderes Problem plagte ihn: Vierzehn Tage lang hatte er keine Darmentleerung mehr gehabt. Bald glaubte er, vor Schmerz sterben zu müssen, denn es hatten sich große Hämorrhoiden gebildet. Dieses Leiden sollte ihn sein ganzes Leben lang an den Aufenthalt in den Bleikammern erinnern.

Eines Tages bekam er die Erlaubnis, nach dem morgendlichen Zellenausfegen einen Spaziergang auf dem Dachboden zu machen. Diese von nun an regelmäßige morgendliche Bewegung wußte er zu schätzen. Er bewegte sich sehr schnell, nicht nur, weil es ihm gut tat, sondern damit die Ratten in ihren Löchern blieben.

Und erneut dachte Casanova, man würde ihn bald entlassen. Er war sich ganz sicher, daß es am ersten Oktober geschehen würde, denn dieser Tag war der Amtsantritt der drei neuen Staatsinquisitoren. Doch es geschah nichts. Casanova war verzweifelt. Anfang November faßte er einen Entschluß: »Deliberata morte ferocior«, sagte er sich und begann, sich mit Fluchtplänen zu beschäftigen: »Ich bin stets der Meinung gewesen, daß jemand, der es sich in den Kopf setzt, etwas zu erreichen, und der sich ausschließlich mit der Verfolgung dieses Planes beschäftigt, seinen Zweck erreichen muß (...).« (IV, 236) Bis zu diesem Zeitpunkt war noch nie einem Gefangenen die Flucht aus den Bleikammern gelungen. Dieses Gefängnis galt als eines der sichersten der Welt.

---

46 »Durch die Bereitschaft zu sterben, wurde ich kühner.« (Nach den Oden des Horaz)

DIE FLUCHT

Gegen Mitte November erhielt Casanova zum ersten Mal einen Mitgefangenen. Es war ein junger Kammerdiener mit Namen Maggiorin[47], der die Nichte seines Herrn geschwängert hatte. Mit ihm zusammen durfte er jetzt den morgendlichen Spaziergang auf eine halbe Stunde ausdehnen. Bei einer solchen Gelegenheit entdeckte Casanova hinter alten Möbeln jahrhundertealte Kriminalakten, deren Lektüre ihn sehr amüsierte. Zwischen alten Leuchtern, Töpfen und einer Klistierspritze machte er jedoch einen wahrhaft wertvollen Fund: einen daumendicken eisernen Riegel, der fast 50 cm lang war, und ein Stück glatten Marmors.

Gegen Ende des Monats wurde Maggiorin in ein anderes Gefängnis verlegt, doch schon bald kam neue Gesellschaft. Der Häftling war an die fünfzig Jahre und: »Er hatte einen großen Mund und schlechte Zähne; unter zwei dicken roten Augenbrauen sahen kleine braune Augen hervor. Der Eindruck wurde vervollständigt durch eine runde Perücke von schwarzem Roßhaar, die einen sehr unangenehmen Ölgeruch verbreitete.« (IV, 243) Mit wenigen Worten hat uns Casanova einen Eindruck seines neuen Gefährten gegeben. Er war wegen unredlicher Geldgeschäfte in Haft und wurde ebenfalls bald wieder aus Casanovas Zelle entfernt.

Schließlich wurde es Neujahr 1756. Lorenzo brachte als Geschenk von Signor Bragadin einen mit Fuchspelz gefütterten Schlafrock. Mit Dankbarkeit gedachte Casanova seines Gönners, denn zu dieser Jahreszeit herrschte unter den Bleidächern eine grausige Kälte. Doch am wertvollsten war die Zusicherung des Tribunals, daß er sich mit einer von Bragadin ausgesetzten Geldsumme Bücher seiner Wahl beschaffen lassen konnte. Casanova ließ sich von Lorenzo einen Stift und Papier geben und schrieb: »Ich danke für die Großmut des Tribunals und die Güte des Signor Bragadin«. Man müsse sich selber in einer solchen Situation befunden haben, so schrieb er in den Memoiren, »um die Gefühle zu begreifen, die dieser Vorfall in meiner Seele erregte. Im ersten Gefühlsüberschwang verzieh ich meinen Verfolgern und hätte beinahe meinen Fluchtplan aufgegeben.« (IV, 247)

Der Plan bestand darin, einen Durchbruch durch den Fußboden zu schaffen, denn darunter befand sich der Versammlungssaal der Staatsinquisitoren. Die Flucht konnte natürlich nur gelingen, wenn dort nicht gearbeitet wurde, zum Beispiel des Nachts. Mit Hilfe von verknoteten Bettüchern wollte er sich zu gegebener Zeit in diesen Saal abseilen. Und was dann?

47 Der tatsächliche Name lautete jedoch Lorenzo Mazetta.

»Ich hätte mich unter dem großen Tisch des Tribunals versteckt, wäre am Morgen sofort nach dem Öffnen der Tür hinausgelaufen und hätte mich in Sicherheit gebracht bevor man mir gefolgt wäre«. (IV, 259) Einen eventuell wachhabenden Sbirren hätte er mit seiner Eisenstange beseitigt. So weit die Theorie.

Wie sich schnell herausstellte, war das Marmorstück ein hervorragender Schleifstein, und so begann Casanova mit der Arbeit. Mit seinem

Ein Querschnitt durch die Bleikammern in Venedig

Speichel feuchtete er den Marmorstein an und schliff innerhalb von vierzehn Tagen acht pyramidenförmige Facetten in die Eisenstange, so daß sie eine vollkommene Spitze erhielt »wie man sie von einem guten Messerschmied nicht besser hätte verlangen können«. Die Arbeit jedoch war eine Tortur. Der rechte Arm wurde so steif, daß er ihn kaum noch bewegen konnte. An der linken Hand war der Ballen ganz zerfleischt und bildete eine Wunde. Als regelmäßiges Versteck für die Werkzeuge wählte er seinen Lehnstuhl, in dem er sie kunstvoll verbergen konnte.

Nachdem der Spieß fertig war, wollte Casanova beginnen, unter seinem Bett das Loch zu bohren. Doch wie konnte er verhindern, daß man beim morgendlichen Ausfegen das Loch entdeckte? Casanova gab Lorenzo gegenüber einfach an, daß ihn der aufgewirbelte Staub schlimme Hustenanfälle bereitete. »Ich werde den Fußboden besprengen lassen«, schlug der Wärter vor, doch Casanova antwortete geistesgegenwärtig: »Das wäre noch schlimmer, denn von der Feuchtigkeit könnte ich einen Blutsturz bekommen.«

Eine Woche lang wurde nicht ausgefegt, doch dann wurde es erneut angeordnet. Casanova griff zu einer List. Er brachte sich am Finger eine Wunde bei und machte damit sein Taschentuch blutig. Lorenzo zeigte er es mit der Bemerkung, er hätte nach dem Ausfegen die heftigsten Hustenanfälle bekommen. Man möge einen Arzt schicken. Der Arzt kam tatsächlich und verordnete einen Aderlaß. Zu Casanovas Freude hielt er außerdem Lorenzo einen Vortrag über den Fall eines anderen Häftlings, der am 22. November 1755 an Tuberkulose gestorben war. Nichts sei so gefährlich wie das Einatmen von Staub. Lorenzo schwörte sogleich bei allen Heiligen, er habe Casanova nur einen Gefallen tun wollen, und es würde in Zukunft ganz gewiß nicht mehr ausgefegt werden. Casanova lachte im Stillen, denn der Arzt hätte seine Rolle nicht besser spielen können.

Der Aderlaß hatte dem Häftling gut getan, denn er gab ihm den Schlaf wieder und heilte ihn von krampfartigen Zuckungen. Zumindest war das Casanovas Ansicht. Psychologisch betrachtet, dürften allerdings die durch den Arztbesuch erheblich verbesserten Fluchtchancen eine noch größere heilende Wirkung gehabt haben.

Nun kam die Zeit der harten Arbeit. Der Frost war so stark, daß die Hände den Eisenspieß nur eine gewisse Zeit halten konnten, ohne steif zu werden. Die langen Winternächte belasteten den Gefangenen sehr, denn neunzehn lange Stunden mußte er im Dunklen zubringen, und an den häufigen Nebeltagen war das Licht zu schwach, um etwas richtig erkennen zu können. Auch das Lesen wurde unmöglich. Was dringend benötigt wurde, war eine Öllampe. Dazu braucht man ein Gefäß, Öl, Dochte, einen Feuerstein, Späne, Zunder und einen Stahl. Nach und nach konnte Casanova alles organisieren: Als Gefäß diente ihm der Tiegel, in dem man ihm die Spiegeleier briet. Öl ließ er sich gesondert kaufen, indem er vorgab, das gewöhnliche Salatöl nicht zu vertragen, und aus der baumwollenen Steppdecke machte er Dochte. Was den Feuerstein betraf, so sagte er Lorenzo, er benötige Bimsstein gegen heftige Zahnschmerzen, doch ein Flintstein würde diesselben Dienste leisten, wenn man ihn einen Tag in Essig lege. Eine starke Stahlschnalle, die Casanova am Hosengürtel trug, diente als Feuerstahl. Um jedoch Schwefel und Zunder aufzutreiben, mußten alle gedanklichen Kräfte aktiviert werden. Schließlich kam, wie so oft, der Zufall zu Hilfe. Casanova erkrankte an einer Form von Röteln. Der Arzt verordnete Diät und vier Unzen Süßmandelöl für die Haut oder eine Einreibung mit einer Salbe aus Schwefelblüte.

Lorenzo erhielt sogleich den Auftrag, Schwefel zu kaufen. Casanova gab vor, die Salbe mit Hilfe von Butter selber herstellen zu wollen. Was den Zunder anging, so erinnerte er sich, daß er seinerzeit dem Schneider bei der Anfertigung seines Rockes den Auftrag gegeben hatte, unter die Achseln Zunder einzunähen, damit der Stoff nicht vom Schweiß verdorben werden würde. Hatte der Schneider dies auch tatsächlich getan? Casanova wagte kaum, nachzuschauen. Er fiel auf die Knie »und betete in heißer Inbrunst zu Gott, der Schneider möchte meinen Befehl nicht vergessen haben.« (IV, 254) Tatsächlich war der Zunder eingenäht worden. »Es war nicht mehr als natürlich, daß ich Gott dankte, denn voll Vertrauen zu ihm hatte ich den Zunder gesucht. (...) Ich hätte dieses lächerliche Gebet nicht gesprochen, bevor ich unter die Bleidächer kam, und ich würde es auch heute nicht sprechen.« Und weiter kam er zu dem Schluß: »Die Beraubung der körperlichen Freiheit führt zur Entartung der geistigen Fähigkeiten.«

Aus der Finsternis wurde nun für Casanova buchstäblich Licht. Dies gilt auch im übertragenen Sinne, denn nun konnte er sich viel gezielter mit dem Bohren des Loches beschäftigen. Doch ausgerechnet jetzt kam neuer Besuch. Es war der Jude Gabriel Scharon. Die Protokolle der Staatsinquisition bestätigen Casanovas Angaben. Der Jude war des Wuchers und betrügerischer Verträge angeklagt. Der Mann war ein unangenehmer Zeitgenosse, und Casanova zog es vor, ihn nicht in seine Pläne einzuweihen.

In der Osterwoche erschien der Sekretär der Staatsinquistion an der Kerkertüre. Der Jude warf sich ihm weinend und jammernd vor die Füße. Lorenzo befahl Casanova, er solle ebenfalls hervortreten. Auch bei dieser Gelegenheit zeigt sich Casanova als glänzender Erzähler: »Mit meinem acht Monate alten Bart und in einem Rock, der für Liebesabenteuer im Monat Juli gemacht worden war, mußte ich bei der herrschenden Kälte einen recht komischen Anblick darbieten. Ich schlotterte vor Frost (...) und fürchtete, der Sekretär könne sich einbilden, daß ich vor Furcht zitterte. Da ich mich tief bücken mußte, um aus meinem Loch hinauszugelangen, so war die Verbeugung bereits gemacht.« (IV, 258)

Die beiden schwiegen sich an, und Casanova mußte wieder zurück in die Zelle. Nach zwei bis drei Wochen war er endlich wieder allein in seinem Kerker und konnte mit dem Graben des Lochs beginnen. Da er befürchten mußte, jederzeit einen neuen Gast zu bekommen, arbeitete er so schnell er konnte. Mit der Lampe neben dem Loch und einem Tuch, um die frischen Splitter aufzunehmen, gelangte er jeden Tag etwas tiefer. Jeweils am Morgen bei dem Spaziergang kippte er den Aushub zu einem der Unratshaufen. Innerhalb von drei Wochen durchbrach er drei Bretter. Dann aber schien er am Ende zu sein, denn er stieß auf Marmor. In dieses Material konnte der Spieß nicht richtig eindringen.

Da glaubte er sich zu erinnern, daß Titus Livius zufolge, Hannibal sich den Weg durch die Alpen gebahnt hatte, indem er die Felsen, die er durchbrechen ließ, vorher mit Essig erweichte. Ob nun tatsächlich durch den Essig oder vielmehr, weil er an dessen Wunderwirkung glaubte und deshalb mehr Kraft und Ausdauer aufbot, kam Casanova nun gut voran. Unter dem Marmor tauchte erneut ein Brett auf. Darunter, so vermutete Casanova richtig, lag die Decke des Saales. Nun galt es, äußerst vorsichtig zu sein, um nicht vor der Zeit das Loch zu öffnen, was eine verfrühte Entdeckung zur Folge gehabt hätte. Außerdem war die Arbeit jetzt wegen der Tiefe des Lochs äußerst anstrengend. Er betete viel. Seine Bemerkungen über das Beten muten sehr modern an:

»Die Freigeister, welche behaupten, das Gebet sei nichts wert, wissen nicht, was sie sagen. Ich aber weiß aus Erfahrung, daß ich immer viel stärker war, nachdem ich zu Gott gebetet hatte. Dies genügt, um die Nützlichkeit des Gebetes zu beweisen, mag nun die Vermehrung der Kraft unmittelbar von Gott herrühren oder nur von dem Vertrauen, das man zu ihm hat.« (IV, 262)

Am 25. Juli gab es eine unliebsame Überraschung. Während er an dem Loch arbeitete, hörte er plötzlich das Kreischen des ersten Korridors. Schnell blies er die Lampe aus, ließ den Spieß im Loch, bedeckte es notdürftig und legte sich auf das Bett. In diesem Augenblick öffnete sich die Tür, und Lorenzo trat mit einem neuen Häftling ein. Graf Tommasso Feneroli, so hieß der Neue, rief entsetzt aus, in welche stinkende, heiße Hölle man ihn bringe. Dann jedoch erkannte er Casanova, und die beiden umarmten sich unter Tränen. Sie kannten sich von besseren Tagen und erneuerten ihre Freundschaft. Der Graf hatte gegen das venezianische Gesetz verstoßen, keine privaten Gespräche mit ausländischen Diplomaten zu führen. Nach einigen Tagen wurde er jedoch wieder entlassen.

Casanova setzte seine Arbeit fort. Am 23. August war er kurz vor dem Durchbruch. Splitter für Splitter hob er das letzte Brett ab, bis nur noch eine dünne Schicht übrig war. Doch dann ergab sich ein neues Hindernis: Zufällig ging durch den größten Teil des Loches einer der Deckenbalken, so daß Casanova mit seiner kräftigen Statur nicht mehr hindurch gepaßt hätte. Das Loch mußte nach einer Seite hin erweitert werden. Durch einige winzige Löcher konnte Casanova schließlich auf den unter ihm liegenden Saal blicken. Diese Löcher stopfte er wieder zu, damit kein Dreck nach unten fallen und ihn verraten konnte.

Die Flucht wurde nun auf die Nacht vor dem Tag des Heiligen Augustinus (28. August) festgesetzt, weil sich an diesem Tag der Große Rat Venedigs versammelte, und die unter ihm liegenden Räume leer sein würden. Doch zwei Tage vor dem ersehnten Ziel hörte er um zwölf Uhr das Geräusch des Riegels. Halb bewußtlos vor Entsetzen warf sich Casanova auf den Lehnstuhl. Lorenzo betrat den Kerker und verkündete ihm mit vergnügter Stimme, daß er endlich in eine bessere Zelle verlegt werde, von wo aus er einen wunderbaren Blick auf Venedig habe. Casanova jedoch flehte darum, man möge ihn in seiner Zelle lassen. Lorenzo wunderte sich: »Man will Sie aus der Hölle befreien und Sie ins Paradies bringen, und Sie weigern sich?«

Jeder Widerstand war zwecklos, und so mußte er dem Wärter folgen. Mit einiger Erleichterung bemerkte er, daß man ihm seine Bücher und seinen Lehnstuhl nachtrug. Die Werkzeuge folgten ihm somit. Aber wann würde das Loch entdeckt werden? »Gar zu gern hätte ich auch mein schönes Loch mitnehmen mögen. (...) Ich kann wohl sagen: Als ich diesen schrecklichen Ort der Schmerzen verließ, blieb meine ganze Seele dort zurück.« (IV, 270)

Die neue Zelle erschien gegen die alte tatsächlich wie ein Paradies. Sie war hell, und man hatte einen herrlichen Blick zum Lido. Doch Casanova war nicht in der Stimmung, diesen Anblick zu genießen. Er bedauerte zutiefst, daß er nicht früher geflohen war. Nur aus Vorsicht hatte er ja das Unternehmen verschoben.

Stundenlang wartete er in der neuen Zelle, daß etwas geschehen würde, doch es geschah nichts. In seiner Phantasie sah er sich in den »Pozzi«. Die Pozzi waren die schlimmsten Gefängnisse Venedigs. Sie befanden sich im Dogenpalast unter den Amtsräumen der Staatsinquistoren. Diese Zellen wurden oft überschwemmt. Das Meerwasser drang durch dasselbe Gitter ein, durch das die Gefangenen etwas Tageslicht erhielten. Wenn der Häftling nicht ein ständiges Salzbad in seiner Kloake nehmen wollte, mußte er den ganzen Tag auf einem Gestell sitzen, worauf ein Strohsack lag, der ihm auch als Speiseschrank diente. Sobald der Gefangene etwas Zwieback oder Suppe erhielt, mußte er unverzüglich mit dem Essen beginnen, weil sonst eine Meute großer gefräßiger Wasserratten schneller war als er. Die bedauernswerten Geschöpfe, die hier saßen, waren üblicherweise auf Lebenszeit verurteilt.

Endlich hörte er die Schritte Lorenzos. Dieser schäumte vor Wut und drang auf die Herausgabe der Werkzeuge. Doch Casanova stellte sich dumm. In unglaublicher Geistesgegenwart drohte er ihm sogar: »Wenn es wahr ist, daß ich irgendwo ein Loch gemacht habe, so werde ich sagen, daß Ihr selber mir die Werkzeuge gegeben habt, und daß ich Euch alles (zurück)gegeben habe.« (IV, 274) Da die Durchsuchung beider Zellen die Werkzeuge nicht ans Licht brachte, ging Lorenzo aus Angst vor seinem Herrn auf diese Erpressung ein. Lorenzo schikanierte aber seinen Häftling in der Folge so gut er konnte, indem er ihm ungenießbares Essen brachte.

Schon bald entwickelte Casanova neue Fluchtpläne. Als eines Tages ein Sbirre mit einer Eisenstange Casanovas Zelle abklopfte, entging diesem nicht, daß die Decke ausgespart worden war. Nur durch ein Loch in der Decke, so sein Gedanke, würde er fliehen können. Doch die Zelle war ganz neu, und die kleinste Schramme würde sofort entdeckt werden. Unterdessen wurde Casanova durch die fehlende Nahrung immer kränker und schwächer. Erst als er Lorenzo in Gegenwart einiger Sbirren aufforderte, ihm eine Abrechnung über sein Geld zu geben, änderte dieser sein Verhalten. Casanova hatte nämlich den Rest seines Tagessatzes bislang dem Wärter geschenkt. Als daraufhin die Abrechnung kam, schenkte Casanova das übriggebliebene Geld Lorenzo und den Sbirren und wurde wie früher zuvorkommend behandelt.

Die Fluchtpläne konkretisierten sich, als es Casanova gelang, in schriftlichen Verkehr mit einem Mitgefangenen zu treten. Lorenzo war bereit, zwischen den Gefangenen die Bücher zum gegenseitigen Ausleihen hin- und herzutragen. Was der Dummkopf dabei nicht bemerkte, war, daß die beiden Gefangenen sich in die Bücher Botschaften schrieben. Casanovas Korrespondent war der Mönch Marino Balbi, der wegen wiederholter Schwängerung von minderjährigen Mädchen einsaß. Wie Casanova auf diesem Wege erfahren konnte, saß bei Balbi noch ein reicher Graf ein, Andrea Asquin aus Udine. Im Gegensatz zu Balbi hatte dieser fußkranke Graf jedoch kein Interesse, das Gefängnis durch Flucht zu verlassen. Casanova erfaßte recht schnell, daß Balbi leider nicht der Wacheste im Geiste war. Ausgerechnet auf einen lose im Buch liegenden Zettel hatte der Mönch geschrieben, daß man bei dieser Korrespondenz vor Lorenzos Augen die größte Vorsicht müsse walten lassen.

Casanova schrieb übrigens mit dem Nagel seines kleinen Fingers, den er lang wachsen ließ und als Feder zuschnitt. Da natürlich keine Tinte vorhanden war, hatte er sich entschlossen, mit dem eigenen Blut zu schreiben. Schon hatte er sich in den Finger stechen wollen, da fiel ihm ein, daß er Maulbeerensaft hatte, der sich für solche Zwecke gut eignete.

Langsam reifte in Casanova ein neuer Plan. Es lag auf der Hand, daß er nur durch die Decke fliehen konnte. Allerdings mußte das Loch nicht von seiner Zelle, sondern vom Boden des über ihm liegenden Raumes gebohrt werden. Balbi sollte zunächst seine eigene Wand durchbohren, um auf den Dachboden genau über Casanovas Zelle zu gelangen und dort den Durchbruch zu ihm zu versuchen. Dazu allerdings mußte der Spieß in Balbis Zelle geschmuggelt werden.

Wieder einmal war Casanovas Phantasie gefordert. Zunächst gab er dem Mönch die Anweisung, er solle Lorenzo viele Heiligenbilder kaufen lassen. Mit diesen Bildern sollte er später das von ihm gebohrte Loch zuhängen. Zum Transport des Spießes bat er um den Kauf einer großen Foliobibel. Als Casanova die Bibel erhielt, stellte er betrübt fest, daß man den Spieß zwar im Rücken der Bibel verbergen konnte, doch die Enden an beiden Seiten herausschauten. Da kam ihm eine Idee, die man eher in einem Bauernschwank vermutet.

Casanova erzählte Lorenzo, er wolle zur Feier des Heiligen Michael (29. September) Makkaroni[48] in Butter und Käse essen. Um dem Herrn, der ihm freundlicherweise immer seine Bücher leihe, eine Freude zu machen, wolle er diesem auch einige Makkaroni zukommen lassen. Casanova bestand darauf, daß Lorenzo die größte Schüssel bringe, die er auftreiben könne, damit er eigenhändig dem Mönch und dem Grafen das Essen bereiten könne.

Casanova stellte die Schüssel auf die präparierte Bibel, so daß man die Enden des Spießes nicht sehen konnte. Dann schüttete er eine Unmenge von Butter auf die Makkaroni und gab Lorenzo den Auftrag, während des Gehens immer die Ränder der Schüssel im Auge zu behalten, damit kein Fett auf das Buch tropfe, das er ebenfalls überbringen sollte. Casanova sah mit Befriedigung, wie der Wärter im Weggehen mit hypnotisiertem Blick auf die Butter starrte. Da sagte Lorenzo, es sei doch viel einfacher, wenn er die Gegenstände nacheinander überbringe. Doch Casanova protestierte erfolgreich, die Gabe würde dann an Wert verlieren.

Pater Balbi machte sich sogleich an die Arbeit. In einigen Tagen hatte er sechsunddreißig Ziegel beseitigt. Am 16. Oktober, während Casanova gerade dabei war, einige Gedichte von Horaz zu übersetzen, hörte er über sich ein Stampfen und drei leise Schläge. Das war das verabredete Zeichen, daß sie sich über die fragliche Stelle nicht geirrt hatten. Da die Decke wesentlich dünner war als jenes Loch, das Casanova früher gebohrt hatte, wurde die Flucht für den übernächsten Tag festgesetzt. Gemeinsam wollten sie auf dem Dach des Dogenpalastes ein weiteres Loch in die Freiheit bohren und dabei der Gunst des Zufalls vertrauen.

Doch noch am selben Tag brach ein neues Unglück herein. Während Pater Balbi bei der Arbeit war, hörte Casanova, wie sich die Tür des neben seinem Gefängnis liegenden Saales öffnete. Casanova warnte durch die verabredeten zwei Alarmschläge den Mönch, damit dieser rasch in seine Zelle zurückeilen und die Wand mit Heiligenbildern zudecken konnte. Einen Augenblick später trat Lorenzo mit einem neuen Mitgefangenen in Casanovas Zelle. Ausgerechnet jetzt! Dazu war der Neue, Francesco Soradaci, ein venezianischer Spitzel. Seine Auftraggeber waren mit seiner Arbeit unzufrieden gewesen und hatten ihn zur Strafe eingesperrt. Dieser Mann war ein noch schwächeres geistiges Licht als Pater Balbi. Ihm konn-

48 Zu Casanovas Zeit waren Makkaroni nicht die heute bekannten langen Nudeln, sondern kleine Klößchen aus Gries oder Kartoffeln, die heute »gnocchi« heißen.

te man nichts anvertrauen, weil er es sofort der Staatsinquistion melden würde, um sich wieder in ein gutes Licht zu setzen. Doch Casanova entdeckte schnell den schwachen Punkt des Spitzels. Er war in kindlich-bigotter Weise gläubig.

Die Flucht wurde jetzt auf die Nacht des 31. Oktober festgesetzt, weil an den beiden folgenden Feiertagen, Allerheiligen und Allerseelen, niemand im Dogenpalast arbeiten würde. Als nun der fragliche Zeitpunkt immer näher rückte, erzählte Casanova seinem Mithäftling, die Mutter Gottes sei ihm in einer Vision erschienen und habe ihm von Soradacis Sünden berichtet. Er, Casanova, solle ihm mitteilen, daß die Gottesmutter ihm nicht nur verzeihe, sondern auch schon seine Flucht vorbereite. In verzückter Pose fuhr Casanova fort: Ein Engel in Menschengestalt »wird heute mittag Punkt zwei Uhr seine Arbeit beginnen und wird eine halbe Stunde vor Sonnenuntergang aufhören, denn er muß noch bei hellem Tag in den Himmel zurückkehren. Wenn du, begleitet von meinem Engel, das Gefängnis verläßt, wirst du Soradaci mitnehmen und wirst für ihn sorgen, doch unter der Bedingung, daß er sein Spitzelgewerbe aufgibt.« (IV, 300)

Nach dieser Rede nahm Casanova ein Marienbildnis, kniete davor nieder und betete unaufhörlich. Dieses Theater hatte die gewünschte Wirkung. Soradaci fragte schließlich nach weiteren Einzelheiten der himmlischen Unternehmung. Casanova ließ ihn schwören, daß er tatsächlich die Spitzelei aufgeben und Lorenzo gegenüber dichthalten würde. Die Posse machte Casanova viel Vergnügen: »(...) Diese Komödie machte mir ungeheuren Spaß, und ich war überzeugt, daß die Ankunft des Engels seine kümmerliche Vernunft gänzlich über den Haufen werfen würde.«

Endlich waren die Geräusche des Mönches zu hören. »Der Engel kommt!« rief Casanova, warf sich platt auf den Bauch und zwang Soradaci das gleiche zu tun. Das Zersplittern des Brettes war sehr laut. Völlig gebannt winkte Soradaci von Zeit zu Zeit dem Marienbildnis zu. Als es sechs Uhr wurde, verließ Pater Balbi die Bohrstelle. Nur die letzte Schicht blieb unberührt, damit Lorenzo am nächsten Morgen die Decke noch unversehrt vorfinden würde. »Der Engel kehrt wieder heim«, kommentierte Casanova, und auf Soradacis Gesicht mischten sich Verwirrung und Schrecken. Casanova nutzte die Gelegenheit zur weiteren psychischen Bearbeitung: »Ich sprach ein paar Worte mit ihm, um zu sehen, wie es mit seiner Vernunft bestellt wäre. Er vergoß Ströme von Tränen, und was er sagte, war so verworren und unzusammenhängend, daß es sich nicht beschreiben läßt.« (IV, 302)

Am 28. Oktober, nachem Soradaci eingeschlafen war, schrieb Casanova im Dunkeln einen Brief an Balbi, daß man am 31. Oktober fliehen würde. Als Lorenzo am nächsten Morgen die Zelle betrat, schwitzte Casanova Blut und Wasser. Doch Soradaci hatte sich mit dem Gesicht zur Wand auf seinen Strohsack gelegt, ohne dem Wärter auch nur einen Blick zuzuwerfen. So geschah es auch die folgenden Tage. Am Morgen des 31. Oktober gab Casanova Lorenzo ein Buch für Balbi mit, in dem er ihn bat, um elf Uhr die Decke zu durchbrechen.

Als der Wärter gegangen war, enthüllte Casanova seinem Zellengenossen, die Mutter Gottes hätte die Flucht auf elf Uhr festgelegt. Außerdem würde der Engel eine Schere mitbringen, mit deren Hilfe Soradaci sowohl dem Engel als auch Casanova den Bart abschneiden müsse. »Hat denn der Engel einen Bart?« fragte Soradaci treuherzig. »Du wirst es sehen«, entgegnete Casanova. »Hierauf werden wir hinausgehen und das Dach des Palazzo durchbrechen; von da steigen wir auf den Markusplatz hinunter und gehen nach Deutschland.» (IV, 307)

Als es elf schlug, bröckelte der Putz herunter, und schließlich fiel ihnen ein Brett vor die Füße. Pater Balbi hatte weniger die äußere Erscheinung eines Engels sondern mehr die eines Teufels. Soradaci stand da mit offenem Mund. Es dauerte nicht lange, da merkte er, daß er gefoppt worden war. Genau wie Balbis Zellengenosse hatte er zuviel Angst, an der Flucht teilzunehmen und entschloß sich zu bleiben. Balbi und Casanova bohrten unterdessen ein Loch in das Dach. Tücher und Decken wurden auf das sorgfältigste verknotet, um sich daran abseilen zu können. Wenn nur ein Knoten schlecht gemacht war, konnte das den Tod bedeuten.

Als sie die erste Bleiplatte des Daches abhoben, bemerkte Casanova mit Schrecken, daß der Mond sehr viel Helligkeit verbreitete. Sie mußten bis nach Mitternacht warten, weil man sie sonst vom Markusplatz hätte sehen können. Nach Casanovas Schätzung mußte der Mond um Mitternacht untergehen. Als es soweit war, machten sie sich mit den Seilen, dem Spieß, etwas Gepäck und zwei Zechinen[49], die der Graf gespendet hatte, auf den Weg.

Das Dach war ziemlich abschüssig und durch den Nebel zudem noch rutschig. Sie kletterten hinauf auf den Dachfirst. Eine Stunde lang rutschte Casanova auf dem First herum und untersuchte alle Dachteile auf eine Stelle, an der man einen Strick befestigen konnte. Doch er fand nichts. Als Alternative bot sich eine Dachluke zur Kanalseite an, unter der Palastwohnungen liegen mußten. Casanova hätte Pater Balbi an dem Seil durch die Luke hinunterlassen können. Doch wie sollte er anschließend selber hinuntergelangen? Als Casanova seine Bedenken mitteilte, antwortete der Pater unbekümmert: »Lassen Sie mich nur einstweilen hinunter, wenn ich unten bin, haben Sie genug Zeit, darüber nachzudenken, wie Sie mir folgen können.« (IV, 319)

Obwohl Casanova über die Selbstsucht des Paters wütend war, folgte er dem Vorschlag. Als der Mönch heruntergelassen worden war, schlug er vor, Casanova solle das Seil ganz zu ihm herunterwerfen. Diesem Rat folgte Casanova zum Glück nicht. Statt dessen suchte er nach einer geeigne-

49 Der Betrag war für eine Flucht allerdings äußerst gering.

ten Stelle zum Festbinden des Seiles und entdeckte auf einer Dachterasse eine Leiter, die er zu der Luke schleppen wollte. Plötzlich glitt er aus und baumelte, nur von den Ellenbogen gehalten, über der Dachkante: »Entsetzlicher Augenblick!« heißt es in den Memoiren. Indem er die ganze Kraft seiner Arme einsetzte, stemmte er sich hoch, so daß das Körpergewicht nur noch auf den Handgelenken ruhte, während er sich zugleich mit dem Unterleib auf die Dachrinne stützte. Dann gelang es ihm, das rechte Bein anzuheben und auf die Rinne zu legen und anschließend das linke. Infolge der großen Anstrengung setzten Muskelkrämpfe ein. Er wartete, bis die Anfälle vorüber waren, und nach zwei Minuten konnte er sich endgültig auf das Dach heraufziehen. Auf der Leiter stieg er anschließend zu Pater Balbi hinab.

Die Flucht aus den Bleikammern. Kupferstich aus der Erstausgabe der „Geschichte meiner Flucht", 1788

Körperlich am Ende, schlief Casanova dreieinhalb Stunden wie ein Stein. Dann war er wieder bei Kräften. Die Uhr schlug schon sechs. Mit dem Spieß durchbrachen sie nun eine Tür. Durch eine weitere Tür gelangten sie in die Cancelleria ducale.[50] Leider war die Tür dieses Saales nicht durch den Spieß zu knacken. Casanova versuchte deshalb, mit dem Spieß ein Loch durch die massive Holztür zu schlagen. Die Ränder des Loches sahen furchtbar aus, denn sie starrten vor Spitzen, mit denen man seine Glieder aufschlitzen konnte. Im Gegensatz zu Balbi verletzte sich Casanova beim Durchschlüpfen erheblich, so daß er überall blutete. Notdürftig verband er seine Wunden und zog dann jene kostbaren Kleider an, mit denen er damals ins Gefängnis gebracht worden war.

Unglücklicherweise, aber eigentlich zu seinem Glück, hatte sich Casanova am Fenster gezeigt und war von der Straße aus beobachtet worden. Passanten waren der Meinung, daß dort oben ein vornehmer Herr ver-

50 Die Kanzlei des Dogen mit den Archivräumen.

sehentlich beim Ball des vorigen Abends eingeschlossen worden war. Man schickte den Hausmeister, einen Herrn Andreoli, um den Unglücklichen zu befreien. So wurde auch die letzte Tür noch geöffnet. Grußlos eilten die beiden Häftlinge an dem Verdutzten vorbei, gingen einige Meter über einen belebten öffentlichen Platz und sprangen in die erstbeste Gondel. Um etwaige Verfolger in die Irre zu leiten, rief Casanova laut: »Nach Fusina!« Unterwegs jedoch korrigierte er das Reiseziel nach Mestre. Es war ein herrlicher Morgen. Die Luft war rein und die Sonne schien kräftig auf das Meer. Als Casanova an die vielen glücklichen Zufälle dachte, die zur Flucht beigetragen hatten, »überwältigte mich Dankbarkeit gegen Gott; der Überschwang der Gefühle erstickte mich fast, und ich brach in Tränen aus.« (IV, 330)

Als sie in Mestre ankamen, waren sie natürlich noch nicht außerhalb der Grenzen des Staates. Sie setzten die Flucht fort. Als Balbi so naiv war, in ein Café zu gehen und mit der Bedienung zu flirten, beschloß Casanova, sich von diesem Bruder Leichtfuß zu trennen. Das wenige Geld, das noch übrig war, überließ er Balbi und floh allein weiter. Als er einen Schäfer traf, fragte er ihn nach dem Besitzer des roten Hauses, welches vor ihm lag. Es war das Haus des Sbirrenführers, den man zur Suche nach ihm ausgeschickt hatte! Mechanisch ging Casanova ausgerechnet auf dieses Haus zu!: »Noch jetzt kann ich nicht begreifen, welcher Instinkt mich gerade auf dieses Haus zulenkte, von dem mich die (...) Furcht hätte fernhalten sollen.« (V, 11) Casanova glaubte in diesem Zusammenhang an eine Art von höherer Führung: »Wenn es wahr ist, daß jeden Menschen eine unsichtbare Kraft lenkt, ein wohltätiger Geist, der uns zum Glück führt, wie es dem Sokrates zuweilen geschah – so muß ich meinem Schutzgeist den unwiderstehlichen Antrieb zuschreiben, dorthin zu gehen«. (V,12)

Die Frau des Hauses ließ sich von Casanova einreden, er sei ein Freund ihres Mannes. Nachdem sie ihm eröffnete, daß ihr Mann zumindest drei Tage lang mit der Suche nach den geflohenen Häftlingen beschäftigt sei und außer Haus weile, beschloß der Entkräftete, sich in diesem Haus zu regenerieren. Die deutlichen Blessuren, die Casanova überall am Körper aufwies, machten die Polizistenfrau nicht skeptisch. Casanova faselte etwas von einem Jagdunfall und wurde von der Großmutter des Hauses liebevoll verarztet. Am nächsten Morgen erblickte er am Fenster zwei Sbirren und beschloß, schleunigst das Weite zu suchen. Zu Fuß flüchtete er über Hügel und durch Wälder. Über München und Straßburg gelangte er dank einer zuvor in Bozen angewiesenen Zahlung von Signor Bragadin am 5. Januar 1757 nach Paris. Casanova war einunddreißig Jahre alt.

Wie schon bei der letzten Parisreise war auch diesmal die Schauspielerfamilie Balletti seine Anlaufstation. Ganz in der Nähe mietete sich Casanova ein Zimmer und machte sich sogleich auf den Weg zu Bernis. Dieser wurde noch im selben Jahr zum Außenminister ernannt und war deshalb seinem Schützling von großem Nutzen. Ohne Beziehungen war in Paris kein Emporkommen möglich. Bernis aber war nicht zu Hause, sondern weilte gerade in Versailles, wohin Casanova ihm folgte. Dort gelangte er in den Tumult um das von Damiens verübte Attentat auf Ludwig XV. Der König wurde aber nur leicht verletzt.

Als es nach einigen Schwierigkeiten endlich zum Treffen mit Bernis kam, vermittelte ihm dieser Begegnungen mit dem Herzog de Choiseul und dem Intendanten der Finanzen, Monsieur de Boulogne. Der Herzog de Choiseul behandelte ihn von oben herab. Während des Gesprächs schrieb er sogar einen Brief. Casanova mußte als Nichtadliger eine solche Behandlung hinnehmen. Wie alle Welt, interessierte sich der Herzog für Casanovas spektakuläre Flucht aus den Bleikammern, doch ansonsten erwies sich die Begegnung als nutzlos.

Manon Balletti

Mehr Erfolg war ihm beim Finanzintendanten beschieden. Da dringend Geld für die Militärakademie benötigt wurde, galt es, auf trickreiche Weise die Kassen zu füllen. Als im Gespräch die Möglichkeit einer Lotterie erwogen wurde, wußte Casanova durch geschicktes Taktieren, die Idee als eigenen Plan erscheinen zu lassen. Zwar war Casanova ein hervorragender Mathematiker, doch da er über keinerlei finanztechnische Kenntnisse verfügte, vergewisserte er sich für die Umsetzung des Projekts kompetenter Hilfe. Tatsächlich gelang es ihm, nach einiger Zeit durch rhetorisch perfekte Überzeugungsarbeit, die Lotterie ins Leben zu rufen. Von den vielen Pariser Annahmestellen wurden Casanova sechs zugesprochen.

Damit war nicht nur sein finanzielles, sondern auch sein gesellschaftliches Glück gemacht. Ganz Paris sprach von Casanova. Auch privat winkte das Glück. Zum ersten – und auch zum letzten Mal – verlobte er sich. Die Auserwählte war Silvia Ballettis hübsche sechszehnjährige Tochter Manon. Seine Verlobung hinderte ihn allerdings weder an Bekanntschaften mit anderen Frauen noch am häufigen Besuch von Bordellen. Manon verließ ihn später wegen seiner Unzuverlässigkeit und heiratete einen Architekten.

Zusammen mit einigen Freunden wurde Casanova Zeuge der Hinrichtung des Attentäters Damiens, bei der dieser mit glühenden Zangen gevierteilt wurde. Eine Zeitung schrieb über das grausame Spektakel: »Seine Qualen haben drei Stunden gedauert. Er war noch am Leben, obwohl ihm beide Schenkel und der rechte Arm abgetrennt waren, und er starb erst, nachdem ihm auch der linke ausgerissen worden war.«[51] Ein Zeitzeuge berichtet uns: »Am eindrucksvollsten war, mit welcher Begierde empfindsame und mitleidige Frauen dem Schauspiel folgten, sich an ihm weideten, es mit allen Schrecken in sich aufnahmen, trockenen Auges und ohne die mindeste Rührung, während fast alle Männer erschauderten und die Augen abwandten.«[52]

Casanova bildete keine Ausnahme unter den Männern: »Bei der Folterung (...) mußte ich meine Augen abwenden. Ich hörte ihn schreien, als er nur noch seinen halben Leib hatte (...).« (V, 71) Ihn schockierten ebenfalls die anwesenden Frauen, die von einem Fenster aus die Hinrichtung beobachteten. Eine ließ sich sogar – nur von Casanova bemerkt – unter ihrem Rock von ihrem, hinter ihr stehenden, Liebhaber begatten. Die psychische Nähe von Sexualität und Tod zeigt sich hier auf makabre Weise.

Casanova konnte sich auch hier über mangelnde sexuelle Abenteuer nicht beklagen. Anläßlich der Verführung der jungen Nichte der Gräfin Monmartel philosophierte er über das Verhältnis der Geschlechter: »Sind wir (die Männer) an unserem Ziel angelangt, so ist gewiß, daß wir sie (die Frauen) nicht mehr begehren; denn man begehrt nicht, was man besitzt. Deshalb tun die Frauen gut daran, sich unserer Begierde zu versagen.« (V, 87) Hier spiegelt sich die schon oft bei Casanova angetroffene materielle Auffassung des Geschlechterverhältnisses wieder.

Ende August 1757 begann Casanovas Tätigkeit als französischer Spion und Geheimagent. Durch Vermittlung des Außenministers Bernis führte ihn die erste Mission nach Dünkirchen, wo er feststellen sollte, warum privat in Auftrag gegebene Schiffe wesentlich billiger gebaut werden konnten als staatliche. Da nur eine normale Portion von gesundem Menschenverstand nötig war, um einen aufschlußreichen Bericht über

---

51 Gazette de Cologne, 9.4.1757

52 J. Rives-Childs, Casanova, Reinbek 1996, S. 49

dieses Problem schreiben zu können, war man mit Casanovas Arbeit zufrieden.

In der Chronologie folgte nun die magische Heilung eines an Ischias erkrankten Grafen. Dieser Graf La Tour machte Casanova mit Marquise d'Urfé bekannt, einer Dame, die von einem okkultistischen Wahn besessen war. Wie sich Casanova über sechs Jahre hinweg große Geldsummen von ihr erschwindelte, soll später berichtet werden.

Am 13. Oktober erhielt Casanova die Papiere für eine andere Mission im Dienste Frankreichs. Im Verlauf eines Jahres fuhr er zweimal nach Holland, dem einst internationalen Umschlagsplatz für Finanzen. Hier sollte er Wertpapiere möglichst günstig verkaufen und dafür bessere Papiere anderer Länder kaufen. Solche Aufträge muten heutzutage anachronistisch an. Warum vergab man sie an dubiose Abenteurer wie zum Beispiel den großen Magier und Scharlatan St. Germain, warum auch an Casanova? Die Politik ging damals oft andere Wege als heute. Sollte beispielsweise eine Mission durch einen Privatmann scheitern, so ließ sich der Auftrag hinterher verleugnen. Winkelzüge an den offiziellen Botschaftern vorbei und halboffizielle Aufträge waren damals an der Tagesordnung.

Neben dem Wertpapierverkauf im Auftrag des Finanzintendanten erhielt Casanova von seiner Gönnerin Madame d'Urfé bestimmte Privataktien der Gotenburger Indien Gesellschaft zum Verkauf. Beide Transaktionen erledigte er zur vollkommenen Zufriedenheit seiner Auftraggeber. Während er seinen Aufgaben in Holland nachging, verliebte er sich in Amsterdam in Esther, die Tochter des Bankiers »D.O.«. Den Bankier haben Forscher als Thomas Hope identifizieren können, der zwar keine Tochter hatte, aber eine junge Nichte namens Lucia. Wenn es darum ging, die Identität der beschriebenen Personen der Memoiren zu schützen, hat sich Casanova dieser Aufgabe meist verantwortungsvoll entledigt. Dies gilt insbesondere für Personen, die zum Zeitpunkt des Abfassens der Memoiren noch lebten. Auch der Aufenthalt in Hope's Haus war, wie wir später noch sehen werden, mit allerlei kabbalistischen Kabinettstückchen aufgelockert.

In Holland traf Casanova auch Terese Imer wieder, jene Terese, wegen der er damals bei Signor Malipiero in Venedig in Ungnade gefallen war. Terese hatte in Den Haag zwei Kinder dabei: Sophie war angeblich Casanovas leibliche Tochter, die er bei einem früheren Schäferstündchen gezeugt haben soll. Der schon ältere Junge stammte aus der Verbindung mit dem Tänzer Pompeati. In einer psychologisch kaum nachvollziehbaren Gefühlsaufwallung bat Casanova darum, seine Tochter[53] mit sich nach Frankreich nehmen zu dürfen. Terese lehnt dies ab, vertraute ihm jedoch

53 Viele Biographen sehen Sophie nicht als Casanovas Kind an. In der Tat ist die Vaterschaft äußerst zweifelhaft.

ihren Sohn an, den Casanova für seine magischen Operationen mit der Marquise d'Urfé verwenden wollte.

Wieder in Paris, übergab er den jungen Pompeati der Marquise und lernte eine Frau kennen, die er »X.C.V.« nennt. Hinter diesem Kürzel steckt die Schriftstellerin Justinienne Wynne, die sogar der deutsche Dichterfürst Goethe achtete. In einem Brief an ihren, in der Ferne weilenden, Liebhaber hinterließ sie ein aufschlußreiches Fremdzeugnis über Casanova: Er sei in prächtiger Aufmachung erschienen,

»(...) um uns zu begrüßen, und ist jetzt jeden Tag bei uns, obwohl mir seine Gesellschaft nicht gefällt. Aber er scheint nicht auf den Gedanken zu kommen, daß er uns lästig fallen könnte. Er hat einen Wagen und Lakaien und ist glänzend gekleidet. Er hat zwei herrliche Diamantringe, zwei verschiedene Tabatièren, äußerst geschmackvoll mit Gold ausgelegt, und er ist mit Spitzen übersät. Er hat – ich weiß nicht wie – bei der besten Pariser Gesellschaft Einlaß gefunden. Wie er sagt, ist er bei der Pariser Lotterie beteiligt, und prahlt mit dem großen Einkommen, das ihm dadurch zufließt, obwohl ich gehört habe, daß er von einer sehr reichen, alten Dame (Madame d'Urfé) unterstützt wird. Er platzt vor Selbstgefühl und ist lächerlich eitel. Mit einem Wort: Er ist unerträglich – wenn er nicht gerade von seiner Flucht aus den Bleikammern erzählt, was er wunderbar kann«.[54]

An der Beschreibung sind sicherlich einige Abstriche zu machen, insofern sie an Casanovas Konkurrenten adressiert waren, und Justinienne wollte sicherlich ihre neue Verbindung als harmlos erscheinen lassen. Aber auch mit gewissen Abstrichen wird Casanovas Unsensibilität in bezug auf die Bedürfnisse anderer deutlich. Er ist ohne Zweifel ein Egozentriker, jemand, für den – wie er offen immer wieder zugab – die schnelle Befriedigung von Bedürfnissen im Vordergrund stand.

Von Justinienne sind noch weitere Briefe über Casanova erhalten. Bis ins kleinste Detail, zum Beispiel der Beschreibung ihres Kleides bei einem bestimmten Anlaß, stimmt ihre Skizzierung mit der in Casanovas Memoiren überein. Auch wenn Casanova in seinem Reisegepäck stets Notizen mit sich führte, dürfen wir ihm wohl ein phänomenales Gedächtnis unterstellen, dank dessen er sich drei Jahrzehnte später an all diese Einzelheiten noch genau erinnerte!

Justinienne wurde ungewollt von ihrem Liebhaber schwanger, und Casanova erklärte sich bereit, sie bei einer Abtreibung zu unterstützen. Eines geistvollen Verführers unwürdig, verfolgte er eine schamlose Idee: Die Anwendung des »Aroph« von Paracelsus, einer Salbe, die mittels eines zylinderförmigen Instruments in die Scheide eingeführt werden sollte. Parcelsus' Anleitungen brachten Casanova immer wieder zum Lachen angesichts der Lächerlichkeit des Ganzen. Doch er war entschlossen

54 Dieser Brief wird in mehreren Veröffentlichungen über Casanova zitiert, zum Beispiel Rives-Childs, 1996, S. 60

Justinienne dieses merkwürdige Abtreibungsmittel zu empfehlen, »in der Hoffnung, daß sie vielleicht zur Einführung des Zylinders meiner bedürfen möchte«. (V, 223)

Justinienne Gräfin Wynne-Rosenberg

Der Aroph würde mit Sperma vermischt noch besser wirken, unterstrich er hinterlistig, als er Justinienne die Methode unterbreitete. Justinienne, eine geistig rege Frau, durchschaute den Scharlatan nicht, selbst dann nicht, als er vorschlug, daß die Operation mehrmals an »fünf bis sechs Tagen hintereinander« durchgeführt werden müsse. Es versteht sich von selbst, daß Casanova seine freundliche Hilfe anbot, die auch dankbar angenommen wurde.

Wie zumeist, präsentierte sich Casanova dem Leser schonungslos offen: »(...) Obwohl ich das anziehende Mädchen sehr lieb hatte, machte ich mir doch nicht den geringsten Vorwurf darüber, sie getäuscht zu haben.« (V, 223) Ob die beiden wenigstens ihren Spaß hatten, verschwieg Casanova. Auf den Punkt gebracht, kommentiert Marceau diese Episode: Die sexuelle Lust sei zur Nebensache geworden, »Casanova ist kein Liebhaber mehr: er wird zum Mittler. Sogar sein Glied ist kein Glied mehr: es dient als Spitze.«[55] Wenig überraschend, wurde der Bauch der Schwangeren immer dicker. Casanova vermittelte ihr einen Klosteraufenthalt, während dessen sie entbinden konnte.

Mit der Mutter Justiniennes bekam Casanova zwar in der Folge wegen der vermeintlichen Entführung einigen Ärger und sogar Besuch von der Polizei, doch abgesehen davon, war er auf einem gesellschaftlichen Höhepunkt angelangt. Er residierte in einem luxuriös ausgestatteten Landhaus vor den Toren von Paris, dem »Petit Pologne«, in dem er rauschende Feste feierte. Das Haus umfaßte mehrere separate Wohnungen, zwei Gärten, Ställe für zwanzig Pferde, eine Küche mit Bediensteten, Wagen und Kutscher und mehrere Lakaien. An Geld fehlte es ihm nicht. Dennoch schien er noch nicht genug zu haben, denn er gründete eine Seidenmanufaktur.

Statt sich um die Wirtschaftlichkeit des Unternehmens zu kümmern, verführte Casanova nacheinander die hübschen Arbeiterinnen. Die meisten der Mädchen wurden nur für wenige Tage seine Geliebte, und den-

---

55 Marceau, a.a.O., S. 173

noch schenkte er allen kostbare Möbel, Schmuck, Geld und sogar eigene Wohnungen! Wen wundert es, daß sich unter den zweihundert bis dreihundert Geliebten in Casanovas Leben kaum eine negativ über ihn geäußert hat, und nicht wenige ihn zeitlebens verehrten? Solange eine Frau Casanova freundlich entgegenkam, gab er seinerseits nicht selten überproportional zurück.

Da sich Casanova zu wenig um das Wohlergehen des Betriebs kümmerte, ging die Firma bald bankrott. Juristische Auseinandersetzungen, in denen ihm unter anderem auch Unterschriftenfälschung vorgeworfen wurde, brachten ihn am 23. August 1759 für zwei Tage ins Gefängnis. Einige Casanova-Biographen haben sich mit den Vorfällen ausführlich auseinandergesetzt, ohne die gerichtlichen Einzelheiten und die Stichhaltigkeit der Vorwürfe gegen Casanova endgültig klären zu können. Vermutlich war Casanova Opfer krimineller Machenschaften anderer geworden. Wie noch so oft in seinem Leben, hatte es ihn in den Bann von Gaunern und Betrügern gezogen.

Nachdem Casanova wiederum in Holland einem halboffiziellen Aktienverkauf nachging, diesmal allerdings erfolglos, wurde während seiner Abwesenheit in Paris ein Haftbefehl zum weiteren Verhör gegen ihn ausgestellt.

Fernab der Chronologie lohnt sich ein Blick auf Casanovas Leben als »Okkultist« und »Magier«. Zunächst muß aber darauf hingewiesen werden, daß sich im 18. Jahrhundert das empirische Verständnis der Natur noch nicht überall durchgesetzt hatte. Man mag kaum glauben, daß der geniale Physiker Isaac Newton, dem wir immerhin das Gravitationsgesetz verdanken, in erster Linie Alchimist war. Die alchimistischen Untersuchungen Newtons nahmen sogar einen Hauptteil seiner Schriften ein. 1936 verkaufte man 121 Pakete mit alchimistischen Aufzeichnungen des Gelehrten. Noch nachdenklicher wird man, wenn man erfährt, daß Newton auch den Löwenanteil seiner Arbeitszeit mit diesen nutzlosen Spekulationen vergeudet hatte. Als schämte man sich seiner, gibt es heute kaum ein Lexikon, das auf diese Tatsachen hinweist.[56]

Die Idee des Goldmachens zog auch die Chemiker in ihren Bann. Zu erwähnen ist beispielsweise einer der bedeutendsten Mediziner und Chemiker des 18. Jahrhunderts: Herman Boerhaave, Rektor der niederländischen Universität Leiden. Das große Vermögen, das dieser Naturwissenschaftler hinterließ, schrieb man seinen Fähigkeiten in der Alchimie zu.[57] Tatsächlich verdiente er sich jedoch seinen Reichtum durch seine unermüdliche Arbeit als Arzt.

Casanovas Memoiren sind voll von Schilderungen darüber, wie er die Dummheit seiner Zeitgenossen ausnutzte. Schon bei seinem ersten Parisaufenthalt hatte er sich dort den Ruf eines »magischen Heilers« erworben. Wegen seiner kabbalistischen Fähigkeiten rief ihn einmal die Herzogin von Chartres zu sich. Alchimistische Betätigungen, Geister- und Teufelsbeschwörungen hatten in ihrer Familie Tradition. Die Herzogin litt an Pusteln im Gesicht, vermutlich eine Akne, und erhoffte sich von Casanova Heilung. Die meisten von Casanovas »Wunderheilungen« bestanden bei näherer Betrachtung aus der Anwendung von gesundem Menschenverstand, vermischt mit Ritualen und hypnotischen Formeln. Schnell hatte er erfaßt, daß die Herzogin Tag und Nacht ein ausschweifendes Leben führte. Mittels seiner manipulierten kabbalistischen Berechnungen verordnete er ihr ein sanftes Abführmittel, eine strikte Diät und verbot alle Arzneimittel und Puderungen – nur Wegerichwasser war erlaubt. Wegen ihrer Entstellung im Gesicht trug die Herzogin immer dick Pomade auf, was Casanova ihr strikt untersagte. Er wußte nur zu gut, daß deren Inhaltsstoffe die Haut zusätzlich reizten.

56 Thomas Schäfer, Vom Sternenkult zur Astrologie, Solothurn 1993, S. 187
57 Wilhelm Ludwig Wekherlin, Denkwürdigkeiten von Wien, Nördlingen 1777, S. 123 und »Die Meinung des unsterblichen Boerhaavens von der Alchymie«, Wien 1773

Innerhalb weniger Tage hatte sich die Gesichtshaut deutlich gebessert. Als dann ein Rückschlag eintrat, gab das Orakel die Auskunft, die Herzogin habe die neue Lebensweise sträflich vernachlässigt. Casanova hatte richtig geraten. Zerknirscht gestand die noble Dame, sie habe Schinken und Liköre zu sich genommen. Nebenbei sei erwähnt, daß Casanova »rasend verliebt« in die Fünfundzwanzigjährige war. Doch wie so oft gegenüber Adligen, traute er sich nicht, aufs Ganze zu gehen. Das Empfinden, unberechtigter Eindringling in eine höhere Gesellschaftsschicht zu sein, kompensierte er zeitlebens dadurch, daß er um so mehr bestrebt war, im Verhalten einer der Ihren zu werden. Casanova sollte sich später auch »Chevalier de Seingalt« nennen, um dieser Zugehörigkeit Ausdruck zu verleihen.

Marie-Louise Herzogin von Chartre

Beim zweiten Parisaufenthalt lernte Casanova den schon erwähnten Grafen La Tour kennen. Er hatte sich wegen einer geliehenen Geldsumme mit ihm duelliert. Außerdem sollte Casanova ihn später von seinen Ischiasbeschwerden heilen. Mit »Salomos Talisman«, das heißt einem fünfzackigen Stern, aberwitzigen Worten und den Zutaten Salpeter, Schwefel und Quecksilber ging er dabei ans Werk. Mit dem Pinsel wurde der fünfzackige Stern gemalt und Casanova verlangte frischen Patientenurin. Die Anwesenden lachten aus vollem Halse, doch »ich«, schrieb Casanova, »blieb meiner Rolle als Scharlatan getreu und bewahrte meinen vollen Ernst«. Die würdige und gestenreiche Ausführung ist gut geeignet, um den Patienten in Trance zu setzen. Ähnlich wie bei den Warzenbesprechungen unserer Großmütter dürfen wir in dieser Aktion ein Beispiel einer erfolgreichen Heilhypnose erkennen. Casanova, so scheint es, vereinigte in seiner Person fundierte medizinische Kenntnisse, gesunden Menschenverstand, psychologische Einfühlung und intuitive Hypnosekenntnisse. Was das Letztere anbetrifft, erwähnte Casanova, daß er solche Operationen immer »instinktmäßig« vornahm. Tief und andächtig hatte er ja schon als Kind bei jener Hexe, zu der ihn die Großmutter geführt hatte, das Handwerkszeug in sich aufgenommen.

Anschließend wurde der Oberschenkel des Grafen mit der seltsamen Tinktur eingerieben, während der Meister dunkle Beschwörungsformeln rezitierte. Er hatte nicht vergessen, darauf hinzuweisen, daß das geringste Lachen während der heiligen Handlung den Erfolg augenblicklich in Frage stellen würde. Die von Casanova gemurmelten Sprüche hätte niemand verstehen können, selbst wenn er sie laut gesprochen hätte, »und zwar aus dem einfachen Grunde, weil ich sie selber nicht verstand«. (V, 124)

Bei fast allen von Casanovas Behandlungen fällt auf, daß der Faktor Zeit und damit die Natur genügend berücksichtigt wurde: Vierundzwanzig Stunden müsse der Graf bewegungslos im Bett bleiben, danach würde er sich besser fühlen. Casanova kommentierte sein Vorgehen nach vollbrachter Tat: »Das Lächerlichste beim Ganzen war, daß der Graf und Camilla (seine Freundin) nicht mehr lachten, als ich fertig war. Sie sahen ganz verwundert aus; ich aber – ich glaubte, das schönste Ding von der Welt vollbracht zu haben. Wenn man eine Lüge oft wiederholt, kann man schließlich dahin kommen, sie für Wahrheit zu halten.« (V, 124)

Casanova sah in diesen »magischen Heilungen« natürlich auch einen Spaß. Er hatte Tage später die Kur schon fast vergessen, als er auf der Straße den leichtfüßig vom Pferd springenden Grafen La Tour erkannte. Dieser begrüßte ihn mit einer Umarmung und sagte: »Sie waren ihrer Sache sicher lieber Freund, (...) deshalb haben Sie mich am Morgen nach Ihrer erstaunlichen Operation nicht einmal besucht, um nach meinem Befinden zu sehen.« (V, 125) Solche schmeichelhaften Deutungen seiner Mitmenschen hat Casanova stets bestätigt. »Selbstverständlich«, antwortete er. Im Nu staunte ganz Paris über den Wunderheiler und Magier Casanova.

Casanovas Meisterstück als Scharlatan gab er zweifellos mit dem Betrug der reichen Marquise d'Urfé ab. Das okkultistische Weltbild der Dame stellt die kühnsten Phantasien des Lesers in den Schatten. Doch muß man sich vergegenwärtigen, daß beispielsweise in Wien, nach Angaben eines Zeitzeugen, dreitausend Menschen mit der Suche nach dem »Stein der Weisen« beschäftigt waren. Kaiserin Maria Theresia soll dieses nutzlose Unterfangen finanziell sogar gefördert haben. Auch die berühmten Scharlatane Cagliostro und St. Germain, die Casanova persönlich kennengelernt und für sich entlarvt hatte, stießen bei Königen und abergläubischen Adligen auf bereitwillige Ohren.

Die Marquise d'Urfé hielt Casanova zunächst einen Vortrag über Planetenstunden, Chemie, Magie und natürlich den »Stein der Weisen«, jener Umwandlung von Metallen in Gold. Es versteht sich von selbst, daß die Dame ein Vermögen in eine okkultistische Bibliothek investiert hatte, die sie Casanova dann auch stolz präsentierte. Von dort gingen sie zum Laboratorium. Ungläubig sah Casanova auf einem Feuer eine seit fünfzehn (!) Jahren brodelnde Substanz, die angeblich alle Metalle beim Bestreuen augenblicklich in Gold verwandelte. Casanova beschreibt ausführlich die ausgeklügelte Konstruktion des Ofens, den außer ihm wohl kaum viele Menschen gesehen haben dürften, denn er galt der Marquise als ein Heiligtum.

Zu Casanovas Glück litt die Marquise an einem Wahn, der ihm über die nächsten sechs Jahre seines Lebens viel Geld einbringen sollte: Sie hielt Casanova für einen unfehlbaren Eingeweihten und Magier, der ihr bei ihrem Lieblingswunsch helfen sollte. Die Marquise glaubte, er könne durch eine bestimmte magische Operation »ihre Seele in den Leib eines männlichen Kindes übergehen lassen, das aus der philosophischen Paarung eines Unsterblichen mit einer Sterblichen oder eines gewöhnlichen Mannes mit einem Weibe von göttlicher Art hervorgegangen ist«. (V, 140)

Casanova war der Ansicht, es wäre ohnehin ein hoffnungsloses Unterfangen gewesen, die Marquise zu einem »vernünftigen Gebrauch (...) ihres Geistes« zurücklenken zu wollen. Er glaubte daher, nichts Besseres tun zu können, »als auf ihre verrückten Gedanken einzugehen und meinen Nutzen daraus zu ziehen«. (V, 140) Darüber hinaus hätte sie sich doch nur bemüht, »sich von einem anderen betrügen zu lassen, wenn ich sie nicht betrogen hätte. Ich gab mir selbst den Vorzug und hatte gleichzeitig Spaß dabei.« (IX, 59)

Mit dieser listigen Argumentationsweise hatte Casanova bereits seine kabbalistischen Tricks gegenüber Signor Bragadin und seinen Freunden gerechtfertigt. Im Unterschied zu Scharlatanen wie Cagliostro und St. Germain spielte der »Spaß« bei Casanova keine unerhebliche Rolle; im Gegensatz zu ihnen, nahm er seine »Operationen« selber nie ernst, sondern machte sich sogar über sich selbst lustig. In diesem Sinne lassen sich Casanovas Memoiren zweifellos als Literatur der Aufklärung verstehen.

Die verrückte Marquise, die Casanova als »edle Närrin« bezeichnete, bot ihm mehrmals ihr gesamtes Vermögen an, damit er sie zum Mann mache. Irgendwann gestand ihr Casanova, »daß ich allerdings imstande sei, diese Operation zu vollziehen.« Allerdings müsse sie dazu sterben. Entgegen seiner Vermutung, schreckte sie dieser Vorschlag nicht ab.

Eine besondere Rolle in der folgenden Posse war Pompeati, dem Sohn von Teresa Imer, zugedacht. Durch ihn, dem man den Namen »Aranda« gab, sollte die Wiedergeburt bewirkt werden. Um noch Zeit zu gewinnen, gebot Casanova, zunächst die Pubertät des Jungen abzuwarten, den man in der Folge in ein Erziehungsheim steckte. Weitere Rollen waren dem Mädchen Corticelli als Jungfrau und dem Ganoven Passano als »Querilint«, dem großen Rosenkreuzer[58], bestimmt. Als die beiden jedoch eifer-

58 Dieser bekannte Adept und Rosenkreuzer lebte unter dem Namen Federico Gualdo in Venedig. Er gab sich als 400 Jahre alt aus.

süchtig zusehen mußten, daß immer nur Casanova finanziell seinen Nutzen aus der Posse zog und sogar die ihnen zugedachten Ritualgeschenke unter Beschlag nahm, verrieten sie ihren Auftraggeber bei der Marquise. Doch Madame d'Urfé war derart geblendet, daß es nur eines Orakels von Casanova bedurfte, um die Rivalen als Betrüger zu entlarven.

Als Ersatz für die Jungfrau Corticelli, die natürlich schon längst keine Jungfrau mehr gewesen war, sprang die junge abspenstige Geliebte von Casanovas Bruder Gaetano ein: Marcolina. Der Anblick dieses hübschen Mädchens sollte Casanova bei Laune halten, während er die alte Dame[59] bei einem besonderen Ritual sexuell beglückte. Immer wieder mußten die Zeitpläne und die Spielarten der magischen Operationen den neuen Gegebenheiten angepaßt werden. Casanovas Orakel machte der Marquise die abstrusesten Vorschläge. Wollte man den genauen Ablauf jener über sechs Jahre verteilten Rituale im Detail schildern, wäre der Leser schnell gelangweilt. Um einen kleinen Eindruck zu vermitteln, sei hier ein Beispiel einer »Operation« zur Günstigstimmung der Planeten erwähnt.

Als Weihegaben für die sieben Planeten wurden sieben Pakete vorbereitet, die sieben Pfund Metall und sieben Edelsteine enthielten. Zur Stunde der Mondgöttin Selene wurde Madame d'Urfé ans Meer geleitet, gefolgt von einem Diener, der die schwere Last herbeischleppte. Mit Beschwörungsformeln rief Casanova die Mondgöttin und übergab das Opfer dem Meer. Natürlich war er so klug gewesen, vorher in aller Heimlichkeit den wertvollen Inhalt mit Blei auszutauschen.

Daraufhin gab das Orakel die Auskunft, die Marquise müsse nach Paris zurückkehren und dort einhundertsieben Stunden im Bett bleiben. Neun Monate später würde sie dann einen Knaben gebären, dem sie ihren ganzen Besitz überschreiben lassen solle. Casanova dagegen erhielt vom Orakel den Befehl, ebenfalls nach Paris zu gehen und Aranda alias Pompeati zu seiner Mutter Terese Imer zurückzubringen.

Die Marquise war felsenfest von der bevorstehenden Geburt überzeugt. Casanova jedoch konnte nicht im Zweifel sein, was geschehen würde. Es war ratsam, sich abzusetzen. Tatsächlich nahm die Marquise irgendwann doch noch Vernunft an, vermutlich mit tatkräftiger Hilfe ihrer Verwandten, die mit Sorge sahen, wie das Erbe verschleudert wurde. Mehrmals weist Casanova daraufhin, daß die Marquise schon bald nach diesen Ereignissen gestorben sei. In Wirklichkeit aber lebte sie noch viele Jahre; »tot« war die reiche Dame nur für ihn, da sie keinen finanziellen Nutzen mehr für ihn hatte. Einem Neffen der Marquise werden wir später noch begegnen. Seine Wut über die betrügerischen Machenschaften sollte Casanova später eine Ausweisung aus Frankreich eintragen.

Fairerweise muß man darauf hinweisen, daß Casanova nie eines seiner Opfer existentiell geschädigt hat. Die Marquise jedenfalls war unermeß-

59 Casanova beschreibt sie als Siebzigjährige, doch tatsächlich war sie noch in den Fünzigern.

lich reich. Und zu Casanovas Ehre sei ergänzt, daß er das Angebot einer Heirat mir ihr ablehnte: achtzigtausend Francs Leibrente hätte ihm das eingebracht.

Eine andere orakelgläubige Frau war die noch junge Comtesse Rumain. Sie ließ Casanova rufen, als sie Probleme mit ihrer Stimme bekam und nicht mehr singen konnte. Wie schon im Fall der Herzogin von Chartres begriff Casanova auch hier, daß die beste Medizin eine natürliche Lebensweise war.

Als erstes wurde ein Sonnenkultus vorgeschlagen. Psychologisch raffiniert, ordnete er dieses Ritual »zu einer Stunde an, die sie (die Comtesse) zu einer Lebensweise nötigte, welche sie gesund machen konnte und die sie pünktlich befolgen mußte, ohne daß ich es ihr besonders vorschrieb«. (IX, 157) Das Orakel erklärte, daß sie ihre Stimme innerhalb von einundzwanzig Tagen, von Neumond an gerechnet, zurückerhalte, »wenn sie jeden Tag in einem Zimmer, das mindestens ein Fenster nach Osten habe, der aufgehenden Sonne einen Kultus darbringe.« (IX, 157)

Ein weiteres Orakel gebot der Patientin, den Kultus ausschließlich nach einem siebenstündigen ununterbrochenen Schlaf darzubringen. Bevor sie sich zum Schlafen lege, müsse sie dem Mond ein Badeopfer bringen, indem sie ihre Beine bis zu den Knien in lauwarmes Wasser halte. Dieses Ritual unterband das ausschweifende Nachtleben der Comtesse Rumain und erzielte alsbald die erwünschte Wirkung. Da schon am nächsten Tag Neumond war, ging Casanova abends um neun Uhr zu ihr, damit sie auch tatsächlich um zehn Uhr schon im Bett sein würde, um zu ihren sieben Stunden Schlaf zu kommen.

Es erstaunt nicht, daß die »Wunderheilung« nicht lange auf sich warten ließ. Wie Casanova zugibt, »hätte jeder denkende Arzt dieses Wunder bewirken können.« Doch überall verkündete die Comtesse Casanovas hervorragende Fähigkeiten und lachte über jeden, der sich über die Magie lustig machte.

Immer wieder staunt der Leser, wie oft Casanova bei seinen kabbalistischen Voraussagen einfach nur Glück hatte. Als Casanova in Holland mit dem niederländischen Bankier Thomas Hope verkehrte, fragte dieser, ob er die Versicherung für ein vermißtes Schiff übernehmen sollte. Das Schiff gehörte der ostindischen Kompanie und war seit zwei Monaten in seinem Heimathafen überfällig. Aus dieser Verzögerung schloß man allgemein, daß es untergegangen sei.

Angesichts des enormen Risikos hatte sich bislang kein Versicherer gefunden. Doch das Risiko beinhaltete natürlich auch die Möglichkeit, viel Geld zu verdienen. Vielleicht war es mehr als pures Glück, was Casanova zur richtigen Antwort trieb: »Ich war gewohnt, mich meinen ersten Eindrücken zu überlassen.« (V, 178) Jedenfalls faßte er, »getrieben von einer Unbesonnenheit, die ich mir selber nicht erklären konnte«, die Antwort auf eine Weise ab, daß kein Zweifel über die glückliche Heimkehr des

Schiffes bestehen konnte. Ja, er ging sogar noch weiter, und ließ das Orakel verkünden, das Schiff habe keinen Schaden erlitten und schon in wenigen Tagen würde man Näheres erfahren.

Casanova führt Lucia (alias Esther) in die Kabbalistik ein.
(Illustration aus einer deutschen Ausgabe der »Memoiren«, 1850)

Der Bankier erbleichte, er zitterte vor Freude über diese Antwort und bat Casanova, das Ganze geheimzuhalten. Auf vorteilhafteste Weise wollte er nun die Versicherung abschließen. Casanova begann die Tragweite seiner Antwort zu ahnen und schloß jegliche Haftung für die Richtigkeit der Angaben aus. Doch Thomas Hope saß schon fest am Haken. Für Casanova begann nun eine Zitterpartie: Wenn er an Hope dachte, »verabscheute ich mich selbst. Ich sah in mir den Urheber eines ungeheuren Verlusts von vielleicht dreihunderttausend Gulden, den er erleiden würde, weil meine Kabbala ihn betört hatte.« (V, 182) Selbst seine zärtliche Liebe zu Lucia, der kabbalabesessenen Nichte des Bankiers, konnte ihn nicht trösten.

Am nächsten Tag ging er wieder zu dem Witwer Hope und seiner reizenden Nichte. Als er im Haus die Holztreppe hinaufging, stieß sein Fuß gegen einen weichen Gegenstand. Es war eine grüne Brieftasche. Casanova bückte sich, um sie aufzuheben, doch er stellte sich dabei so ungeschickt an, daß sie durch eine Ritze in einen darunter liegen Raum fiel. Er machte sich weiter keine Gedanken darum und ging nach oben. Hope und Lucia waren in trauriger Stimmung. Der Bankier suchte nämlich seine Brieftasche, die ausgerechnet jetzt mit einem enorm hohen Wechsel für ein wirtschaftliches Unternehmen gefüllt war.

Nachdem Casanova die fast sichere Gewißheit erlangt hatte, daß die gesuchte Börse mit jener identisch war, die er durch das Treppenloch gestoßen hatte, machte er sich ans kabbalistische Werk. Wie einfallslos wäre es doch gewesen, gleich die Wahrheit mitzuteilen! Nach vielen Fragen und umständlichen Berechnungen antwortete das Orakel, daß die Brieftasche durch ein Loch der fünften Treppenstufe gefallen sei. Dort wurde sie dann auch gefunden, und man feierte zusammen die »Göttlichkeit des Orakels«.

Wie sich nun herausstellte, hatte Hope die Schiffsversicherung noch nicht übernommen, doch nach diesem Beweis der Unfehlbarkeit des Orakels wollte er den Vertrag sofort abschließen. Casanova mahnte zur Ruhe und machte ein neues Orakel zu dieser Frage: »Ich war hocherfreut, noch zur rechten Zeit eine solche Unbesonnenheit verhindern zu können. (...) Es stand in meiner Macht, eine doppelsinnige Antwort aus meiner Feder fließen zu lassen; diese mußte beiden den Mut nehmen und den Plan zum Scheitern bringen.« (V, 187)

Doch Casanova machte einen Berechnungsfehler, worauf das Orakel antwortete: »Wenn es sich um eine solche Sache handelt, darf man nicht fürchten noch zögern. Ihre Reue würde zu schmerzlich sein.« Eigentlich hatte statt »fürchten« »glauben« herauskommen sollen, doch nach dieser Fehlkalkulation gab es für Hope natürlich kein Halten mehr. Der betreffende Reeder verkaufte Hope das Schiff für nur zehn Prozent des Wertes, denn ein englischer Kapitän hatte brieflich erwähnt, er hätte es mit eigenen Augen untergehen sehen.

In den darauffolgenden Tagen amüsierte sich Casanova mit Lucia, die ihm Hope als Frau in Aussicht gestellt hatte. Casanovas Heiratsphobie sollte aber auch diese gute Partie zu gegebenem Zeitpunkt wieder einmal vereiteln. Schließlich kam die erstaunliche Nachricht, das Schiff sei tatsächlich unversehrt in Madeira eingetroffen. Hope hatte dadurch 2,7 Millionen Gulden verdient und übergab Casanova dankbar zehn Prozent des Gewinns. Schon das Auffinden der Brieftasche hatte ihm zuvor eine saftige Belohnung eingebracht.

Dieses Kapitel wäre unvollständig, wenn es nicht auf Casanovas Gebrauch der Astrologie einginge. Im Sommer 1760 lernte er in Grenoble bei der Familie des Advokaten Morin die junge Anne Roman-Coupier[60] kennen. Er erstellte ihr ein Horoskop, in dem prophezeit wurde, daß sie die Geliebte des Königs von Frankreich werde würde, wenn der Herrscher sie noch vor ihrem achtzehnten Geburtstag zu Gesicht bekäme. Um seiner Prognose einen besonderen Anstrich von Wahrheit zu geben, »erwähnte ich mehrere erstaunliche Ereignisse, die ihr bis zu ihrem damaligen Alter von siebzehn Jahren zugestoßen waren. Ich hatte diese von ihr selber oder von ihrer Tante[61] vernommen, ohne mir anmerken zu lassen, daß ich auf ihr Gespräch achtete.« (VII, 46)

Diese Methode der »Wiederspiegelung« ist so alt wie das Gewerbe, das Casanova mit viel Geschick und Einfühlung betrieb. Ähnlich wie die kabbalistischen Spielereien, sollte auch das astrologische Gewerbe in seiner Ausübung großen Eindruck machen: »Mit Hilfe einer Ephemeridentafel (Positionsbuch von Sonne, Mond und Planeten) und eines anderen alten Schmökers, der nur von Astrologie handelte, machte ich in sechs Stunden die Niederschrift und Abschrift eines Horoskops für Mademoiselle Roman.« (VII, 46) Dieses Horoskop beinhaltete des weiteren die Voraussage, daß das Mädchen einen königlichen Sohn gebären würde.

Es darf kein Zweifel darüber bestehen, daß sich Casanova nicht nur über Alchimie und Kabbalistik, sondern auch über die Astrologie lustig machte: »Den Gedanken, in einem Zeitalter, wo die Vernunft und die Philosophie mit Recht die Astrologie in Verruf gebracht hatten, mir als Astrologe Ruhm zu erwerben, fand ich zum Totlachen.« (VII, 47)

Natürlich hatte unser Held bei seiner Prognose auch einen Hintergedanken: »Ich hoffte, man würde mich bitten, selber das schöne Juwel nach Paris zu bringen, und ich war durchaus nicht abgeneigt, ihre Bitte zu erfüllen.« Das Ganze wäre ein Auftrag nach Casanovas Geschmack gewesen. Schon einmal hatte er ja, wenn wir ihm glauben dürfen, dem König eine Geliebte besorgt (O'Morphy). Leider durfte nicht er, sondern die ältere Schwester des Mädchens mit dem »Juwel« nach Paris reisen. Die Prognose allerdings sollte zutreffen: Anne Coupier wurde tatsächlich für einige Zeit die Geliebte des Königs und gebar ihm einen Sohn.

Später, als Mademoiselle Roman schon vom König schwanger war, hatte Casanova sie getroffen. Entgegen Casanovas Erwartung fühlte diese sich alles andere als glücklich: »Kann man glücklich sein, wenn man seine Selbstachtung verloren hat?« (VIII, 14) fragte sie ihn. Sie beklagte sich, daß sie seit sechs Monaten »nur mit den Lippen« lächle, während sie in Grenoble in ihrer Armut ohne jeden Zwang lachen konnte. All die Diamanten und aller Luxus konnten ihr nicht über die kräftezehrenden Hofintrigen hinweghelfen.

60 Der tatsächliche Name lautete Anne Coupier.
61 Casanova täuschte sich, es handelte sich um deren ältere Schwester.

Die Schwester des Mädchens machte Casanova unter vier Augen den Vorwurf, bei seiner astrologischen Prognose die Schüchternheit und den mangelnden Ehrgeiz nicht vorausgesehen zu haben. Ohne eine gewisse Ellenbogenmentalität konnte man am Hof nicht bestehen. Die von Casanova berichtete Traurigkeit der Anne Roman (Coupier) wird bestätigt durch die von ihr 1775 hinterlassenen autobiographischen Notizen.

So weit, so gut; doch die Geschichte hat einen schwerwiegenden Haken. Anne Coupier war zu jener Zeit in Grenoble nicht an der Schwelle ihres achtzehnten Geburtstags, sondern sie war dreiundzwanzig Jahre alt. Hat Casanova hier geflunkert, oder hat er sich mit den Zahlen vertan? Da er die Memoiren so lange Zeit später niederschrieb, kann ihm schon einmal ein solcher Fehler unterlaufen sein. Das spätere Gespräch mit der Roman in Paris wirkt dagegen authentisch, auch wenn man kaum glauben mag, daß Casanova dem König gleich zweimal eine Geliebte besorgt haben soll; dazu Geliebte, die für den König mehr als nur nebensächlicher Zeitvertreib gewesen sind.

RASTLOSE REISEN UND EINE PEINLICHE EROTISCHE VERWECHSLUNG

Kehren wir zurück zur Chronologie. Im Jahre 1760 reiste Casanova – möglicherweise in geheimem französischen Auftrag – von Holland nach Deutschland. Dies würde auch seine schriftliche Mahnung an die spätere Haushälterin und Geliebte in Solothurn erklären, worin er ihr die Lektüre herumliegender Papiere verbot, da sie »Geheimnisse verwahren«, über die er nicht frei verfügen könne. Andererseits sagte er des öfteren, er reise nur zum Vergnügen, oder sei ohne vorgefaßte Absicht an einem Ort angekommen. Mir scheint, daß Casanovas chaotisches und unermüdliches Reisen nicht notwendigerweise der Theorie eines Spions oder Geheimagents bedarf; die innerliche Rastlosigkeit böte schon ausreichend Erklärung. Auch das häufige Spielen und der Kontakt mit Berufsspielern ließen es ratsam erscheinen, nicht allzu lange am selben Ort zu verweilen.

Casanova begann, den Namen »Chevalier de Seingalt« anzunehmen. Wenn er tatsächlich als Geheimagent arbeitete, durfte er sich vermutlich mit Billigung der französischen Behörden einen Adelstitel zulegen. Schon nach seinen ersten geglückten Aufträgen hatte man ihm jedenfalls in Paris einen Adelstitel in Aussicht gestellt. Den Titel »Chevalier« durfte Casanova später auch deshalb tragen, weil der Papst ihm 1760 den Orden vom »Goldenen Sporn«[62] verliehen hatte, weil er den Kirchenvater mit seinen geistreichen Bemerkungen aufs Beste unterhalten hatte.

In einer anderen Schrift[63] gestand Casanova freimütig, daß dieser Orden nur den Dummen imponiere. Das goldene achtspitzige Kreuz trug er seit dem Jahr 1765 nicht mehr, da ihm aufgefallen war, daß »verschiedene Scharlatane mit ihm geschmückt« waren. (VII, Anh., 360) Außerdem hatte ihm der russische Großfürst Czartoryski gesagt: »Was machen Sie mit diesem Bettel? Nur Scharlatane wagen dieses Ding zu tragen.« (VII, 217) Des öfteren hatte sich Casanova in den Memoiren als »Scharlatan« bezeichnet, aber mit Betrügern im großen Stil wie zum Beispiel Cagliostro und St. Germain wollte er nicht in einen Topf geworfen werden.

Amüsant in bezug auf die Namenswahl ist Casanovas Begegnung mit dem Bürgermeister von Augsburg. Da Casanova kein Deutsch sprach, unterhielten sie sich auf Lateinisch. Das Aufeinandertreffen deutscher Bürokratenmentalität und italienischer Unbekümmertheit entbehrt nicht der Komik und der unterhaltsame Dialog belegt einmal mehr Casanovas rhetorische Fähigkeiten:

---

62 Dieser Orden wurde von Päpsten seit 1559 an Personen vergeben, die sich um Wissenschaft und Kunst verdient gemacht hatten.

63 Giacomo Casanova, Il Duello, Genova 1914, S. 6

»›Warum‹, fragte er mich, ›tragen Sie einen falschen Namen?‹

›Mein Name ist nicht falsch. Erkundigen Sie sich danach bei dem Bankier Carli, der mir fünfzigtausend Gulden ausgezahlt hat.‹

›Das weiß ich, aber Sie heißen Casanova und nicht Seingalt; warum nahmen Sie diesen zweiten Namen an?‹

›Ich nehme diesen Namen an, oder vielmehr ich habe ihn angenommen, weil er mir gehört. Er gehört mir vollkommen rechtmäßig, und wenn jemand wagen sollte, ihn zu führen, so würde ich mit allen Mitteln und auf jede Weise ihm dieses Recht streitig machen.‹

›Ei, wieso gehört Ihnen denn dieser Name?‹

›Weil er von mir selber stammt; dies hindert indessen nicht, daß ich Casanova bin.‹

›Sie sind entweder das eine oder das andere, Sie können nicht zwei Namen zur gleichen Zeit haben.‹

›Die Spanier und die Portugiesen haben oft ein halbes Dutzend.‹

›Sie sind aber weder Portugiese noch Spanier, sondern Italiener. Wie kann man sich überhaupt selber einen Namen machen?‹

›Das ist das einfachste und das leichteste Ding von der Welt.‹

›Erklären Sie mir das!‹

›Das Alphabet ist jedermanns Eigentum; das ist unbestreitbar. Ich habe acht Buchstaben genommen und habe sie so zusammengesetzt, daß sie das Wort Seingalt ergeben. Dieses so gebildete Wort hat mir gefallen (...). Niemand hat das Recht, ihn (den Namen) mir streitig zu machen (...).‹

›Es ist ein sehr seltsamer Einfall; aber die Gründe', auf die Sie sich stützen, sind ziemlich gesucht; denn Ihr Name kann nur der Ihres Vaters sein.‹

›Ich denke, Sie irren sich; denn Ihr eigener Name, den Sie ererbt haben, ist nicht von Ewigkeit her dagewesen; er hat von einem Ihrer Vorfahren gemacht werden müssen, der ihn nicht von seinem Vater empfangen hatte, selbst wenn Sie Adam heißen sollten. Geben Sie dies zu, Herr Bürgermeister?‹

›Ich muß es zugeben; aber es ist etwas ganz Neues.‹

›Auch da irren Sie sich wieder. Es ist durchaus nichts Neues, sondern im Gegenteil etwas ganz Altes; ich erbiete mich, Ihnen morgen eine ganze Litanei von Namen zu nennen, die sämtlich von sehr ehrenwerten Leuten erfunden wurden, die noch am Leben sind und sich in aller Ruhe ihres Besitzes erfreuen, ohne daß es einem Menschen einfällt, sie aufs Rathaus zu zitieren, um Rechenschaft darüber abzulegen (...)‹

›Sie werden doch zugeben, daß es Gesetze gegen falsche Namen gibt?‹

›Gewiß: gegen falsche Namen; aber ich wiederhole Ihnen: mein Name ist vollkommen echt. Der Ihre, den ich achte, ohne ihn zu kennen, kann nicht echter sein als der meine; denn möglicherweise sind Sie nicht der Sohn desjenigen, den Sie für Ihren Vater halten.‹« (VIII, 43-44)

---

64 Bis heute kann man dort mehrere miteinander verbundene Namen antreffen.

So abstrus Casanovas Begründung klingt, ist sie aus historischer Sicht keineswegs: Man muß nämlich wissen, daß Adelstitel vielerorts käuflich waren und dann frei erfunden werden durften. Der Umstand jenes Verhörs auf dem Augsburger Rathaus könnte allerdings weniger mit dem Namensproblem in Zusammenhang stehen, sondern eher direkt mit dem Ruf als Abenteurer, der ihn begleitete.

Mit diesem Gespräch in Augsburg haben wir den Ereignissen vorgegriffen, denn die erste wichtige Station nach dem Aufenthalt in Holland war Köln. Dort lernte er die Frau des Bürgermeisters Groote kennen und verliebte sich in sie. Damit sie zusammen sein konnten, entwarf Casanova einen Plan. Der Bürgermeister besaß zwei Wohnungen, wobei eine Nebenwohnung direkt an eine kleine Kirche grenzte. Dort schlief die Ehefrau zuweilen allein, zum Beispiel wenn sie ihre Monatsblutung hatte. Durch eine kleine Tür, die kaum sichtbar in die Wand eingelassen war, konnte man vom Kirchenschiff in die Wohnung gelangen.

Als ihr Mann beruflich für kurze Zeit verreisen mußte, konnte der Plan verwirklicht werden. Um vier Uhr nachmittags versteckte er sich im Beichtstuhl, indem er sich »allen Heiligen empfahl«. Casanovas Glaube an die Vorsehung und an Gott schloß seine Liebesabenteuer nie aus. Um fünf Uhr machte der Küster seinen Rundgang und sperrte das Tor von außen ab. Casanova verließ daraufhin den Beichtstuhl; fünf lange Stunden hatte er sich der Ratten zu erwehren, bis endlich die Geliebte mit einer Kerze in der Hand erschien.

Nach zwei Wochen sollte das Schäferstündchen wiederholt werden. Doch der Gedanke, sich auf einer schmutzigen Treppe diesmal sogar über zehn Stunden hinweg zu langweilen, bedrückte ihn. Zu Casanovas Überraschung hatte die kluge Frau vorgesorgt: Er fand auf der Treppe ein Kissen, Bücher, Wein, Servietten, einen Kocher mit Spiritus, Kaffee, Zitronen, Zucker und Rum, um Punsch machen zu können. Auf diese Weise verging die Wartezeit schnell.

Leider sollte Köln für Casanova nicht nur angenehme Seiten haben. Ein Baron Wiedau beantragte bei einem Kölner Richter Casanovas Inhaftierung wegen in Holland gemachter Spielschulden. Um dem zu entgehen, bezahlte er einen großen Teil der Summe. Wie sich aber später herausstellte war in diesem Fall Wiedau der Gauner. Immer wieder rächte sich Casanovas Vorliebe zu den Gestalten des dunklen Milieus.

Die nächste größere Reisestation war Stuttgart. Auch hier wurde ihm sein Hang zur schlechten Gesellschaft zum Verhängnis. Beim Spiel ließ er sich von Rauschmitteln betäuben, so daß er eine große Summe Geldes auf Ehrenwort verlor. Als er tags darauf wieder nüchtern war, verweigerte er die Zahlung. Man drohte ihm mit Gefängnis, und er mußte unter abenteuerlichen Umständen fliehen.

Sein Weg führte ihn in die Schweiz. Unbeabsichtigt fand sich Casanova vor dem Kloster Einsiedeln wieder. Mit dem Abt verstand er sich sogleich

Das Benediktinerkloster Maria Einsiedeln

aufs beste. Auch das ihm vorgesetzte Essen war vom Feinsten. Der Abt war nämlich ein »Feinschmecker ersten Ranges und ein Weinkenner, der nur so tat, als ob er enthaltsam wäre.« (VI, 113)

Casanova gefiel es in Einsiedeln so gut, daß er einen unerwarteten Entschluß traf: Er wollte Mönch werden! Dazu mußte er zuerst eine Generalbeichte ablegen: Dem Abt gegenübersitzend, erzählte er drei Stunden hintereinander »eine Menge anstößiger Geschichten; aber ich erzählte sie ohne Salz, denn ich war in einer asketischen Stimmung und mußte in einem Stil der Zerknirschung reden, die ich in Wirklichkeit nicht empfand; denn wenn ich meine tollen Streiche wieder durchging, fand ich die Erinnerung daran durchaus nicht unangenehm.« (VI, 114)

Die fehlende Reue kümmerte den Abt nicht, denn durch ein ordentliches Leben, so hoffte er, würde sie sich noch einstellen. Casanova freundete sich immer mehr mit dem Gedanken an, sein Leben im Schoß der Mutter Kirche zu beenden. Nur die Erlaubnis für eine Bibliothek nach eigenem Geschmack war für ihn Bedingung. Zunächst jedoch riet ihm der Abt, für zwei Wochen in die Gaststätte nach Zürich zurückzukehren. Erst nach dieser Besinnung sollten die Würfel endgültig fallen. Im Gasthaus übte sich Casanova dann auch vom ersten Tag an in einem sittsamen Lebenswandel und war in frommer Stimmung. Nur etwas langweilig war ihm, doch hoffte er, daß dies nur der mangelnden Gewöhnung an ein solches Leben zuzuschreiben war.

Sollte das Leben des Abenteurers in einem Kloster enden? Natürlich kam es anders: »Sterbliche, versetzt euch an meine Stelle und widersteht, wenn ihr könnt, einer so unerwarteten Begegnung, und ihr Fanatiker, beharrt, wenn ihr den Mut habt, (...) euch in einem Kloster zu begraben, wenn ihr gesehen habt, was ich am 23. April (1760) in Zürich sah!«

Was Casanova am Fenster seines Gasthofs gesehen hat? Zweifellos kann es sich nur um eine hübsche Frau handeln! Die Auserwählte logierte zusammen mit zwei anderen Damen im selben Hotel, mit denen sie eine Wallfahrt nach Einsiedeln unternahm. Vom Kellner erfuhr er, daß sie sich das Essen auf das Zimmer bringen lassen wollten. Der stets erfindungsreiche Casanova ließ sich die Kellnerlivree aushändigen und bediente die Damen höchstpersönlich. Eine dieser Begleiterinnen, die hinkende und aus dem Mund riechende ältere Madame F., sollte Casanova noch zum Verhängnis werden. Von Klosterplänen allerdings, war fortan keine Rede mehr.

Die hübsche verheiratete Baronin Roll stammte aus Solothurn, und dorthin zog es nun auch Casanova. Er mietete ein luxuriöses Landhaus mit Dienern und bereitete ein Stelldichein vor. Das Ehepaar Roll kam dort zu Besuch, und Casanova hoffte, endlich ans Ziel seiner Wünsche zu gelangen. Zur gleichen Zeit allerdings war die krankhaft eifersüchtige Madame F. erschienen und hatte sich ebenfalls ein Zimmer erbeten. Sie hatte sich von ihm bei verschiedenen Gelegenheiten herablassend behandelt gefühlt und schmiedete Rachepläne. Casanova fühlte sich derart von ihrem Erscheinen überrumpelt, daß er nicht die Kraft zu einem Nein aufbrachte.

Das Zimmer der Rolls lag im Erdgeschoß und hatte einen Alkoven mit zwei Betten, die durch eine Scheidewand mit einer Verbindungstür voneinander getrennt waren. Man konnte durch ein Vorzimmer vom Garten aus durch ein weiteres Vorzimmer dorthin gelangen. Casanova hatte den Raum bewußt ausgewählt, um die Baronin nachts zu besuchen, während ihr Mann schlief. Man verabredete sich für ein Uhr.

Im Dunkeln schlich Casanova um das Haus und betrat das Vorzimmer, dessen Tür gegen seine Erwartung offen stand. Er öffnete die Tür zum zweiten Vorzimmer und in dem Augenblick, wo er sie wieder schließen wollte, fühlte er sich von einer Hand erfaßt, während ihm eine andere den Mund verschloß. Eine Stimme machte »pst«, und so schwieg er. Das im Raum befindliche Sofa diente nun als Liebesnest, und Casanova wunderte sich, daß er nicht selber auf die Idee gekommen war, die Liebe hier zu vollziehen statt im Schlafzimmer in der Nähe des Gatten, wo diesen die Geräusche irgendwann aufgeweckt hätten. Wie stets, verfiel Casanova in den voraussehbaren Superlativ: »(...) Dieses Weib war von allen Eroberungen die rühmlichste«. (VI, 171)

Als ihm die Uhr das Ende verkündete, verabschiedete er sich mit den zärtlichsten Küssen und ging zutiefst glücklich. Am nächsten Morgen verkündete noch vor dem Frühstück Madame F. ihren sofortigen Abschied. Sie strahlte über das ganze Gesicht. Casanova kam erst dann ins Grübeln, als er Gelegenheit hatte, im Garten unter vier Augen mit Madame Roll zu sprechen. Sie war erst um vier Uhr eingeschlafen, weil sie drei Stunden erfolglos auf Casanova in ihrem Bett gewartet hatte! Casanova durchrann ein Schauer. Er trat hinter eine Hecke: »Ich fühlte mich dem Tode nahe und würde unfehlbar gefallen sein, wenn ich nicht meinen Kopf gegen einen Baum gelehnt hätte. (...) Ich sah also ein, daß ich die Nacht mit einem scheußlichen Ungeheuer verbracht hatte. (...) Es erfüllt mich noch jetzt mit (...) Ekel vor mir selber, daß ich mir gestehen mußte, vollkommen glücklich gewesen zu sein.« (VI, 172)

Madame F. hatte die Liebenden unbemerkt beschattet und ihren Liebesplan vereitelt, indem sie Casanova vor dem Schlafzimmer abgefangen hatte. In vielen Biographien kann man lesen, daß Casanova ein Ästhet der Liebe gewesen sei, dem es nicht nur um den sexuellen Genuß, sondern der immer den Eros des Geistes gebraucht habe, um wirklich befriedigt zu werden. Casanova selber weist des öfteren darauf hin, daß er ohne das Gespräch den Beischlaf langweilig fand. Doch mit Madame F. hat er zwei Stunden kein einziges Wort gewechselt! Weder die runzlige Haut, noch der angeblich starke Mundgeruch, noch die vielen anderen Unterschiede der beiden Frauen sind ihm aufgefallen. Im Dunkel waren für ihn alle Frauen gleich. Madame Roll war mit Recht ziemlich fassungslos und hatte Mühe, Casanovas Entschuldigungsgestammel zu verdauen. Auf ein zweites Treffen ließ sie sich auch aus einem anderen Grund nicht mehr ein.

Der Paukenschlag sollte nämlich erst noch kommen. Die Rache von Madame F. hätte kaum schlimmer sein können. In einem, am selben Tag eintreffenden, Brief nahm Casanova fassungslos zur Kenntnis, daß sie ihm eine sofortige ärztliche Behandlung anriet, denn sie sei geschlechtskrank! Außerdem schrieb sie: »Ich habe Ihr Haus, Monsieur, recht befriedigt verlassen – befriedigt ganz gewiß nicht deshalb, weil ich zwei Stunden mit Ihnen verbracht habe, denn Sie sind nicht anders als andere Männer, sondern weil ich mich für die Geringschätzung gerächt habe, die Sie mir häufig öffentlich bezeigten.« (VI, 176)

Im gleichen hämischen Ton gestand sie, daß sie alles in der Welt darum geben würde, »wenn ich das amüsante Gespräch anhören könnte, das unzweifelhaft heute früh zwischen Ihnen beiden stattfinden wird«. Außerdem war sie auch über einen anderen Punkt befriedigt. »Denn da Sie mich für sie genommen haben, muß der Unterschied zwischen ihr und mir gleich Null sein; aber ich habe Ihnen einen wichtigen Dienst erwiesen, denn diese Gewißheit muß sie von einer törichten Leidenschaft heilen.«

Von einem psychologischen Standpunkt aus gesehen, hatte Madame F. Casanova tatsächlich einen Dienst erwiesen. Als Casanovas »Schatten« konfrontierte sie ihn mit seinen verdrängten negativen Charakterseiten. Casanova aber dachte über den inneren Sinn dieser Begegnung mit Frau F. keine Sekunde nach. Ihm ging es nur um Rache.

Seelischen Trost in dieser Krise erhielt Casanova von seiner schönen Haushälterin Madame Dubois. Da Casanovas Diener zufällig zur selben Zeit auch geschlechtskrank war, riet ihm die Dubois zu einer süßen Rache. Er schickte Madame F. einen Brief, indem er ihr erklärte, sie habe nicht mit ihm, sondern mit seinem Diener Leduc geschlafen. Der Diener wurde bei ihr vorstellig, um ihr seine kranken Geschlechtsteile zu zeigen und beharrte auf Aushändigung das Arzthonorars. Leduc spielte seine Rolle perfekt, und Madame F. saß ihm auf. Ein schaler Beigeschmack bleibt aber nach dem Genuß dieser Anekdote haften; sie wirkt eher wie ein ausgefeiltes komödiantisches Theaterstück und nicht wie ein Stück erlebtes Leben, insbesondere, was die geglückte Rache betrifft. Wie dem auch sei, der Leser kommt auf seine Kosten.

In der Folge verließ Casanova mit der schönen Haushälterin Dubois Solothurn und fuhr nach Bern. Er genoß das Zusammensein mit ihr, doch wie stets, förderte er die Eheschließung mit einem anderen. Das uneheliche Kind, das Casanova mit ihr gezeugt hatte und von dem er noch nichts ahnte, wurde vom späteren Ehemann der Dubois als eigenes angenommen.

In Bern lernte Casanova den Stadtschultheißen Muralt kennen, der ihm ein Treffen mit dem großen Gelehrten und Mediziner Haller vermittelte. Muralt schrieb an Haller einen längeren Brief. Da es sich hier um ein wertvolles Zeitdokument über Casanova handelt, seien die wichtigsten Passagen zitiert:

»Lieber Freund,

wir haben hier seit zwei Monaten einen Fremden gehabt, der im Gasthaus ›Zur Krone‹ abgestiegen war; er nannte sich Chevalier de Seingalt und wurde mir wärmstens durch den Marquis de Gentils empfohlen. (...) Er ist vorgestern von hier nach Lausanne abgereist, wo er sich einige Zeit aufhalten wird und es sich vorgenommen hat, Ihnen einen Besuch abzustatten, da er begierig ist, erstens, Sie zu sehen, und zweitens die Salzbergwerke zu besichtigen. Er hat mich um einen Empfehlungsbrief an Sie (...) gebeten. (...) Dieser Fremde verdient, daß Sie ihn sehen, und das wird auch für Sie wahrhaftig eine Merkwürdigkeit sein. Denn er ist ein Rätsel, dessen Auflösung uns hier nicht gelungen ist; und wir haben auch nicht entdecken können, was es mit ihm auf sich hat.

Er weiß nicht so viel wie Sie, aber er weiß sehr viel. Er spricht von allem mit viel Feuer, und er scheint wunderbarerweise überall zu Hause zu sein und ungeheuer viel gelesen zu haben. Man sagt, daß er alle orientalischen Sprachen versteht, worüber ich kein Urteil habe. Er hatte für niemanden hier einen Empfehlungsbrief. Es schien, daß er unerkannt bleiben wollte. Er empfing alle Tage viele Briefe durch die Post, schrieb jeden Morgen und sagte mir, daß es sich um pure Liebhabereien handle, um Berechnungspläne und eine Formel für Salpeter. (...) Er sagte mir, daß er ein freier Mensch ist, ein Weltbürger, der die Gesetzte aller Herrscher beachte, unter denen er lebe. Er hat hier ein außergewöhnlich geregeltes Leben geführt. Seine

Vorliebe gilt, wie er mich verstehen ließ, der Naturgeschichte und der Chemie. Mein Vetter (...) bildet sich ein, daß er der Graf von Saint Germain ist. Er hat mir Proben seiner Kenntnisse in der Kabbala gegeben, die bewunderungswürdig sind, falls man ihm trauen kann, und die ihn fast zu einem Zauberer machen. Aber damit zitiere ich den Autor selbst; also, kurz und gut, er ist eine einmalige Persönlichkeit. Er ist auf das beste ausgestattet und gekleidet. Nach dem Besuch bei Ihnen will er auch zu Monsieur de Voltaire gehen, um ihn höflich auf viele Fehler in seinen Büchern aufmerksam zu machen. Ich weiß nicht, ob ein so liebenswürdiger Herr nach dem Geschmack von Voltaire sein wird (...).«

65 Vgl. Werner Wolf Schrader, a.a.O., S. 45

Voltaire

Das dreitägige Treffen mit Haller verlief in einer herzlichen Atmosphäre. Man redete über Philosophie, Religion, Literatur und Naturwissenschaften. Der ebenfalls einige Tage dauernde Aufenthalt bei dem zynischen Voltaire dagegen kam eher einem Kräftemessen gleich und endete so, wie Muralt es in obigem Brief prophezeit hatte. Im Gegensatz zu dem weltberühmten Voltaire, der jeden Tag von neugierigen Künstlern und Gelehrten besucht wurde, galt Casanova zu Lebzeiten nicht als großer Autor. In der viertägigen Begegnung dieser beiden Männer trafen, wie Hermann Kesten formuliert hat, »Weltruhm und Skandalruhm« aufeinander. Doch läßt sich auch Gemeinsames finden: Beide trugen einen erfundenen Adelstitel, besaßen ein hohes Maß an Bildung, und beide erschütterten auf ihre Weise das konventionelle Denken.

Voltaire, der Vordenker der Revolution, war ein Spötter und verfügte nicht im mindesten über die Fähigkeit zur Selbstkritik. Vielleicht hätte die Begegnung einen anderen Verlauf genommen, hätte sie nicht vor einem Kreis der Bewunderer Voltaires stattgefunden. So jedoch war schon die Begrüßung eine Fanfare zu einem geistigen Duell.

Als Casanova in Voltaires Salon eintrat, stand der von Anbetern umringte Philosoph gerade vom Essen auf. Casanova sagte: »Dies Monsieur de Voltaire, ist der schönste Augenblick meines Lebens. Seit zwanzig Jahren bin ich Ihr Schüler, und mein Herz ist voller Freude über das Glück, meinen Lehrer zu sehen.« (VI, 251) Voltaire antwortete: »Monsieur, erweisen Sie mir diese Ehre noch zwanzig Jahre lang, und versprechen Sie mir, nach Ablauf dieser Zeit mein Honorar zu bringen.« Casanova entgegnete schlagfertig: »Sehr gern – vorausgesetzt, daß Sie so lange warten wollen.« Und Voltaire: »Darauf gebe ich Ihnen mein Versprechen, eher werde ich zusammenbrechen, als mein Wort nicht zu halten.« Voltaire hatte natürlich die Lacher auf seiner Seite. Casanova wußte um die Natur des Kommenden: »(...) Ich war auf Derartiges gefaßt und hoffte, es ihm heimzahlen zu können.« (VI, 252) In diesem Kreis war Voltaire der Platzhirsch und naturgemäß kostete es Casanova viel Mühe, sich mit einer Nebenrolle zu begnügen.

Das Gespräch richtete sich bald auf den venezianischen Dichter Algarotti, den beide persönlich kannten. Voltaire lobte ihn über alle Maßen, und Casanova ließ kein gutes Haar an ihm. Als nächstes kam man auf Casanovas Lieblingsdichter Ariost zu sprechen. Voltaire begann aus dem Gedächtnis Stellen aus dem »Rasenden Roland« zu zitieren, »ohne den geringsten Verstoß gegen die Prosodie (Metrik)«, wie Casanova »starr vor Erstaunen« feststellte.

Da galt es natürlich nachzulegen. Casanova zitierte, ebenfalls auswendig, einige Oktaven Ariosts: »Ich sprach die schönen Verse von Ariost wie eine rhythmische Prosa, die ich durch den Klang meiner Stimme und durch die Sprache meiner Augen belebte, und ich modulierte den Tonfall je nach Gefühl, wie ich mir Gewalt antun mußte, um meine Tränen zurückzuhalten, und Tränen standen in aller Augen.« (VI, 257) Noch vor der letzten Strophe »schluchzten« alle Zuhörer vor Rührung. Voltaire fiel ihm angeblich sogar um den Hals, doch Casanova ließ sich nicht unterbrechen, bis er zum Ende gekommen war. Dann war der lautstarke Beifall nicht mehr aufzuhalten. Voltaire umarmte Casanova nochmals und bedankte sich für den wundervollen Vortrag. Er versprach, am nächsten Tag die gleichen Strophen zu rezitieren und Casanova ebenfalls zum Weinen zu bringen. »Er hielt Wort«, schrieb Casanova.

Ist diese Episode zu schön, um wahr zu sein? Leider haben wir kein fremdes Zeugnis dieser Begegnung. Sie unterhielten sich außerdem über Klassiker wie Horaz, Homer, Dante und Petrarca, die Voltaire, im Gegensatz zu Casanova, nicht sehr hoch schätzte. Der Unterschied der beiden kam sehr deutlich zu Tage, als man bei einer anderen Gelegenheit über Religion und Aberglauben debattierte. Mit »Aberglauben« meinte Voltaire die öffentlichen Religionen. So revolutionär Casanova in bezug auf sein eigenes Verhalten dachte, so stromlinienförmig blieben seine Meinungen über gesellschaftliche Fragen.

Casanova warf Voltaire vor, dessen Bekämpfung des religiösen Aberglaubens sei zwecklos; selbst wenn ein solches Unternehmen gelänge, was wollte er an dessen Stelle setzen? Voltaire war entrüstet: »Wenn ich das Menschengeschlecht von einem wilden Tier befreien will, kann man mich dann fragen, was ich an dessen Stelle setzen werde?« (VI, 273) Casanova beharrte auf seiner Meinung: »Er (der Glaube) verschlingt es nicht; er ist im Gegenteil zum Bestehen des Menschengeschlechts notwendig.« »Das ist eine furchtbare Lästerung«, konterte Voltaire, »(...) Ich liebe das ganze Menschengeschlecht; ich möchte es frei und glücklich sehen, wie ich es bin, doch Aberglaube und Freiheit lassen sich nicht vereinigen. Wo könnte denn wohl die Knechtschaft das Volk glücklich machen?!«

Casanova berief sich auf den englischen Politiker Addison und den Philosophen Thomas Hobbes und holte aus: »Ein Volk ohne Aberglauben wäre ein Volk ohne Philosophen, und die Philosophen wollen nicht gehorchen. Das Volk kann nur glücklich sein, wenn es niedergedrückt, zu Boden getreten und an der Kette gehalten wird!« (VI, 274) Casanova hätte nicht deutlicher darlegen können, wie wenig aufklärerisch und fortschrittlich er in politischer Hinsicht dachte.

Voltaire war entsetzt: »Und Sie gehören zum Volk! Wenn Sie mich gelesen haben, müssen Sie gesehen haben, wie ich nachweise, daß der Aberglaube der Feind der Könige ist.« Casanova ließ diesen Vorwurf nicht auf sich beruhen: »(...) Ihre Sie beherrschende Leidenschaft ist die Liebe zur Menschheit. (...) Diese Liebe macht blind. Lieben Sie die Menschheit, aber lieben Sie sie so, wie sie ist. Sie verträgt nicht die Wohltaten, die sie an sie verschwenden wollen. Sie würden sie nur noch unglücklicher und verderbter machen.« (VI, 274)

Voltaire wechselte bald darauf abrupt das Thema, weil er der Diskussion anscheinend leid war. Diese scharfe Debatte sollte die letzte gewesen sein. Casanova verließ den Kampfplatz mit dem Gefühl, »den Geistesriesen zur Vernunft gebracht zu haben; leider blieb eine verdrießliche Stimmung gegen den großen Mann zurück, die mich veranlaßte, zehn Jahre lang, alles, was aus seiner unsterblichen Feder hervorgegangen war, zu kritisieren.« (VI, 275) Später in Dux als alter Mann, bereute er dies, »obwohl ich beim Wiederlesen meiner Kritiken finde, daß ich oft Recht gehabt habe mit dem, was ich gegen ihn schrieb. Ich hätte schweigen, ihn verehren und an meinem eigenen Urteil zweifeln sollen. (...) Aber im Zorn glaubt man immer, recht zu haben.« (VI, 275)

Casanovas Darstellung in den Memoiren stellt nur einen Auszug aus einem ausführlicheren Band über diese Begegnung dar. Leider ist dieses Buch, wie so viele andere Veröffentlichungen Casanovas, verlorengegangen.[66]

Von Voltaires Wohnsitz bei Genf fuhr Casanova nach Aix-en-Provence. Neben dem Spiel wartete dort ein Abenteuer mit einer schwangeren Nonne. Sie sah der venezianischen M.M. zum Verwechseln ähnlich und trug zufälligerweise den gleichen geistlichen Namen. Die zweite M.M. war angeblich aus gesundheitlichen Gründen zu einer Kur nach Aix gekommen. In Wahrheit aber war sie schwanger. Sie logierte mit einer anderen Nonne in einem Bauernhof. Als Casanova zu den beiden stieß, passierte ein Unglück. M.M. hatte ihrer Mitschwester eine Überdosis des Schlafmittels Opium verabreicht, damit diese nicht Zeugin der bevorstehenden Geburt werden würde. Doch die Dosis war tödlich. Um keinen

66 Gervaso, a.a.O., S. 164

Skandal auszulösen, wurde versäumt, einen Arzt zu rufen. Nach Casanovas Ansicht hätte ein Arzt ohnehin nicht mehr helfen können. Indirekt wurde Casanova hier an einer Tötung mitschuldig. Nirgendwo findet sich ein Wort des Bedauerns über die Tote. M.M. konnte schließlich wieder zurück in ihr Kloster; zuvor aber hatte sie Casanovas Liebeswerben nachgegeben.

Anschließend reiste Casanova nach Grenoble, wo er jenes oben schon erwähnte Horoskop erstellte. Finanziell schien es ihm zu jener Zeit gut zu gehen, denn neben seinem Diener Leduc stellte er in Avignon mit Costa einen zweiten Diener als Sekretär an. In dieser Stadt der Provence kam es zu einer sonderbaren Liebesbegegnung. Er schlief mit einer extrem buckligen und verwachsenen Frau, der Schauspielerin Lepi: »Ich war jedoch etwas verwirrt, denn statt ›das‹ (Geschlecht) in der Mitte des Körpers zu haben, hatte sie es nur im unteren Viertel; die anderen drei Viertel waren nur Schenkel und Beine. Ich wurde frohgestimmt bei dem Gedanken, welches Vergnügen mir diese für mich vollkommen neue Entdeckung (...) bereiten würde.« (VII, 78)

Angesichts der beschriebenen Mühen, die er mit Lepi hatte, erscheint uns der »berühmteste Verführer aller Zeiten« eher als fanatischer Sportler, der auch noch die letzte ausstehende Trophäe erobern will. Der Beischlaf mit Lepi war letztlich ein Mißbrauch. Der Akt wurde Mittel zum Zweck, um aus einer tödlichen Langeweile und dem permanenten inneren Getriebensein wenigstens momentan entfliehen zu können. Diese Argumentation wird an anderer Stelle durch Casanova selber gestützt. In bezug auf sein fieberhaftes Reisen und die Sexualität schrieb er:

»Dann wird man müde, sich anzustrengen, zu denken, zu plaudern und sogar zu lachen. Die Bewegung der Reise (...) und die körperliche Nähe erhitzen das Blut, man läßt sich gehen und tut irgend etwas, gewissermaßen nur, um sich zu versichern, daß man noch am Leben ist (...).« (IX, 31)

In Marseille lernte Casanova die fünfzehnjährige Rosalie kennen, die als Bedienstete einer Prostituierten arbeitete. Ihre Mutter hatte sie wegen einer Romanze mit einem Genueser Kaufmann aus dem Hause gejagt. Casanova handelte wie häufig in solchen Fällen. Nachdem er das Mädchen ausgiebig genossen hatte, führte er sie nach Genua in die Arme ihres Liebsten zurück. Wieder einmal zeigte sich Casanova nicht als ein Verführer, der das Unglück in die Familien trug, sondern im Gegenteil als »Freund der Frauen«, der ihnen zum Eheglück verhalf; so zumindest lesen wir es in den meisten Casanova-Biographien. Meiner Ansicht nach ist dies jedoch nicht die ganze Wahrheit. Roberto Gervaso schrieb treffend: »Unfähig zu dauerhaften erotischen Beziehungen und zu wahrer Freundschaft, war er ein vollkommener Egoist.«[67]

67 Gervaso, a.a.O., 172

Gegen Ende des Jahres 1760 traf Casanova in Florenz jenen vermeintlichen Kastraten Teresa Bellino wieder, mit der er als Zwanzigjähriger ein Verhältnis gehabt hatte. Wie so manche seiner Geliebten, hatte auch sie ein Kind von ihm: Don Cesarino »war mein leibhaftiges Ebenbild; nur war seine Gesichtsfarbe etwas heller als die meine; ich sah sofort, daß er mein Sohn war; denn niemals war die Natur indiskreter gewesen.« (VII, 166). Der Aufenthalt in Florenz nahm ein unrühmliches Ende, denn man wies ihn wegen eines gefälschten Wechsels aus. Folgt man Casanova, so war er unschuldig und lediglich ein Opfer von Gaunern und Berufsspielern.

Zu jener Zeit traf er auch einen portugiesischen Geistlichen, den er noch aus seiner Zeit in Rom beim Kardinal Acquaviva kannte. Dieser machte ihm das Angebot, Portugal beim Augsburger Kongreß zu vertreten, der im Sommer 1761 stattfinden sollte. Hier fragt man sich unwillkürlich, wieso ausgerechnet ein Ausländer mit einer solchen Mission betraut werden sollte. Doch zu Casanovas Zeiten besaß man nicht jenes Nationalitätsgefühl, das erst nach den Napoleonischen Kriegen entstehen sollte. Was heute die Nation ist, war damals die Zugehörigkeit zu einer Religion. Portugal war katholisch und Casanova war es auch, mehr bedurfte es nicht.

In der Vergangenheit hatte Casanova bereits diplomatisches Geschick bewiesen, und so war dieser Auftrag sicherlich nach seinem Geschmack. Dieser von den Franzosen geplante Kongreß sollte den Siebenjährigen Krieg beenden, doch rigide preußische Forderungen ließen ihn schließlich platzen.

DIE GEPLATZTE HOCHZEIT

Im Januar 1761 hielt sich Casanova in Neapel auf, das ihm in der Vergangenheit immer viel Glück gebracht hatte. Dort wohnte er beim Herzog von Matalone, dessen Bekanntschaft er schon 1744 gemacht hatte.

Kulturgeschichtlich bemerkenswert ist, daß sich der Herzog ausschließlich aus gesellschaftlichen Gründen eine Mätresse hielt. Er blieb seiner Frau treu, doch da seinerzeit eine Mätresse gesellschaftlich meist über der Ehefrau rangierte, so mußte er sich fügen. Er hatte sich für die siebzehnjährige Leonilda entschieden, mit der er jedoch nur geistig verkehrte. Als sich Casanova in sie verliebte, war der Herzog bereit, sie unverzüglich für eine Hochzeit abzutreten. Casanova erklärte sich willens, Leonilda fünftausend Dukaten Aussteuer zu geben. Einer Heirat schien nichts mehr im Wege zu stehen. So stellte der Abenteurer seine exzessiven Spiele ein, denn er hielt sich für verpflichtet, »einen anderen Lebenswandel zu beginnen«. (VII, 236)

Für den Ehevertrag mußte aber noch die Zustimmung der Braut eingeholt werden. Als diese erschien, war die Überraschung groß: »Die Mutter stieß bei meinem Anblick einen Schrei aus und sank halb ohnmächtig in einen Lehnstuhl. Ich sah sie einen Augenblick an und erkannte Donna Lucrezia.« (VII, 237) Der Leser fühlt sich in eine Komödie versetzt. Donna Lucrezia war zu Casanovas Jugendzeit in Rom seine Geliebte gewesen und Leonilda war, so behauptete Lucrezia zumindest, ihre gemeinsame Tochter. Es versteht sich von selbst, daß die Hochzeitsvorbereitungen sogleich abgebrochen wurden.

Eine Begegnung Casanovas mit den beiden Frauen im Jahre 1770 (s. S. 183) stellt die Wahrscheinlichkeit von Casanovas Vaterschaft jedoch in Zweifel. Es spricht einiges dafür, daß Donna Lucrezia für ihre Tochter eine gute Partie hatte arrangieren wollen. Casanova, dessen Charakter sie ja nur allzu gut kannte, konnte da wahrhaftig nicht ihn Frage kommen. Die Lüge, er sei Leonildas leiblicher Vater, diente somit möglicherweise nur als ein Mittel zum Zweck. Casanova jedenfalls glaubte Lucrezia und war entsprechend verwirrt, so daß er eine Nacht nicht schlafen konnte: »Der erzwungene schnelle und unerwartete Übergang von fleischlicher zu väterlicher Liebe versetzte all meine körperlichen und geistigen Kräfte in die größte Aufregung.«

In der Folge frischte Casanova seine Liebschaft mit der Mutter wieder auf. Leonilda bestand angeblich darauf, wenigstens nackt neben den »Eltern« liegen zu dürfen. Casanova besorgte daraufhin Lucrezia den »Liebestod« – welch ein Wort! – und Leonilda stellte die naive Frage: »So machtest du es also vor achtzehn Jahren, als du mich gezeugt hast?«.

Casanova erzählte weiter, Leonilda habe ihrer Mutter mit der Hand zum Höhepunkt verholfen.

In Rom nahm Casanova bald darauf an einer Orgie teil, die selbst für ihn des Guten zu viel war: Vierundzwanzig Personen leerten hundert Flaschen Wein und ließen sich beim Auslosen einander zuteilen. Casanova nannte das Treiben später »schamlos« und begnügte sich mit dem Zuschauen, ohne »die geringste Erregung« an sich zu bemerken. Sein Fazit: »Mein Gewinn bei dieser elenden Ausschweifung war Ekel und eine größere Selbsterkenntnis (...).« (VII, 257). Er war heilfroh, als er den erbärmlich stinkenden Saal wieder verlassen konnte und nahm sich vor, niemals wieder bei einer solchen Veranstaltung teilzunehmen.

In Paris, wo er sich erneut mit der Wiedergeburt der Marquise d'Urfé zu beschäftigen hatte, wurde ihm von einem Gauner während des Spiels ein Ring gestohlen. Der wollte den Ring nicht zurückgeben, so kam es zu einer tätlichen Auseinandersetzung. Casanova griff nach dessen Uhrkette, worauf dieser seinen Degen zog. »Ich zog ebenfalls und hatte kaum angelegt, so machte er einen Ausfall und führte einen Stoß, den ich parierte; ich stürzte mich auf ihn und durchbohrte ihn durch und durch. Er fiel und schrie um Hilfe.« (VIII, 24) Casanova steckte seinen Degen wieder ein, »ohne mich weiter um ihn zu kümmern« und fuhr mit seinem Wagen ab. Es interessierte ihn nicht im geringsten, ob der Mann starb! Zufällig hörte er später, daß sein Duellgegner überlebt hatte.

Diese Kaltblütigkeit läßt sich nicht mit den Sitten des 18. Jahrhunderts entschuldigen. Casanova reagierte mit einem extremen Minderwertigkeitskomplex, wenn ihm als Nichtadliger die Ehre abgesprochen wurde. Paradoxerweise wurde einem Nichtadligen nach dem Zeitverständnis kaum eine solche zugesprochen. Casanova aber tat alles, um dazuzugehören, und wo immer man ihn demütigte, rächte er sich grausam.

Düsteren Charakter hatte Casanovas Aufenthalt in München im Spätsommer 1761. Im Geiste sah Casanova die Schrecknisse der Hölle dämmern, um ihm einen Vorgeschmack »von den Qualen zu geben, die die Seelen der Verdammten leiden«. (VIII, 30) Casanova verlor bei Falschspielern enorme Geldsummen und holte sich zudem wieder einmal eine Geschlechtskrankheit. Sechs Wochen lang lebte er in strengster Diät, machte Bäderkuren und die damals üblichen Quecksilbereinreibungen. Doch entgegen früheren Behandlungen ging es ihm diesmal nach sechs Wochen nicht besser, sondern sogar schlechter als zuvor: »Ich war von einer schreckenerregenden Magerkeit und hatte zwei Leistengeschwüre von entsetzlicher Größe. Ich mußte mich entschließen, sie öffnen zu lassen, aber diese sehr schmerzhafte Operation, die mir beinahe das Leben gekostet hätte, half mir gar nichts.« (VIII, 32) Nach zweieinhalb Monaten Diät mit Gerstensuppen und Abführmitteln fühlte er sich erst gegen Ende des Jahres wiederhergestellt.

Schon bald war Casanova wieder unterwegs. Die bereits beschriebene Affäre d'Urfé und das Projekt der Wiedergeburt hielten ihn weiterhin in Atem, da er mit der Marquise verschiedene Reisen unternehmen mußte. In Genf verführte er im Sommer 1762 Hedwig, die tugendhafte Nichte eines protestantischen Pfarrers. Er kannte sie noch von einem früheren Aufenthalt her. Nach ausschweifenden theologischen Diskussionen mit ihr und ihrer Freundin Helene gibt uns Casanova seine Taktik zur Verführung der Tugendhaften preis: »Während meiner langen Laufbahn als Libertin«, so gesteht er, habe ihn sein »unbesiegbarer Hang zum weiblichen Geschlecht« dazu getrieben, »alle Künste der Verführung anzuwenden«. Etlichen hundert Frauen, »deren Reize meine Vernunft überwältigt hatten«, habe er den Kopf verdreht. Die besten Erfolge habe er aber dadurch erzielt, »daß ich Neulinge, deren moralische Grundsätze und Vorurteile dem Gelingen meiner Absichten hinderlich waren, nur in Gesellschaft einer zweiten Frau *angriff*«. (VIII, 111, kursiv vom Autor) Schon seit jungen Jahren wußte er, daß *»ein* Mädchen sich schwerer verführen läßt, eben weil es ihm an Mut fehlt; wenn sie dagegen mit einer Freundin zusammen ist, so ergibt sie sich ziemlich leicht: jede Schwachheit der einen veranlaßt den Fall der anderen.« (VIII, 111, kurisv vom Autor)

Väter und Mütter gingen seiner Ansicht nach fälschlicherweise immer vom Gegenteil aus. Normalerweise weigerten sich Eltern, ihre Tochter einem Mann anzuvertrauen, um sie auszuführen. Sie gäben oft erst dann nach, wenn das Mädchen eine Freundin als Aufpasserin mitnähme. Doch, »wenn der junge Mann es richtig anzufangen weiß, ist ihre Tochter verloren. Ihre falsche Scham hält alle beide ab, der Verführung einen unerschütterlichen Widerstand zu leisten; sobald aber der erste Schritt getan ist, ist der Sturz unvermeidlich und ungeheuer schnell.« (VIII, 112) Sobald nämlich sich die Freundin die geringste Gunst entlocken lasse, wird sie, »um nicht erröten zu müssen, die erste sein, die ihre Freundin dazu antreibt, eine größere Gunst zu gewähren; und wenn der Verführer geschickt ist, wird die Unschuldige, ohne eine Ahnung zu haben, bereits zu weit gegangen sein, um noch zurück zu können.« (VIII, 112)

Das Folgende ist von unfreiwilliger Komik. Casanova fühlte sich anscheinend getrieben, Vätern und Müttern zum Wohl ihrer Kinder gute Ratschläge zu erteilen: »Ohne meine Liebesabenteuer im geringsten zu bereuen, wünsche ich doch durchaus nicht, daß mein Beispiel dazu dienen könnte, das schöne Geschlecht zu verderben, das aus so vielen Gründen unsere Huldigung verdient.« (VIII, 112) Nichts wünschte er mehr, als daß seine Beobachtungen den Eltern nützlich sei »und mir dadurch zum mindesten deren Achtung eintragen«. Nun könnte man meinen, daß an der Quelle dieses Ratschlags Casanovas schlechtes Gewissen zu finden sei. Doch hat Casanova auch nur ein einziges Mal in den Memoiren ein schlechtes Gewissen gezeigt? Zweifellos ging es dem alternden Autobiographen aber darum, vor Verführern seines Schlages zu warnen.

In dem norditalienischen Ort Lodi kam es im Frühjahr 1763 zu einer symbolträchtigen Begegnung in einem Kloster. Mit adligen Freunden unternahm Casanova eine Fahrt zur »schönen Büßerin«. Diese hübsche Frau hatte jahrelang in Mailand allen Männern den Kopf verdreht. Selbst aus den benachbarten Städten war man angereist, um dieses außerordentlich verführerische Geschöpf zu sehen. Um dem Spektakel ein Ende zu machen, verbannte sie die sittenstrenge Maria Theresia in das Kloster in Lodi, damit sie lebenslang Buße tue.

Als Casanova sie erblickte, war er ganz hingerissen. »Welche Schönheit!« rief er aus. »Ich, mit meinen Augen eines Weltkindes, sah nicht die ungeheure Sünde, für die sie eine so tyrannische Behandlung erdulden mußte, sondern glaubte die verkörperte Unschuld in Gestalt einer büßenden Heiligen zu sehen.« (VIII, 236) »Ungeheure Sünde«? Wie sieht Casanova wohl seinen eigenen Lebenswandel im Vergleich zu dem ihren?

Die schönen Augen der Nonne waren zu Boden gerichtet, doch wie erstaunt war Casanova, als die Büßerin sie plötzlich aufschlug, ihn ansah und ausrief: »Gott! Was sehe ich! Heilige Jungfrau Maria, komme mir zu Hilfe. Hebe dich weg von hier, abscheulicher Sünder, obgleich du mehr als ich hier zu sein verdienst, du Schurke!« (VIII, 236 f.)

Die Oberin tröstete Casanova sogleich, er solle das dumme Gebrabbel der Nonne nicht ernst nehmen, doch Casanova erkannte in seinem Innern, daß die schöne Irre die Wahrheit gesprochen hatte. Er war tief berührt und weinte. Es war ihm, als ob sein »Herz zerreiße«. Doch die Begegnung mit der verrückten Nonne war noch nicht zuende. Sie bekam einen zweiten Anfall und bat darum, man möge Casanova schnell hinausbringen. Wie aber hatte sie in ihm ein männliches Ebenbild erkennen können? Psychoanalytisch gesehen, war auch dies wieder eine Begegnung mit dem »Schatten«, jenem Blick in das eigene Spiegelbild, das unvermutet lange verdrängte, dunkle Seiten an den Tag brachte.

Nach vergeblichen Wiedergeburtsriten für Madame d'Urfé, reiste Casanova nach England. Vermutlich hielt er es für das Beste, von der Betrogenen auch geographisch größtmöglichen Abstand zu halten. Unmittelbar zuvor, im Mai 1763, begegnete unserem Helden eine Mademoiselle Marie de Nairne. Diese zufällige Bekanntschaft in einem Gasthof in Lyon wäre nicht im geringsten so interessant, wenn die frisch Verlobte nicht brieflich ihren Bräutigam über diese Begegnung informiert hätte. Da diese Fremdcharakterisierungen wegen ihrer Seltenheit besonders aufhorchen lassen, soll hier die Schreiberin ausführlicher zu Wort kommen:

»Dieser betäubende Reisende kam in einer Berline[68] *im Hotel (...) gegen fünf Uhr abends an. Er machte sofort ein Höllenspektakel, weil man ihm nicht das Zimmer gab, das er angeblich vorausbestellt hatte. Sein Diener sah sehr bärbeissig aus (...).*

68 Kutsche

Bei Tisch war er aber schon gleich bei der Suppe in reizender Laune, redete von tausend verschiedenen Dingen und sprühte bei hundert Themen von Geist. Wir hingen an seinen Lippen. Der Chevalier d'Agis, der in der Nähe saß, brannte vor Begierde, diese außergewöhnliche Persönlichkeit näher kennenzulernen. (...) Er war groß, gebräunt und gekleidet wie ein vornehmer Herr. Schwere Ringe blitzten an seinen Fingern. Seine fremdländische Aussprache war das Drolligste, das man sich vorstellen kann. (...) Nachdem die Tafel aufgehoben war, schlug er ein kleines Spiel vor. Herr du Longuemare hielt die Bank. Der Chevalier verlor zwanzig Louisdors, Herr du Longuemare vielleicht hundert, und der wunderliche Unbekannte gewann einige Goldrollen. Bevor wir schlafen gingen, bot er den Damen Bonbons an, und jetzt endlich konnte der Chevalier d'Agis sich, wie er es gewünscht hatte, mit ihm unterhalten. (...) Es war Herr von Casanova aus Venedig.« [69]

Zweifellos stimmt dieses Charakterbild mit jenem überein, welches Casanova von sich selbst gibt.

---

69 A. Compigny des Bordes, Casanova et la Marquise d'Urfé, Paris 1923, deutsch zitiert nach Hermann Kesten, Casanova, Frankfurt, Berlin, Wien 1981, S. 400

ENGLAND: EIN MERKWÜRDIGES LAND

Zusammen mit dem jungen Pompeati, der nach dem Ende der Affäre d'Urfé entlassen werden konnte, setzte Casanova über den Ärmelkanal nach England über. Den Empfang bei der Mutter des 17jährigen, Terese Imer, die sich jetzt Madame Cornelys nannte, hatte sich Casanova vermutlich anders vorgestellt. Die Cornelys hatte sich ein Haus am Soho Square gemietet, das »Carlisle House«, ein Ballhaus, das Europas größte Vergnügungsstätte geworden war, und in dem in erster Linie Adlige verkehrten.

Wie ein Dienstbote wurde Casanova von Angestellten der Cornelys empfangen. Als Teresa einige Stunden später ihren früheren Liebhaber persönlich begrüßte, umarmte sie ihn noch nicht einmal. Beim Lesen der Memoiren erhält man den Eindruck, als schämte sich Terese in der Öffentlichkeit der Bekanntschaft mit Casanova. Am meisten ärgerte sich Casanova aber darüber, daß sie ihm seine vermeintliche Tochter Sophie[70] vorenthielt. Erst Tage später sollte er sie in seine Arme schließen können.

Der Aufenthalt in England stand von Anfang an unter keinem guten Stern. Auch das Land selbst lag Casanova bei weitem nicht so sehr wie Frankreich. »Nichts ist auf der Insel England wie auf dem Kontinent«, stellte er fest, »und bei keiner anderen Nation kann der aufmerksame Beobachter so viele Eigentümlichkeiten entdecken.« (IX, 277) Sogar das ihm vertraute Meer fand er seltsam, denn hier gab es Ebbe und Flut. Bislang hatte er nur das Mittelmeer gekannt. Das Wasser der Themse hatte seiner Ansicht nach einen Geschmack, den man bei keinem anderen Fluß feststellen konnte, und selbst die Nahrungsmittel schmeckten alle anders als gewohnt. Der Feinschmecker Casanova hatte während seines ganzen Aufenthalts in London mit dem einheimischen Essen Schwierigkeiten. Wenn er in einem Lokal eine Suppe bestellte, fragte man ihn, ob er denn krank sei. In England galt die Suppe nämlich als die Speise der Kranken. »Brot ißt er (der Engländer) fast gar nicht, und er behauptet sparsam zu sein, weil er keine Ausgabe für Suppe und Nachtisch hat.« (IX, 195) Um so mehr aß man Hammelfleisch und trank Bier. Das bittere Bier ekelte Casanova an: »Es war mir unmöglich, mich an dieses Getränk zu gewöhnen.«

Auch das gesellschaftliche Leben erschien ihm befremdlich. Als lebenslustiger Venezianer konnte er gar nicht nachvollziehen, daß an Sonntagen nicht nur keine Konzerte gegeben werden durften, sondern daß es niemandem erlaubt war, in seinen eigenen vier Wänden ein Instrument zu spielen. Überall befanden sich auf Londons Straßen Spione, die auf

70 Vgl. Fußnote 50

Musik aus geöffneten Fenstern achteten, um die betreffenden Personen zu verhaften. Seltsamerweise, so stellte er fest, war der Besuch von Gasthäusern und den zahlreichen Bordellen am »Tag Gottes« gestattet. Zu diesen, Casanova erschreckenden »Eigentümlichkeiten«, kam noch hinzu, daß er nicht die Sprache des Landes beherrschte. In den gehobenen Kreisen allerdings hatte er weniger Probleme, weil dort meist Französisch gesprochen wurde.

Doch nicht alles in England mißfiel ihm. Er schwärmte von der Schönheit der Landschaft und war beeindruckt von der klugen Überlegtheit, mit der die Landwirtschaft betrieben wurde. Die Straßen und Postwagen schienen von weit besserer Qualität als jene in Frankreich und Italien und selbst die fairen Fahrpreise rangen ihm Bewunderung ab. Großen Eindruck machte immer wieder auch der praktische Verstand der Engländer. Bei Überfällen auf Kutschen war es zum Beispiel üblich, prinzipiell zwei Geldbörsen bei sich zu tragen: Eine, die tatsächlich gebraucht wurde, und eine, die schon im voraus kalkuliertes Geld für die Räuber enthielt.

Mit Hilfe eines in London wohnenden italienischen Gelehrten und Schriftstellers namens Martinelli, fand Casanova schnell ein mietbares Haus in der Pall Mall. Dies war eine der vornehmsten Londoner Wohngegenden. Auch ein Koch und anderes Dienstpersonal war schnell gefunden. Die ersten Tage nutzte er damit, Vorstellungsbesuche bei jenen Bankiers zu machen, bei denen er ein Guthaben angelegt hatte.[71] Außerdem besuchte er oft die Börse, verschiedene Theater und aß mittags in Gasthäusern, »um mich langsam an die Sitten der Engländer zu gewöhnen.«

Da eine Geliebte noch nicht in Sicht war, besuchte er auch häufig Londons berühmte Badehäuser. Diese Häuser dienten als Bordelle für die Reichen, in denen man »soupieren und mit geistvollen Freudenmädchen schlafen« konnte. (IX, 186) Aus historischen Quellen wissen wir, wie es in diesen Edelbordellen zuging. Erstaunlicherweise wohnten die Mädchen nicht dort, sondern wurden dem Gast auf Verlangen von ihren jeweiligen Wohnhäusern in Sänften gebracht. Wenn dem Kunden das Mädchen nicht gefiel, wurde es nicht entlohnt, sondern erhielt nur das Fahrtgeld. Gewöhnlich konnten sich die Badehäuser vor Bewerbungen von jungen Mädchen kaum retten. In einer Notiz einer zeitgenössischen Darstellung heißt es: »Die Engländer behalten ihr ernsthaftes Wesen auch bei ihren Vergnügungen bei, daher denn auch die Geschäfte in einem solchen Hause durchaus mit einer Ernsthaftigkeit und Anständigkeit betrieben werden, die man sich kaum vorstellen kann.«[72]

Schnell könnte man den Eindruck gewinnen, Casanova sei nur nach England gekommen, um Land und Leute kennenzulernen und das

71 Zu diesem Zeitpunkt war Casanova recht wohlhabend. Sein Vermögen belief sich auf rund 300.000 Francs.

72 J.W. Archenholtz, England und Italien, Karlsruhe 1787, II, S. 230

Leben zu genießen. Tatsächlich sprach er aber des öfteren von einem Projekt, dem er nachgehen müsse. Vermutlich ging es wieder einmal um eine Lotterie. Doch der zuständige Minister, Lord Egremont, starb noch während Casanovas ergebnislosen Versuchen, empfangen zu werden.

Königin Charlotte

Zog ihn etwas anderes auf die kühle Insel? Hatte Casanova einen Geheimauftrag der Franzosen? Oder wollte er, wie er behauptete, seine kleine »Tochter« Sophie auf den Kontinent holen? Angeblich tat er dies nur deshalb nicht, weil sich Teresa weigerte, sie ihm mitzugeben. Da sich Casanova jedoch noch nie etwas aus seinen zahllosen unehelichen Kindern gemacht hatte, klingt seine Behauptung höchst unglaubwürdig. Bei all seinen Abenteuern und ständigen Reisen hätte er sich wohl kaum um das Kind kümmern können.

Chancen in bezug auf weitere berufliche Pläne konnte eine Audienz am Hofe mit sich bringen; sie kam schließlich durch Vermittlung des französischen Gesandten zustande. König Georg III. sprach zwar nicht mit ihm, doch Königin Charlotte Sophie wechselte einige Sätze mit Casanova. Eine solche Audienz, so belanglos sie gewesen sein mag, stellte für Casanova eine Einführung in die Gesellschaft dar. Schon bald sah man ihn in den höheren Kreisen verkehren.

Zufrieden war Casanova jedoch noch immer nicht: »Das Alleinsein behagte mir nicht.« (IX, 195) Ein kleines erotisches Abenteuer mit einer englischen Adligen mochte ihn da kaum entschädigen: Eines Nachts, nachdem er ein Vergnügungslokal verlassen hatte, konnte er keine Kutsche finden. Eine Lady, deren Namen er uns diskret verschwieg, hatte Erbarmen und nahm ihn mit. Da sie schön war, näherte er sich ihr und gab ihr schon bald den »deutlichsten Beweise der Glut«, die sie ihm eingeflößt hatte. Zwei Wochen später traf er die Schöne zufällig auf einer Festlichkeit wieder und hoffte, die Lady werde ihn der übrigen Gesellschaft vorstellen. Doch sie weigerte sich mit der Begründung, daß sie ihn nicht kenne. »Erinnern Sie sich meiner nicht?« fragte er zurück. Die Lady antwortete: »Ich erinnere mich Ihrer sehr gut, aber ein toller Streich gibt

Ihnen keinen Anspruch auf meine Bekanntschaft.« (IX, 204) Casanova wurde ganz starr bei dieser Antwort, die Lady jedoch blickte ruhig in eine Zeitung und las, als wäre nichts geschehen.

Daß Casanova keine Freundin fand, scheint auch eine Geschmacksfrage gewesen zu sein, denn auch in ästhetischen Belangen schienen die Engländer nicht Casanovas Fall gewesen zu sein: Er hatte »bereits fünfzig Mädchen gesehen, die alle Welt als hübsch bezeichnete und die ich selber nicht einmal leidlich gefunden hatte.«

Als Ausweg aus der Misere kam ihm die Idee, an seinem Haus ein Plakat auszuhängen. Aus seinem Gedächtnis gibt Casanova in den Memoiren den Wortlaut der Anzeige wieder. Sein schwarzer Diener berichtete ihm Tage später, daß diese Anzeige wörtlich in einer Zeitung abgedruckt worden sei. Der unermüdliche Casanova-Forscher J. Rives-Childs wurde in einem Ordner des Britischen Museums fündig. Am 5. Juli 1763 erschien im »Gazetteer and London Daily Aviser« folgende Anzeige:

»Eine kleine Familie, eine alleinstehende Dame oder eine Dame, (...) können ab sofort vornehme (...) Wohnung im 1. Stock beziehen. Alle Annehmlichkeiten sind vorhanden: (...) Auf Wunsch auch Beköstigung. (...) ***Bedingungen sehr günstig, da es sich nicht um eine gewöhnliche Pension handelt und mehr der Gesellschaft als des Profits wegen vermietet wird.*** *Nachfragen bitte bei Mrs. Redaw, Putzmachererin (...).« (Hervorhebung durch den Autor)*[73]

Diese Anzeige ist um einiges intelligenter und raffinierter als jene, die Casanova aus der Erinnerung heraus in den Memoiren dem Leser vorstellt. Ohne Zweifel hatte jene Putzmacherin, Mrs. Redaw, den Auftrag, Familien und alleinstehende Herren abzuweisen. Sie dienten nur als Feigenblatt dieser Annonce, die dann auch einigen Wirbel verursachte. Die Passanten blieben zumeist vor dem Haus in der Pall Mall stehen, um den Text zwei- oder sogar dreimal zu lesen und dann lachend weiterzugehen. Dieser Popularität auf der Straße verdankte der Aushang seinen Abdruck in der Zeitung, denn Casanova selber hatte sich nicht an das Journal gewandt. Dieses Blatt konnte es sich auch nicht verkneifen, eine Glosse hinzuzusetzen: »Er muß ein Mann von Geschmack sein, der sich auf diese Art eine angenehme Gesellschaft erwartet. (...) Zu befürchten ist allerdings, daß der Besitzer der Wohnung angeführt wird; denn es ist leicht möglich, daß irgendein hübsches Mädchen die Wohnung sehr billig mietet, um dort zu schlafen oder gar nur von Zeit zu Zeit dorthin zu gehen. (...) Außerdem könnte dieses hübsche Mädchen (...) sich ganz einfach den Besuch des Hausherrn verbieten.«

Casanova äußerte sich über diesen Kommentar in den Memoiren: »Diese sehr vernünftige Glosse machte mir Spaß und gefiel mir (...).« (IX, 214) Hier zeigt sich, daß Casanova in seltenen Fällen durchaus hu-

73 J. Rives Childs, Casanova – die große Biographie, Frankfurt, Wien, Zürich 1978, S. 191 f.

morvoll reagieren konnte, wenn der Spaß auf seine Kosten gemacht wurde; aber niemals durfte seine Ehre in Frage gestellt werden.

Nachdem die Anzeige in der Zeitung abgedruckt worden war, erschienen eine Anzahl von Mädchen, die ihm jedoch alle nicht gefielen. Sie seien einer »genauen Beschreibung nicht wert«, beschrieb er sie abschätzig. Dann jedoch erschien Pauline, eine junge hübsche Portugiesin, die zudem den Vorzug hatte, Französisch zu sprechen. Bis heute konnten Historiker die wahre Identität von Pauline nicht klären.[74]

Wie immer wuchs seine Liebe im »Verhältnis zu den Schwierigkeiten, die sich meiner Voraussicht nach dem Erfolg entgegenstellen.« (IX, 217) Zunächst bewirkten diese Schwierigkeiten, daß Casanova stark abmagerte und nicht mehr schlafen konnte: »Ich wäre an meiner Sehnsucht zugrunde gegangen, wenn ich sie nicht hätte befriedigen können. Pauline dagegen blühte auf und wurde jeden Tag schöner.« (IX, 253) Schließlich jedoch hatte sie Erbarmen mit ihm. Bis zu ihrer Abreise nach Portugal, wo sie einen Liebhaber hatte, igelte er sich im Haus in der Pall Mall mit ihr ein und empfing keinerlei Besuch mehr. Als er sie zum Abschied nach Calais begleitete, fühlte er sich an die Trennung von Henriette erinnert. Im Vergleich der beiden stellte er jedoch fest, daß »der Eindruck, den Henriette auf mich machte, doch der tiefere war, ohne Zweifel nur deshalb, weil ich damals erst zweiundzwanzig Jahre alt war und mein Herz weit empfänglicher«. (IX, 264) Tatsächlich jedoch war Casanova damals, als er Henriette kennenlernte, fünfundzwanzig Jahre alt gewesen. Man wird den Eindruck nicht los, daß die von Casanova so oft beschriebene »Glut« sich abzukühlen begann.

Nach der Abreise klagte er, wie eigentlich nach jedem heftigen Liebesabenteuer, daß er nach dieser Frau keine andere mehr lieben könne. Ein Bekannter entgegnete ihm: »Ach, spätestens in acht Tagen lieben Sie eine andere, vielleicht morgen schon (...).« (IX, 272) Genau wie nach dem Abschied von Henriette landete er auch diesmal in den Armen einer Prostituierten. Sie war eine 17jährige Schweizerin, die sich Charpillon nannte. Der Tag, an dem er sie Anfang September 1763 in London traf, »wurde für mich zum Verhängnis, mein Sterben begann, ich hörte auf, zu leben«. Die jetzt von Casanova erzählte Geschichte wurde zur Vorlage für zahlreiche Bücher und Filme, zum Beispiel Luis Bunuels filmisches Kunstwerk »Dieses obskure Objekt der Begierde«.

---

74 Die von Casanova berichtete äußerst romantische Lebensgeschichte Paulines ist oft als erfunden abgetan worden.

Die kleine Hure Charpillon war eine der begehrtesten Schönheiten Londons: Ihre Haare waren kastanienbraun, die Augen blau, die Haut blendendweiß, die Brüste vollkommen, die Hände länglich, weich und zart, die »Füße waren niedlich und der Gang sicher und stolz.« Nicht der geringste körperliche Makel war an ihr zu entdecken und ihr sanftes Gesicht trug einen Ausdruck von Würde und Zartgefühl. »Leider«, so beteuerte Casanova, »hatte die Natur gelogen.«

Nachdem er sie in Gesellschaft zum ersten Male getroffen hatte, spürte er sofort, daß etwas Außerordentliches mit ihm geschehen war. Er fühlte sich wie betäubt. »Ein sinnlicher Mensch wie ich, der in das weibliche Geschlecht leidenschaftlich verliebt war, hätte fröhlich sein müssen, die Bekanntschaft einer seltenen Schönheit gemacht zu haben, die er zur vollständigen Befriedigung seiner Wünsche zu besitzen hoffen durfte.« (IX, 291) Doch dem war nicht so. »Gebieterisch« sah er vor seinem inneren Augen das Bild der Schönen. Selbst die Vorstellung von Pauline verblaßte sofort. Unsichtbar hatte die Charpillon sogleich alle Macht über Casanova gewonnen. Schon bei der ersten Begegnung nahm die Charpillon kein Blatt vor den Mund. Als sie auf die Anzeige zu sprechen kamen, durch die Casanova Pauline kennengelernt hatte, sagte sie: »Ich hätte Sie in mich verliebt gemacht und Sie dann entsetzliche Qualen erdulden lassen. Oh, hätte ich gelacht.« (IX, 290)

Casanova hätte wirklich gewarnt sein müssen. Einer seiner englischen Freunde, Lord Pembroke, hatte ihm erzählt, wie ihn die Nutte um einen Geldbetrag geprellt hatte, ohne ihm zu Diensten gewesen zu sein. Der Lord nannte sie eine Hexe, die alles versuchen würde, um Casanova vorzuführen. Die Begegnung mit der Familie Brunner, denn so hieß die Schweizerin eigentlich, hatte Casanova schon vor vielen Jahren auf dem Kontinent gemacht. Die Mutter hatte ihn bei einem Schmuckverkauf um 6000 Francs betrogen. Den nicht gedeckten Wechsel über diese Summe besaß Casanova noch immer. In London bestand der Brunner-Clan aus Tochter, Mutter, Großmutter, zwei Tanten und drei zwielichtigen Zuhältern. Wie die Motte auf das Licht, stürzte sich Casanova erneut in die Kreise von Prostitution und Falschspielerei.

Bei einem ersten Abendessen in seinem Haus entzog sich die Charpillon standhaft seinen liebkosenden Händen. Wenn er ihr nahe kam, um sie zu küssen, wand sie sich kraftvoll aus seinen Armen und lief ins Nachbarzimmer zu einer ihrer Tanten. Diesen Anfang fand Casanova noch ganz normal. Fest nahm er sich vor, die hundert Guineen, die sie für eine Tante forderte, nicht ohne Gegenleistung zu geben. Nur zu deutlich hatte er gemerkt, daß er geprellt werden sollte. Er beschloß daher, auf die Charpillon zu verzichten.

Nach drei Wochen jedoch trat die Lieblingstante der Charpillon bei Casanova ein. Die ganze Familie wäre traurig darüber, daß er sich nicht mehr sehen lasse, heuchelte sie. Gerade sie selber, die Tante, würde sich besonders freuen, weil sie mit den hundert Guineen Lebensbalsam[75] herstellen wollte. Die Nichte, so versicherte die Alte, würde ihn aufs Tiefste lieben und nur auf ihn warten. Dieses abgekartete Spiel durchblickte der arme Teufel nicht.

Giacomo Casanova de Seignalt

Unverzüglich folgte er der Tante zu deren Haus. Die kleine Hure lag nackt in der Badewanne, »in der verführerischsten Stellung, die die Liebe sich nur vorstellen kann.« Sobald sie Casanova erblickte, stieß sie einen Schrei aus und rief mit gespieltem Zorn, er solle unverzüglich gehen. Er gehorchte und traf an der Haustür die Tante wieder, die ihn fragte, ob er zufrieden gewesen sei. Wütend gab er ihr eine Banknote im Wert von hundert Guineen, weil er nicht die Kraft besaß, ohne Bezahlung zu gehen, wie er es eigentlich hätte tun müssen. Die erfahrene Kupplerin hatte die Schwäche seines Charakters sogleich begriffen. Sie ahnte, daß hier noch mehr zu holen sein würde.

Wie demütigend muß all das für einen Mann gewesen sein, der doch sonst bei den Frauen die glänzendsten Erfolge zu feiern gewohnt war. Doch wir sind erst am Anfang dieser unseligen Geschichte. Zunächst war Casanova sicher, daß er endgültig von dem kleinen Biest geheilt war. Zufällig traf er sie jedoch nach einer Woche wieder. Mit einer Sirenenstimme warf sie ihm sein schlechtes Betragen vor und lud ihn zu einer Tasse Tee ein. Schließlich aßen sie zusammen in einer Gaststätte. Sie wolle ganz und gar ihm gehören, log sie ihm vor, wenn er sie jeden Tag zu Hause besuche. Da sie sich jedoch weiterhin Casanovas Annäherungen entzog, beschloß er erneut, ihr aus dem Weg zu gehen.

Einer der drei zwielichtigen Männer, die bei der Familie Brunner aus- und eingingen, der Schriftsteller Goudar, stattete Casanova eines Tages einen Besuch ab und beglückwünschte ihn, daß er die Charpillon jetzt konsequent meide. Wäre er noch weiter hingegangen, hätte ihn die Kleine

75 Mit dem Verkauf dieses quacksalberischen Mittels hoffte sie, viel Geld zu machen.

schließlich zum Bettler gemacht. Sie würde sich damit brüsten, ihm für hundert Guineen noch nicht einmal einen Kuß gegeben zu haben. Außerdem erzählte Goudar von den tollen Streichen der Familie Brunner und gab ihm den Rat, die kleine Prostituierte niemals im voraus zu bezahlen.

Casanova bestellte daraufhin bei der Mutter eine Nacht mit der Charpillon und gab an, er würde erst danach bezahlen. Zu seinem Staunen erschien die Charpillon am nächsten Morgen an seiner Türe und sagte, sie fühle sich beleidigt. Casanova war irritiert. Die Kleine fuhr fort: »Ich habe Ihnen doch gesagt, daß Sie mich niemals besitzen werden, weder durch Gewalt noch durch Geld, sondern nur, wenn Sie mich durch Ihr Verhalten in Sie verliebt machen.« (IX, 306) Bitter beklagte sie sich darüber, daß er sie wie ein Freudenmädchen behandle und nicht das geringste Gefühl zeige. »Ich kann immer noch nicht begreifen, daß ein Mann wie Sie sich damit begnügen kann, wenn ein Mädchen, das er liebt, sich ihm nur aus Gefälligkeit hingibt. Finden Sie das nicht demütigend für beide Teile?« (IX, 307)

Wie Madame F. aus Solothurn und die schöne Büßerin aus Lodi war auch die Charpillon eine Schatten-Begegnung, die Casanovas Umgang mit Frauen als ein Geschäft Ware gegen Ware ans Licht brachte. Wie einen Schuljungen wies sie ihn zurecht: »Behalten Sie Ihr Geld, das ich verachte! Wenn Sie mich lieben, so erobern Sie mich wie ein verständiger Liebhaber, aber nicht wie ein Rohling. Ich werde Ihnen entgegenkommen; denn Sie können jetzt an meiner Liebe nicht mehr zweifeln.« Man sollte nicht glauben, daß sich diese Worte an Europas »berühmtesten Verführer« richteten!

Diese Ansprache verfehlte ihre Wirkung nicht, denn sie hatte Casanova an seinem wunden Punkt getroffen. Brav versprach er, sie regelmäßig zu besuchen und ihr in den nächsten zwei Wochen den Hof zu machen. Jeden Tag besuchte er sie nun und machte ihr Geschenke, die ihn ein Vermögen kosteten. Dabei wagte er noch nicht einmal, ihr einen Handkuß zu geben. Nachdem die zwei Wochen vorüber waren, legte er sich zum ersten Mal »liebesglühend« neben sie ins Bett. Doch wieder kam es anders als erhofft. Die Schöne preßte ihr Kinn an die Brust, kreuzte die Arme und ließ sich nicht anrühren.

In einer solchen Lage, so lesen wir in den Memoiren, »kippt die Liebe leicht in Wut um«. Handelt es sich hier wirklich um Liebe, fragt man sich. Casanova packte die Kleine jedenfalls sehr unsanft und stieß sie wie einen Sack hin und her. Als er sah, daß auch die brutalste Gewalt nichts bewirkte, ließ er schließlich nach drei Stunden von ihr ab. Nur ein einziges Mal, veränderte sie ihre körperliche Lage etwas, »um das zu verhindern, was mich gerächt hätte«. Hier erscheint der körperliche Akt erniedrigt zum bloßen Instrument der Rache!

Fluchtartig verließ Casanova das Zimmer der Charpillon und eilte nach Hause. Er wurde krank und blieb mehrere Tage im Bett. Wieder einmal war er sich sicher, daß er von seiner Leidenschaft für dieses Wesen nun geheilt sei. Unter der eingehenden Post befand sich jedoch ein Brief der Mutter Brunner. Die Tochter liege mit Fieber im Bett, und ihr Körper sei übersät von Blutergüssen. Man denke an eine gerichtliche Klage. Am selben Tag erschien auch Goudar und bestätigte die Geschichte mit den Blutergüssen, doch krank sei die Charpillon nicht. Geschlafen habe sie mit ihm deshalb nicht, weil sie zuvor der Mutter habe schwören müssen, es nicht zu tun. Am meisten Entrüstung herrsche im Hause aber darüber, daß er gegangen sei, ohne zu zahlen.

Um all dem Übel endlich ein Ende zu machen, bat Goudar in einer Stunde wiederkommen zu dürfen, um ihm etwas zu zeigen. Als er zurückkehrte, hatte er Lastenträger bei sich, die einen Lehnstuhl auspackten. Goudar fragte Casanova, ob er den Stuhl kaufen wolle. Dieser verstand nicht, weshalb er für ein unbedeutendes Möbelstück hundert Guineen zahlen sollte. Goudar erklärte daraufhin, daß der Stuhl fünf Federn besitze, die sich gleichzeitig lösten, sobald sich ein Mensch hineinsetze. Arme, Beine und Knie wurden so umgriffen, daß die Schenkel weit gespreizt waren. Die gefangene Person konnte nur auf dem Steißbein sitzen. Goudar setzte sich in den Stuhl, um dessen Technik an sich zu demonstrieren. Casanova war amüsiert. Doch auf diese Art und Weise wollte er die Charpillon nun doch nicht erobern. Berichte von Kulturhistorikern verweisen auf Zeugnisse des 18. Jahrhunderts, die die Existenz solcher Stühle bestätigen.

Nach zwei Wochen erschien eines Morgens die Charpillon bei Casanova und lud sich zum Frühstück ein. Sie zog sich halb nackt aus, um ihm die immer noch sichtbaren blauen Flecken zu zeigen. Als sie seine wachsende Gier bemerkte, bedeckte sie sich sofort wieder. Es sei alles ihre eigene Schuld, sagte sie zu Casanovas Überraschung. Nie hätte sie ihrer Mutter schwören dürfen, nicht mit ihm zu schlafen. Unter Tränen bat sie ihn, er möchte ihr ein Haus mieten und sie für eine gewisse monatliche Summe zu seiner Geliebten nehmen.

Tatsächlich wurde dann mit der Mutter ein Vertrag aufgesetzt, den auch die Tochter unterzeichnete. Die Charpillon packte ihre Sachen und bezog ein Haus, das ihr Casanova in Chelsea mietete. Endlich rückte der entscheidende Moment näher: Wieder lagen sie zu zweit im Bett. In Casanovas bezeichnenden militanten Sprache lesen wir: »(...) Als ich aber zum Hauptangriff schritt, fand ich einen Widerstand, den ich nicht erwartet hatte.« (IX, 319) Das kleine Biest schützte vor, ihre Menstruation zu haben. Nach dem Erwachen am nächsten Morgen hob er ihr Hemd und sah, daß er wieder »angeführt« worden war. Erneut kam es zu einer Auseinandersetzung, die mit Ohrfeigen und Fußtritten endete. Casanova fuhr zurück in sein Haus und fand sein Verhalten vor sich selbst unwürdig.

Als er am nächsten Tag ausgehen wollte, erschien wieder Goudar. Er berichtete, die Charpillon habe eine stark geschwollene Wange, und man plane, ihn der Päderastie anzuklagen, wenn er nicht alle Ansprüche gegen die Mutter fallen lassen würde. Da es in England ein leichtes war, gegen Geld Zeugen zu kaufen, konnte das seinen Tod bedeuten. Die Knabenliebe war unter Androhung der Todesstrafe verboten. Auch die damals in London unter Männern verbreitete Sodomie wurde mit dem Galgen bestraft.[76]

Abend für Abend pilgerte Casanova in das dunkle Haus der Brunners und brütete schweigend vor sich hin, während die Charpillon stumm an einer Näharbeit saß. Zur Wiedergutmachung kaufte er ihr einen kostbaren Wandspiegel und Geschirr aus Meißner Porzellan und schickte ihr einen Liebesbrief. In ihrer schriftlichen Antwort lud sie ihn mit vielversprechenden Worten zu einem gemeinsamen Abendessen in ihr Zimmer ein. Im Liebestaumel schenkte er ihr den schon erwähnten alten Wechsel über 6000 Francs, der ihm das Recht gab, Mutter und Tante hinter Schloß und Riegel bringen zu lassen. Im Bett jedoch wiederholte sich die bekannte Szene. Beharrlich sträubte sie sich gegen sein Begehren. Er fragte, ob sie ihr Verhalten ändern würde, wenn er sich ruhig neben sie lege. Kurz und trocken lautete die Antwort: »Nein.« Casanova versteinerte; er nahm Hut und Mantel, um nach Hause zu gehen. »Wie«, rief die Unverschämte, »Sie wollen nicht die Nacht mit mir verbringen?« (IX, 323) Casanova antworte, »nein«, und ging.

Am nächsten Morgen erschien die Charpillon an seiner Haustür. Casanova ließ eine Flut von wüsten Beschimpfungen auf sie niederprasseln, denn »meine Natur bedurfte dieses Ausbruchs«. Sie sei gekommen, um sich ihm rückhaltlos sofort hinzugeben. Casanova ging nicht darauf ein. Diese Femme fatale wußte ganz genau, daß sein verletzter Stolz es nicht zulassen würde, sie in diesem Moment beim Wort zu nehmen. »Dieses Wissen«, so belehrte uns Casanova, »das bei dir und bei mir, lieber Leser, ein Kind der Philosophie ist, war bei dieser Kokotte angeboren.« (IX, 324)

In der Folgezeit versuchte er, den Wechsel zurückzuerlangen. Er beschimpfte sie und hielt ihr die Unzahl von Männern vor, mit denen sie schon im Bett gewesen war. Ausgerechnet er! Als er sie wenig später in einem Park traf, legten sie sich ins Gebüsch und die Schöne versprach, er könne sie jetzt haben. Als sie sich dann erneut weigerte, setzte er ihr ein kleines Messer an die Kehle und drohte ihr mit dem Tod, wenn sie sich jetzt nicht ergebe. »Machen Sie nur, was Sie wollen«, sagte sie in ruhigstem Ton. Casanova stand auf und ordnete seine Kleider. Als wäre nichts gewesen, eilte sie ihm nach und hängte sich in seinem Arm ein. Resignierend stellte er fest: »Ihrem Gesicht haftete etwas Wunderbares an, dem ich nicht widerstehen konnte.« (IX, 330)

76 London Journal vom 23. und 30. April 1725. Der Begriff »Sodomie« wurde auch für die homosexuelle Liebe benutzt.

Bei einem abermaligen Besuch ertappte er sie in flagranti mit einem Liebhaber. Casanova prügelte auf ihn ein und sorgte für viel Aufruhr. Die drei alten Frauen gingen wie Furien auf ihn los, und Casanova zertrümmerte all die kostbaren Geschenke, die er der Charpillon im Laufe der letzten Wochen gemacht hatte. Nachdem er noch einige Stühle zu Kleinholz geschlagen hatte, forderte er von der Mutter den Wechsel zurück. In diesem Tumult kam eine Magd herein und meldete, die Charpillon sei in die dunkle Nacht Londons geflohen. Die Megären fingen sofort zu weinen und zu jammern an. Auch Casanova schauderte bei der Vorstellung, daß das kleine Mädchen verängstigt durch das nicht ungefährliche nächtliche London irrte. Der Gedanke, all das könnte nur ein Ablenkungsmanöver gewesen sein, kam ihm natürlich nicht. Er war sogar so einfältig, sich bei den Frauen zu entschuldigen, auf den Wechsel feierlich zu verzichten und finanzielle Wiedergutmachung für alles Zerschlagene zu versprechen.

Um acht Uhr morgens klopfte einer der Dienerinnen der Familie Brunner an Casanovas Tür und meldete, die Charpillon sei in einem äußerst kläglichen Zustand gefunden worden. Als er in das Brunnersche Haus eilte, ließ man ihn nicht zu ihr vor, da sie im Fieberdelirium liege und fortwährend schreie, daß Casanova sie töten wolle. Bestürzt ging er wieder nach Hause und mußte Galle erbrechen. Der Gedanke, belogen worden zu sein, kam ihm nicht. Am nächsten Tag steigerte sich das Schauspiel noch. Man sagte ihm, das arme Kind liege in Krämpfen und werde möglicherweise in den nächsten vierundzwanzig Stunden sterben. Casanvoa eilte heim und beschloß, sich umzubringen. Er machte sein Testament, packte Bleikugeln in die Taschen und ging zur Towerbridge, um sich zu ertränken. Er war sich sicher, ein Weiterleben würde ihn jeden Tag mit Höllenqualen an den Tod dieses »unschuldigen Kindes« erinnern, »das nur für die Liebe geboren war«.

Wenn wir Casanovas Erzählung vertrauen, so verdankte er sein Leben einem glücklichen Zufall. Der junge Sir Agar traf ihn auf dem Weg zur Brücke und überredete ihn, erschreckt über dessen trostlosen Zustand, den Tag mit ihm zu verbringen. Da es Casanova auf einen Tag mehr oder weniger nicht ankam, schloß er sich ihm an. Sie landeten schließlich in dem Vergnügungslokal »Ranelagh House«. Was er dort erlebte, hat ihn dann tatsächlich von seiner Besessenheit für die Charpillon geheilt. Sie tanzte dort nämlich genau vor seiner Nase. Da er sie aber für tot oder sterbend hielt, war er zunächst von der unglaublichen Ähnlichkeit der Tänzerin mit seiner Angebeteten fasziniert, bis es ihm endlich dämmerte. Die Charpillon bemerkte ihn nicht, denn sie war ganz von ihrem Tanzpartner gefangengenommen. Erst als Casanova auf sie zutrat, als wolle er sie zum Tanzen auffordern, lief sie fort. Casanova zitterte am ganzen Leibe und wurde fast ohnmächtig. Anschließend fühlte er ein tiefes Schamgefühl, aus dem er schloß, nun geheilt zu sein.

Wie befreit von einer Zentnerlast erzählte er Sir Agar die ganze Geschichte. Von seinem Zuspruch ermutigt, beschloß er, die Mutter und die Tanten verhaften zu lassen und den Wechsel einzufordern. Am nächsten Tag begleitete er den Konstabler zu dem Haus in der Denmark Street und zeigte ihm die zu verhaftenden Personen. Als der Stab[77] sie berührte, »kostete ich die ganze Wonne der Rache«, heißt es in den Memoiren. Der Haß, mit dem er die drei Betrügerinnen festnehmen ließ und sein Erschrecken beim Anblick der Tochter bewiesen ihm jedoch schnell, daß er innerlich noch nicht frei war.

In den nächsten Tagen geschah zunächst nichts. Casanova nahm teil an der Hochzeit des Erbprinzen von Braunschweig, die im Hause von Madame Cornelys gefeiert wurde. Bei dieser Gelegenheit gibt uns Casanova eine Belehrung über die Mode. Eine Lady Grafton hatte es gewagt, mit einer ganz und gar ungehörigen Frisur zu erscheinen: Sie hatte ihr Haar nicht gepudert und ließ es bis zur Mitte der Stirn ins Gesicht gekämmt. Die Damen der Gesellschaft zerrissen sich die Mäuler darüber, doch sechs Monate später wurde die Frisur à la Grafton allgemein übernommen und verbreitete sich in ganz Europa. Jahrzehnte später, als Casanova diese Episode an seinem Schreibtisch im böhmischen Dux schrieb, äußerte er sich erstaunt, daß diese Mode noch immer anhielt, obgleich sie bei ihrer Entstehung lächerlich gemacht worden war. Sein Fazit: »Bei allem Ausgefallenen sollte man sich nie auf das erste Urteil verlassen.« (IX, 349) Auch gute Theaterstücke seien oft bei der Premiere durchgefallen.

Als Casanova das prachtvolle Fest verließ, wurde er verhaftet. Sich keiner Schuld bewußt, blieb er gelassen. Man brachte ihn vor den Richter John Fielding, den Casanova fälschlicherweise für den berühmten Schriftsteller Henry Fielding hielt. Der sich entspinnende Dialog ist ein schönes Beispiel für die trockene Art der Briten. Das Gespräch wurde übrigens auf Italienisch geführt, da der Richter über entsprechende Sprachkenntnisse verfügte:

»›Signor di Casanova (...), Sie sind zu lebenslänglicher Haft in den Gefängnissen Seiner Majestät von Großbritannien verurteilt.‹

›Signore, ich bin neugierig zu erfahren, wegen welchen Verbrechens ich verurteilt bin. Würden Sie wohl die Güte haben, es mir zu nennen?‹

›Ihre Neugier ist berechtigt, Herr Venezianer. (...) Sie sind angeklagt – und die Anklage wird durch zwei Zeugen unterstützt – daß sie das Gesicht eines hübschen Mädchens entstellen wollten. Dieses junge Mädchen verlangt nun von der Justiz Schutz gegen solche Schmach, und die Justiz findet kein besseres Mittel, als Sie zu Gefängnis zu verurteilen. (...)‹

77 Wenn ein Konstabler eine Person mit seinem Stab berührte, mußte ihm diese ohne Widerspruch folgen. Wenn Widerstand geleistet wurde, waren die anwesenden Bürger verpflichtet, dem Konstabler Hilfe zu leisten.

›Signore, die Anschuldigung ist durchaus verleumderisch; das beschwöre ich. (...) Und ich glaube dafür bürgen zu können, daß solche Lust mir niemals kommen wird.‹ (...)

›Nun, dann wünsche ich Ihnen Glück. Sie können in Ihrem Haus zu Mittag speisen, aber Sie müssen zwei Bürgen stellen; zwei Hausbesitzer müssen uns dafür bürgen, daß Sie niemals ein solches Verbrechen begehen werden.‹« (IX, 352)

Die Bürgen waren schnell gefunden. Es waren Casanovas Weinhändler und sein Schneider.[78] Die Kosten der Verhandlung wurden der Charpillon aufgebürdet, die sich gehörig darüber ärgerte. Zu ihren Lasten ging auch ein Scherz, den sich Casanova erlaubte. Er kaufte einen Papagei und brachte ihm den Satz bei: »Miss Charpillon ist eine noch größere Hure als ihre Mutter.« Für fünfzig Guineen wollte Casanova nun den Papagei auf dem Markt verkaufen. Schnell lachte ganz London über diesen Spaß, doch zum Leidwesen der Mutter Brunner gab es kein englisches Gesetz, das Verleumdungen ahndete, die von einem Tier ausgingen. Goudar riet jedoch Casanova, er solle sich nicht rühmen, daß der Papagei den Spruch von ihm gelernt habe. Es bedurfte nämlich nur zweier Zeugen, um ihn zugrunde zu richten. Wie schon erwähnt, waren Zeugen leicht zu kaufen. Casanova berichtete, daß er in Fenstern der Hauptstadt Zettel mit dem Wort »Zeuge« gesehen habe!

---

78 Diese Angaben aus den Memoiren hat der Historiker J. Rives Childs kürzlich bestätigen können. Nach den Akten des Gerichtes von Clerkenwell haben am 27.11.1763 der Weinhändler Lewis Chateauneu und der Schneider John Pagus die Bürgschaft übernommen.

Casanovas Frustration über das Abenteuer mit der Charpillon mußten Unschuldige ausbaden. Er lernte eine adlige Witwe aus Hannover mit ihren fünf Kindern kennen, die in London Ansprüche auf eine Kriegsentschädigung geltend machen wollte. Sie befanden sich in höchster materieller Not, denn der Wirt drohte die Frau ins Gefängnis werfen zu lassen, wenn sie ihm nicht sofort zwanzig Guineen gebe. Casanova war skrupellos genug, die Situation auszunutzen und schlüpfte in die Rolle der Charpillon.

Er schlug der Witwe vor, daß sie für jede ihrer Töchter pro Nacht zwanzig Guineen erhalten sollte – ganz egal welche. Die Gräfin fragte erstaunt, ob Casanova denn kein Mitleid habe, worauf er entgegnete:

»›Sehr, aber ich wehre mich dagegen, weil Ihre Töchter hübsch sind.‹
›Soll das ein Grund sein?‹
›In meinen Augen ein sehr triftiger. Man könnte sagen, ich hätte mich von Ihnen anführen lassen. Wären Ihre Töchter häßlich, würde ich Ihnen gern zwanzig Guineen geben, und man würde mich loben; weil sie aber hübsch sind, will ich eine von ihnen für diese Nacht zur Verfügung (...).‹« (X, 13)

Und später lesen wir: »Sie sind recht boshaft«, sagte die Gräfin. »Sehr boshaft«, erwiderte Casanova, »glauben Sie mir, Sie haben eine sehr garstige Bekanntschaft gemacht.« (X, 15) »Die Charpillon«, so schrieb Casanova, sollte die letzte gewesen sein, »die mich überlistet hat.« Zweifellos mußten nun Unschuldige für seine schlimmen Erfahrungen bezahlen.

Zunächst hielt Casanova die Familie einen Tag lang ohne Gegenleistung aus. Mit »wahrer Lust« sah er zu, »mit welchem Wolfshunger die Kinder aßen.« Am nächsten Morgen besuchte er die Familie und registrierte vergnügt: »Die drei Jüngsten stürzten auf mich zu wie junge Hunde, die ihren Herrn begrüßen, wenn er nach Hause kommt.« Welche Einblicke in seine Psyche offenbart uns Casanova mit solchen Sätzen!

Die älteste Tochter opferte sich als erste, wenn auch zunächst sträubend. Casanova fühlte sich beleidigt. Mit welchem Recht, so fragt man sich. Als sie sich schließlich willenlos ergab, klagte er sie an: »Morgen früh werden sie alle mein Haus verlassen, denn ich bin unzufrieden mit Ihnen. Sie haben sich erniedrigt, indem sie sich prostituieren, anstatt sich der Liebe hinzugeben. Ich schäme mich für sie.« (X, 19) Seine Worte entsprechen genau dem Verhalten, das die Charpillon ihm vorgeworfen hatte!

Die anderen vier Töchter ergaben sich ihm in der Folge williger[79]: »Die fünf Mädchen waren gleichsam fünf leckere Gerichte, die ein Feinschmecker, sich nach und nach leistet.« (X, 22) Nicht im mindesten sah Casanova in den Kindern Menschen, die ein Recht auf ihre Würde hatten. Im 18. Jahrhundert wäre eine solche Einstellung allerdings auch eine Ausnahme gewesen. Die Ware galt es zu genießen – und dennoch sollten ihn die Opfer lieben! Wie trostlos muß es in Casanovas Seele zu diesem Zeitpunkt ausgesehen haben!

Eine kleine Episode, die Casanova später in Polen erlebte, verdeutlicht einmal mehr den prostituierenden Zug des 18. Jahrhunderts. Im Schloß eines Grafen wurde Casanova von einem hübschen Bauernmädchen bedient. Casanova versuchte, sich dem Mädchen anzunähern, doch sie lief schreiend weg.

Daraufhin erschien der Hausmeister und fragte seelenruhig: »Warum gehen Sie nicht den geraden Weg?« Wer nun denkt, der gerade Weg sei ein Heiratsantrag, der täuscht sich. Der Hausmeister meinte damit, Casanova solle zum Vater des Mädchens gehen und fragen, »ob er Ihnen die Jungfernschaft seiner Tochter verkaufen will«. (X, 211) Die Moral zu jener Zeit war natürlich auch geprägt durch die herrschende Not in weiten Teilen der Bevölkerung und Casanova, wie auch viele seiner Zeitgenossen, nutzte dies aus.

Nachdem die Familie abgereist war, hielt es auch ihn nicht länger in England. Er plante eine Reise nach Lissabon. Wollte er Pauline wiedersehen? Er verrät es dem Leser nicht. Casanovas Situation jedenfalls war trostlos. Sein Vermögen war deutlich geschrumpft, und zudem plagte ihn eine Geschlechtskrankheit. Außerdem fiel er einem gerissenen Spieler zum Opfer, der ihm einen gefälschten Wechsel überließ. Da er versucht hatte, diesen Wechsel bei einer Bank einzulösen, war er mit dem Tode bedroht. Mit solchen Dingen verstanden die Engländer keinen Spaß. Es blieb nur die Flucht. Zur gleichen Zeit meldete sich bei Casanova ein in Bedrängnis geratener junger Mann namens Daturi, der vorgab, einer von Casanovas zahlreichen Kindern zu sein. Er half ihm, so gut er konnte.

Mit der Flucht aus England begann Casanovas gesellschaftlicher Abstieg, auch wenn ihm noch einige glänzende Auftritte beschert waren. Materiell jedenfalls sollte er niemals wieder so gut gestellt sein, wie er es in den zurückliegenden Jahren zumeist war. Als er im März 1764 in Calais ankam, brach er zusammen. Die Geschlechtskrankheit[80] war mit Eiterbeulen intensiv zum Ausbruch gekommen. Längere Zeit lag er nur im Bett und ließ sich von einem Arzt betreuen. Er reiste weiter nach Dünkirchen und schon wieder wurde ihm ein Sohn vorgestellt: »Ich lachte in-

79 Bei der Witwe handelt es sich um eine Gräfin Schwicheldt. Tatsächlich hatte sie keine fünf Töchter, wie Casanova behauptet, sondern zwei Jungen und drei Töchter. Offensichtlich war Casanova bemüht, die Identität der Familie zu schützen.

80 Die Symptome deuten auf den Weichen Schanker.

nerlich darüber, daß ich so Kinder von mir über ganz Europa verstreut fand.« (X, 44)

Wie eine Insel während dieser aufwühlenden Zeit muß Casanova der Aufenthalt in Wolfenbüttel vorgekommen sein. Hier befand sich die damals drittgrößte Bibliothek Europas, und hier versank er im Juni acht Tage lang in Büchern. Er bereitete seine Übersetzung von Homers Ilias vor. Ein zeitgenössischer Forscher, Joseph Freiherr von Linden, rühmte dieses später tatsächlich erschienene Werk als »vortrefflich gelungen«. Die Bibliothek verließ Casanova nur zum Essen und Schlafen. Er schrieb, daß er dort vollkommen glücklich lebte und weder an die Vergangenheit noch an die Zukunft dachte. Auch die Gegenwart entzog sich ihm, denn »mein Geist, der sich vollständig in die Arbeit versenkt hatte, konnte (...) (sie) nicht bemerken. Nur einige ganz unbedeutende Umstände hätten zusammenwirken brauchen, damit ich in dieser Welt ein wahrer Weiser gewesen wäre, denn die Tugend hat für mich immer viel mehr Reize gehabt als das Laster (...).« (X, 62)

Gerade nach den zurückliegenden Erlebnissen in England, wird man sich über den letzten Satz wundern. Allerdings muß man Casanova zugute halten, daß er diese Worte als alter Mann in Dux äußerte. Eine Tugend wird man Casanova auf alle Fälle zubilligen müssen: Wahrhaftigkeit. Er hat in seinen Memoiren nicht nur jene Erlebnisse dargestellt, die ihn in einem günstigen Licht erscheinen lassen, sondern auch jene, die ihn äußerst unvorteilhaft präsentieren. Welche Memoiren können dies tatsächlich von sich behaupten?

BEGEGNUNGEN MIT FRIEDRICH II. UND ZARIN KATHARINA II.

Von Wolfenbüttel aus fuhr Casanova nach Berlin. Im Stillen spekulierte er auf eine Anstellung in den Diensten des Königs. Von Lord Keith, einem mit dem König befreundeten Engländer, erhoffte er sich eine Empfehlung für eine Audienz bei Friedrich II.. Keith aber riet ihm, dem König einfach einen Brief zu schreiben. Casanova blickte sehr verwundert und bezweifelte, je eine Antwort zu bekommen. Doch der Lord erzählte, Friedrich II. antworte jedermann, der ihm schreibe.

Casanova schrieb dem Monarchen einen einfachen, aber ehrfurchtsvollen Brief und wurde daraufhin in die Gärten von Sanssouci bestellt. Er war etwas zu früh in der Zeit und suchte den König, weil er befürchtete, vergessen worden zu sein. Ein Diener klärte ihn schließlich auf, daß der König noch Flöte spiele, aber ohne Zweifel pünktlich zu seiner Verabredung kommen würde. »Der König vergißt nie etwas«, wurde ihm erklärt.

In der Tat erschien der König pünktlich, nahm mit kecker Miene seinen alten Hut ab und fragte in barschem Ton, was Casanova von ihm wolle. Von dieser Begrüßung war der Angesprochene ziemlich verunsichert: »Ich sah ihn nur an, ohne ihm zu antworten.« »Nun sprechen Sie doch! Haben Sie mir denn nicht geschrieben?« (X, 76) drängte ihn der Monarch. Casanova stotterte sich etwas zusammen, und sie begannen ihren Spaziergang. Der König fragte ihn, was er vom Park halte, und Casanova äußerte sich ausweichend. Als Friedrich klagte, daß er dreihunderttausend Taler erfolglos ausgegeben habe, um Wasser für Wasserspiele zu bekommen, entgegnete Casanova, als hätte er Ahnung davon: »Wenn Eure Majestät die ganze Summe auf einmal ausgegeben hätte, müßte Wasser da sein!« »Ah, ich sehe, Sie haben sich mit dem Wasserbau befaßt.« (X, 77) Casanova schwieg: »Hätte ich ihm sagen sollen, daß er sich täuscht? Ich fürchtete, ihm zu mißfallen, und senkte nur den Kopf.«

Alsbald kamen sie über die Größe der venezianischen Landtruppen zu sprechen. Es seien siebzigtausend Mann, berichtete Casanova, doch der König widersprach: »Das ist nicht wahr. Sie wollen mich wohl zum Lachen bringen, indem Sie mir derartige Fabeln erzählen. Aber Sie sind sicherlich Finanzmann.«

Nach Casanovas Angaben war es typisch für Friedrich II., daß er, sobald eine Mißhelligkeit im Gespräch auftauchte, das Thema wechselte. Eine Weile sprachen die beiden nun über das Steuerwesen und die Lotterie. Auf diesem Gebiet war Casanova nun tatsächlich durch seine Pariser Erfahrungen ein Fachmann. (Über die wirtschaftliche Lage Preußens sollte er sich später in Artikeln äußern.) Auch dieser Dialog endete in einer Mißstimmung. Schließlich sagte der König jenen berühmten Satz, der manchen Casanova-Biographien gern als Motto vorangestellt wird: »Wissen Sie, Sie sind ein schöner Mann!«

Es ist jedoch zweifelhaft, ob sich dieser Spruch auf Ästhetisches bezog. Friedrich II. war verliebt in das Militär, und Casanova hatte mit seiner Körpergröße von knapp 1,90 Meter und seiner Statur genau die richtige Figur für die Garde! Casanovas Antwort geht dann auch in diese Richtung: »Ist es möglich, daß Eure Majestät nach einer langen wissenschaftlichen Unterhaltung an mir den geringsten der Vorzüge bemerken können, durch die ihre Grenadiere sich auszeichnen?« (X, 79) Der König konnte ein feines Lächeln nicht unterdrücken. Er nahm wieder seinen Hut ab und meinte, er werde mit dem Lordmarschall über ihn sprechen. Damit war das Ende der Audienz gekommen. Später erzählte Lordmarschall Keith Casanova, er habe dem König gefallen, eine Anstellung würde für ihn gesucht werden.

Das Gespräch mit dem König muß jedoch noch etwas umfangreicher gewesen sein als hier dargestellt. In einem in Dux gefundenen Fragment heißt es: Vom König darüber befragt,

»(...) wer nach meiner Ansicht der größte Römer sei, antwortete ich ihm: Attilius Regulus. Seine Majestät sagte mir, nach seiner Meinung sei es Sulla. Ich habe das weder besonders ungewöhnlich noch kühn gefunden. Der König sagte nicht, daß Sulla der größte Römer sei, aber, daß er ihn dafür halte. (...) Ich war ärgerlich über mich selbst, weil ich nicht erraten hatte, daß Sulla sein Lieblingsheld sein mußte, schon deshalb, weil ich der Vorstellung der Oper ›Triumph des Sulla‹ beigewohnt hatte, deren Verfasser er war. (...)

Der verstorbene König von Preußen war nicht nur ein großer König, sondern auch ein großer Soldat, ein Mann von Geist und ein Gelehrter. Aber ich habe niemals bemerkt, daß er vorgab, weiser zu sein als andere. Er glaubte sich sicherlich all denen unterlegen, die er an sich zu fesseln verstand, allen Akademikern, die er dazu erwählt hatte. (...) Es genügte ihm, ihre Fehler und Schwächen zu kennen und sich über sie in ihrer Abwesenheit lustig zu machen. Er liebte es, bei ihnen irgend etwas zu finden, das ihn aus vollem Halse lachen machen konnte. (...) Er hielt sich auch für gebildet und klarblickend genug, um in einem entschiedenen Ton zu sprechen. Aber er konnte auch zuhören, und liebte es, das Gesprächsthema zu wechseln und den Partner mit plötzlichen Fragen zu verblüffen. (...)«[81]

Kurze Zeit später sah Casanova Friedrich II. bei einer Aufführung einer italienischen Oper von Giuseppe Scarlatte im Charlottenburger Theater. An jenem Tag war der König entgegen seiner sonstigen Angewohnheit höfisch gekleidet. Er trug einen Rock aus Glanzseide, der an allen Nähten mit goldenen Borten besetzt war, und schwarzseidene Strümpfe. Seine Erscheinung wirkte auf Casanova komisch. Die Zuschauer betrachteten

81 Edgar von Schmidt-Pauli (Hg.), Der andere Casanova, Berlin 1930, S. 171 ff.

ihn allgemein mit Erstaunen, denn nur alte Leute konnten sich erinnern, ihn ohne Stiefel und Uniformrock gesehen zu haben.

Bei einem späteren Potsdambesuch konnte Casanova den König bei der Parade erleben: »Er kommandierte sein erstes Bataillon. Es bestand aus auserwählten Soldaten, die alle eine goldene Uhr in der Uhrentasche ihrer Hosen trugen. So zeichnete der König ihre Tapferkeit aus, als sie ihn unters Joch nahmen, wie damals Cäsar in Bithynien den Nikomedes. Man rümte sich dessen.« (X, 87) Dieses seltsame Zitat spielt nach dem Casanova-Forscher Heinz von Sauter[82] auf die homosexuellen Neigungen des Königs an. Später traf Casanova in Breslau den Venezianer Niccolo Bastiani, den Friedrich zum Domherrn von Breslau gemacht hatte. Bastiani zeigte Casanova Liebesbriefe von Friedrich II. an ihn.

Casanova erhielt auch die Gelegenheit, die Privaträume des Königs zu sehen. Wie ihm das gelungen war, verschwieg er. Möglicherweise erhielt er von Friedrichs Leibkoch, mit dem er befreundet war, eine Empfehlung an einen der Kammerdiener, der ihm, während einer Abwesenheit des Königs, die Räume zeigte. Darüber hinaus legte der König keinen Wert darauf, sich abzuschotten. Aus zeitgenössischen Berichten wissen wir, daß er weder viele Kammerdiener noch zahlreiche Wachen hatte.

Casanova zeigte sich von der Armseligkeit der Privatgemächer überrascht: Da stand ein schmales Bett, das hinter einem Wandschirm verborgen war. Der König besaß angeblich keinen Schlafrock und keine Pantoffeln, denn er legte sich, einer Anekdote zufolge, mit der Uniform ins Bett. Der Kammerdiener präsentierte eine Schlafmütze, die der König aufsetzte, wenn er erkältet war. Ansonsten behielt er den Hut auf, was sehr unbequem sein mußte. Auf einem Tisch entdeckte Casanova Papiere, Tinte, Federn und halbverbrannte Hefte.[83] Es handelte sich um Gedanken über den Siebenjährigen Krieg.

Ungefähr fünf Wochen nach jener ersten Unterredung in den Gärten von Sanssouci bot der König Casanova eine Stelle als Erzieher einer soeben geschaffenen Kadettenschule für pommersche Junker an. Hier sollten junge Adlige sowohl körperlich als auch in den Wissenschaften geschult werden. Angesichts des für Casanova recht leidenschaftslosen Umfeldes war klar, daß dies nichts für ihn sein konnte. Doch zumindest wollte er sich die Schule ansehen. Bei der Besichtigung fand er drei oder vier große Säle, die alle fast gänzlich unmöbliert waren; mehrere Zimmer »hatten ein elendes Bett«, einen Tisch und einen hölzernen Stuhl. Die jungen Kadetten waren zwölf bis dreizehn Jahre alt, schlecht gekämmt und in eine armselige Uniform eingezwängt, »in der ihre ländlichen Gesichtszüge besonders hervortraten«. Die anwesenden Erzieher sahen ihn

82 Heinz von Sauter, a.a.O., S. 227

83 Durch einen aufgefundenen Brief des Kabinettsekretärs Eichel wird die Tatsache dieses kleinen Brandes bezeugt. Solche Bestätigungen von Casanovas Angaben erheben seine Aufzeichnungen über Friedrich II. in den Rang eines kulturgeschichtlichen Dokuments.

verblüfft an, da sie sich gar nicht vorstellen konnten, daß der schillernde Lebemann in Zukunft ihr Kollege sein sollte. Casanova konnte sich das natürlich ebensowenig vorstellen.

Gerade in diesem Augenblick, als Casanova »diesen armen Tröpfen« Lebewohl sagen wollte, erblickte einer der Erzieher am Fenster den heranreitenden König. Casanova mußte jetzt natürlich bleiben. Der König inspizierte den Ort, blickte Casanova an, sagte aber kein Wort. Plötzlich wurde Friedrich wütend. Unter einem Bett hatte er einen stinkenden Nachtkübel entdeckt, der offensichtlich noch nicht geleert worden war. »Wem gehört dieses Bett?« rief der König. Ein Kadett meldete sich. »Gut«, sagte der Monarch, »aber mit ihm will ich nichts zu tun haben, wo ist sein Erzieher?« (X, 89) Der Erzieher trat vor, und der König schimpfte ihn einen Lümmel und ermahnte ihn, in Zukunft auf Sauberkeit zu achten.

Friedrich II (der Große), König von Preußen (1740-86)

Könnte man sich Casanova als Erzieher vorstellen, der auf morgens pünktlich geleerte Nachttöpfe achtgab? Sein Kommentar zum Auftritt des Königs: »Diese ekelhafte Szene genügt mir; ich schlich mich leise hinaus (...).« Casanova faßte den Plan, nach Rußland zu reisen. Dem Ratschlag Lordmarschall Keiths folgend, ging Casanova noch einmal zum König, um sich für den angebotenen Posten zu bedanken und sich zu verabschieden. Friedrich fragte ihn bei dieser Gelegenheit, was er sich in Rußland erhoffte. Casanova antwortete:

»›Was ich hierzulande erhoffte, Majestät: dem Herrscher zu gefallen.‹
›Haben Sie Empfehlungen an die Zarin?‹
›Nein, Majestät, nur an einen Bankier.‹
›Das ist auch viel besser. Wenn Sie auf Ihrer Rückreise wieder hier durchkommen, wird es mich freuen, von Ihnen Neues über Rußland zu hören. Adieu!‹« (X, 92)

Dies war Casanovas letzte Unterredung mit dem großen König, denn auf der Rückreise sollte er nicht mehr nach Preußen kommen. Finanziell ging es dem europäischen Lebemann nicht gut. Da er sein Geld in London verschwendet hatte, bat er seinen venezianischen Gönner Bragadin, ihm welches anzuweisen.

Die erste Station auf dem Weg nach Osten war Mitau in Kurland (Lettland). Beim Abendessen mit dem Herzog von Biron geriet das Gespräch auf die Rohstoffauswertung des Landes und die Bergwerke. Casanova war sofort Feuer und Flamme. Er hielt über das Thema einen Vortrag, »als wenn ich es ganz besonders studiert hätte«. Der Herzog war sehr beeindruckt und lud den Gast ein, doch zwei Wochen zu bleiben und sich die Bergwerke des Landes anzusehen; über Änderungsvorschläge würde er sich sehr freuen.

An dieser Stelle zeigt sich wieder, daß Casanova ein Hochstapler war, allerdings ein überdurchschnittlich intelligenter. Er nahm das Angebot an und besuchte die Kupfer- und Eisenbergwerke: »Ich brauchte nicht Kenner zu sein, um überall etwas aufschreiben zu können; es genügte, wenn ich vernünftige Bemerkungen machte. (...) In einem Bergwerk schaffte ich etwas Unnützes ab, in einem anderen empfahl ich, mehr Arbeiter einzustellen, um die Erträge zu verbessern.« (X, 98) In einem der Bergwerke skizzierte er einen sauberen Plan zur Herstellung eines Kanals und einer Schleuse, mit denen zwanzig Arbeiter eingespart werden konnten. Befriedigt kehrte er nach Mitau zurück, »denn ich hatte nicht nur aufgeschnitten, sondern mich wirklich nützlich machen können.« Es besteht kein Grund, Casanovas Einschätzung zu bezweifeln. Als verdienten Lohn für seine Mühe erhielt er vierhundert Albertstaler[84] und setzt seine Reise fort.

Nach den Memoiren sah Casanova in Riga zum ersten Mal die Zarin. Sie wollte sich in den Ländern zeigen, die neu unter ihre Herrschaft gekommen waren: »Ich war Zeuge der Liebenswürdigkeit und der anmutigen Freundlichkeit, womit sie die Huldigungen des livländischen Adels entgegennahm: Alle Damen von Stand, die ihr die Hand küssen wollten, küßte sie auf den Mund.« (X, 103) Das von Casanova hier Berichtete, mag sich zwar so zugetragen haben, doch konnte er nicht persönlich anwesend gewesen sein. Die Zarin weilte nämlich vom 10. Juli bis 5. August in Riga, während Casanova erst im Oktober dieses Jahres dort eintraf.

Casanovas Bericht über seinen Rußlandaufenthalt wartet mit allerlei Merkwürdigkeiten des Landes auf. In Petersburg kam er zur Zeit der Wintersonnenwende an und nahm beeindruckt wahr, daß es nur für fünf Stunden Tageslicht gab. Noch nie in seinem Leben, war er so weit in den Norden gereist. Über sich selbst schrieb er dagegen eher zurückhaltend. Für ein geringes Entgelt mietete er sich zwei Zimmer. Nirgends, so versicherte er, baue man so gute Öfen wie in Rußland. Die Bedienung dieser Öfen wollte allerdings gelernt sein. Wenn der Diener mit den Klappen des Abzugs und der Belüftung einen Fehler machte, konnte das für einen im Zimmer Schlafenden tödliche Folgen haben. Damit Diener ihre Herrschaften nicht auf diese Weise töten konnten, gab es ein Gesetz, welches der Dienerschaft verbot, eine bestimmte Klappe zu schließen.

84 Goldmünze der spanischen Niederlande

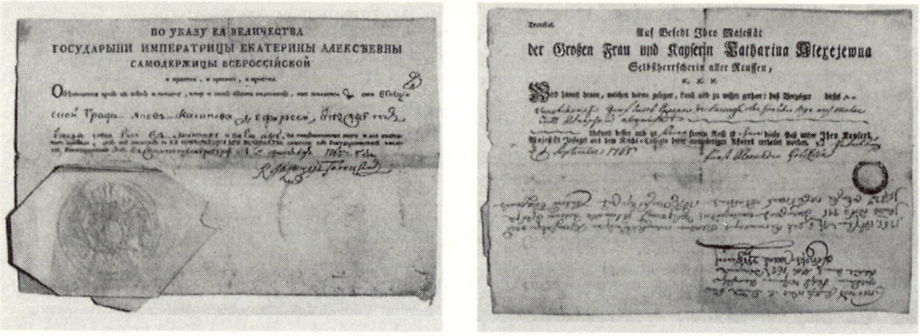
ПО УКАЗУ ЕЯ ВЕЛИЧЕСТВА
ГОСУДАРЫНИ ИМПЕРАТРИЦЫ ЕКАТЕРИНЫ АЛЕКСѢЕВНЫ
САМОДЕРЖИЦЫ ВСЕРОССІЙСКОЙ

Auf Befehl Ihro Majestät
der Großen Frau und Kayserin Catharina Alexejewna
Selbstherrscherin aller Reußen,

Russischer Reisepaß für Casanova, derselbe in deutscher Sprache

Grotesk nimmt sich eine Szene aus, die uns Casanova anläßlich einer winterlichen Taufe auf der Newa erzählt. Nachdem man ein Loch in das Eis geschlagen hatte, wurden die Kinder getauft, indem der Pope das Kind an den Füßen hielt und kurz mit dem Kopf in das Wasser eintauchte. »Drugoi!« rief er auf einmal, was so viel hieß wie: »Gebt mir ein anderes!« Das Kind war ihm durch die von den vielen Taufen kältetauben Hände geglitten. Zu Casanovas Erstaunen stießen die Eltern des verunglückten Kindes Freuderufe aus, denn sie waren überzeugt, daß das Kind auf dem schnellsten Weg in den Himmel geflogen sei.[85]

In den höheren Petersburger Kreisen, zu denen Casanova durch seine Empfehlungsschreiben Zutritt erhielt, wurde zu seinem Leidwesen Deutsch gesprochen. Glücklicherweise verstanden aber die meisten russischen Adligen auch Französisch. Eine gute Möglichkeit, sich zu präsentieren, bot ein Maskenball am Hofe, der auf 60 Stunden angesetzt war und der jedermann offenstand. In der Tat verstand man im 18. Jahrhundert zu feiern! Casanova war beeindruckt von der höfischen Pracht und der Helligkeit, die eine Flut von Kerzen verbreiteten. Nach drei Stunden, die wie im Fluge vergingen, hörte er, wie sich zwei Masken miteinander unterhielten: »Da kommt die Zarin; sie denkt, daß sie unerkannt bleiben kann. Jetzt werden wir gleich auch Gregor Gregorowitsch Orlow[86] sehen; denn er hat Befehl, ihr von weitem zu folgen.« (X, 110)

Casanova konnte der Versuchung nicht widerstehen und folgte der Maske. Bald gewann er Gewißheit, daß es sich wirklich um die Herrscherin handelte, denn hundert Maskierte links und rechts neben ihm folgten ihr. Doch taten die meisten so, als würden sie sie nicht kennen. Diejenigen aber, die sie nicht erkannten, stießen sie an, als sie sich so durchs Gedränge schob. Casanova stellte sich vor, welches Vergnügen dies der Zarin machen mußte. Mehrmals beobachtete er, wie sich Katharina neben Leute setzte, die nur russisch sprachen, also einfache Leute waren. Auf

85 Auch andere zeitgenössische Quellen berichten ähnliche Geschichten.
86 Orlow war nicht nur einer der Hauptbeteiligten an der Verschwörung gegen Katharinas Ehemann Zar Peter III., sondern auch ihr Liebhaber.

diese Weise erhielt sie die Möglichkeit, ungefiltert durch ihre Berater, des »Volkes Stimme« zu vernehmen.

Bei einer anderen Gelegenheit konnte Casanova die Zarin aus einiger Entfernung in ihren Gemächern beobachten. Sofort fielen ihm ihre schönen Hände auf, die sie ihren Schildwachen zum Kuß reichte. Durch dieses Verhalten sicherte sie sich nach seiner Einschätzung die Zuneigung ihrer Garde. Diese Schildwachen, die vor den Privatgemächern der Kaiserin standen, hatten Casanova nach seinem Rang gefragt, bevor sie ihm Zutritt gewährten. Gemäß der hierarchischen Gliederung der Gellschaft, hatte jeder Eintretende einen ihm zugeordneten Rang: Der kaiserliche Leibkoch wurde beispielsweise als Oberst eingestuft und ein Kunstmaler nur als Hauptmann. Da Casanova nicht wußte, was er sagen sollte, fragten ihn die Wachen nach seinen monatlichen Bezügen. Casanova antwortete, ohne viel nachzudenken: »Dreitausend Rubel.« Auf diese Weise erhielt er den Rang eines Generals und durfte passieren.

Auch ein Verhältnis hatte Casanova während seiner russischen Zeit: Zaira[87], die Casanova ihrem Vater abkaufte, der ihm versicherte, daß er nun über sie in jeglicher Hinsicht verfügen dürfe. Wenn sie nicht tue, was er befehle, solle er sie prügeln. Ganz offiziell wurde Zaira auf diese Weise die Leibeigene Casanovas. Damit verbunden war das Recht des Weiterverkaufs. Bei der »Übergabe« wurde Casanova bedrängt, er möge sich kurz mit der Hand überzeugen, daß das Mädchen noch Jungfrau wäre. Damit könne er sich spätere Reklamationen sparen. Doch Casanova legte gar keinen Wert auf diese peinliche Untersuchung; er wollte das Mädchen nicht beleidigen. Ein anwesender russischer Offizier bedrängte ihn aber mit den Worten, er würde damit Zaira ein großes Vergnügen bereiten, denn auf diese Weise könnte sie vor ihren Eltern ihre Keuschheit beweisen, und so tat Casanova wie ihm geheißen; doch hätte er die Schöne nie verraten, hätte er sie nicht mehr als Jungfrau vorgefunden.

Die Moral eines solchen Menschengeschäfts stand, historisch betrachtet – vor allem auch für russische Verhältnisse – nicht zur Debatte. Alle Beteiligten zeigten sich hochzufrieden: Die Eltern des Mädchens hatten ein gutes Geschäft gemacht, Casanova erhielt eine schöne Geliebte und Zaira schließlich war glücklich, sowohl den Eltern, als auch sich selbst eine Freude zu machen, denn sie verliebte sich in Casanova und tauschte somit ihr Leben in Armut gern gegen ein angenehmes Luxusleben.

In der Anfangszeit waren die Sprachprobleme nicht immer einfach zu überwinden, doch innerhalb von drei Monaten lernte Zaira von ihrem Besitzer so gut Italienisch, daß sie sich über alle wichtigen Dinge mit ihm unterhalten konnte. Casanova kleidete sie geschmackvoll und nahm sie

87 Der russische Name des Mädchens ist unbekannt. Casanova benannte sie nach der Sklavin in Voltaires Stück »Zaire«.

auch auf eine Reise nach Moskau mit. Eine gleichberechtigte Partnerschaft von Mann und Frau war natürlich durch die »ungleichen Besitzverhältnisse« von vorneherein ausgeschlossen. Eine langfristige Bindung kam für Casanovas ohnehin nicht in Frage.

In Moskau, so lesen wir, gefielen ihm die Frauen besser als in Petersburg. Insbesondere besäßen sie einen Vorteil: »Sie sind sehr sanft und leicht zugänglich, und um von ihnen die Gunst eines Kusses auf den Mund zu erhalten, genügt es, wenn man so tut, als wenn man ihnen die Hand küssen wollte.« (X, 139)

Für andere Frauen blieb Casanova kaum Zeit, denn mit Zaira war er zur Genüge beschäftigt. Sie liebte ihn auf derart leidenschaftliche Weise, daß ihm ihre Eifersucht sogar oft zu viel wurde. Zu solchen Gelegenheiten prügelte er sie, was diese ihm allerdings nicht übel nahm, sondern ganz im Gegenteil. Schwache Herren wurden von den Dienern verachtet. Wenn ein russischer Herr bei gegebenem Anlaß versäumte, den Diener oder Leibeigenen zu prügeln, so prügelte dieser ihn! Der innere Dialog des Dieners sah Casanova zufolge so aus: Mein Herr hat mich nur geschlagen und nicht fortgejagt; demnach muß er mich lieben, und ich muß anhänglich sein. Bessere und treuere Bedienstete als in Rußland ließen sich nach Casanovas Ansicht nirgends in Europa finden. Nur einen schwachen Punkt hätten die Untergebenen: den Alkohol, denn diesem Laster wäre das ganze Volk verfallen.

Einer der Hauptgründe für die Reise nach Rußland bestand in der Hoffnung, irgendein Amt oder einen Auftrag zu erhalten. Casanova reichte deshalb am Hof mehrere nicht näher erläuterte Berichte[88] ein, doch resigniert mußte er feststellen: »In Rußland zählen nur Menschen, die man ausdrücklich zum Kommen aufgefordert hat.« Frustriert wollte er schon abreisen, als der große russische Staatsmann Panin ihm eine Begegnung mit der Zarin vermittelte.

Casanova traf die Zarin auf einem Spaziergang in dem berühmten Sommergarten, der sich auf der linken Uferseite der Newa befindet. Er schilderte sie als »groß, gut gewachsen, freundlich, leutselig und immer gelassen«. Außerdem hatte sie eine majestätische Haltung und besaß die Kunst, allen Liebe einzuflößen, von denen sie glaubte, daß sie ihre Person kennenlernen wollten. Besonders hob Casanova ihren fehlenden Hochmut hervor. Die beiden tauschten sich über all jene Dinge aus, die Casanova in Rußland bemerkenswert gefunden hatte. Als sie auf Friedrich II. zu sprechen kamen, bat sie ihn, »mit dem anmutigsten Lächeln«, über seine Begegnung mit dem Preußenkönig zu berichten. Eine solche Aufforderung war natürlich ganz nach Casanovas Geschmack.

---

88 In Dux gefundene Dokumente legen den Verdacht nahe, daß Casanova einen Vorschlag zur »Anpflanzung von Maulbeerbäumen und Einführung der Seidenerzeugung« machte. Außerdem fanden sich erstaunlich detaillierte und gut ausgearbeitete Skizzen über die wirtschaftlichen Verhältnisse Rußlands.

Sodann fragte ihn die Zarin, warum er nie am »Cour-Tag« erscheine. Der Cour-Tag war ein musikalisches Konzert, das sonntags im kaiserlichen Palais stattfand. Casanova antwortete, er sei nur ein einziges Mal dort gewesen, weil er leider kein Verständnis für die Musik besitze. Hier log Casanova, denn er konnte Geige spielen, wenn auch nicht perfekt. Außerdem heißt es an einer Stelle in den Memoiren, er sei beim Hören guter Musik so ergriffen gewesen, daß er in Tränen ausbrochen sei. Warum aber log er hier?

Katharina II. (1729-1796), Zarin von Rußland

Als die Kaiserin seine Antwort vernommen hatte, lächelte sie und sagte zu dem sie begleitenden Panin, daß sie jemanden kenne, der dasselbe Unglück habe. Damit meinte die Kaiserin sich selbst. Zweifelsohne wußte Casanova, daß die Zarin nichts von Musik hielt und nutzte sein Wissen in der Art eines Höflings. Heute mag solcher Opportunismus seltsam anmuten, doch niemand zu Casanovas Zeiten hätte ihm daraus einen Vorwurf gemacht; ganz im Gegenteil: Sein Verhalten war so zuvorkommend und diplomatisch, wie es jedermann für gut befunden hätte.

Leider währte das Gespräch nicht lange, denn die Zarin traf jemanden, und so gingen sie auseinander. Obwohl Casanova vor diesem Gespräch schon frustriert nach Polen abreisen wollte, um dort sein Glück zu versuchen, schöpfte er jetzt wieder ein wenig Hoffnung: »Obwohl ich selber nicht wußte, zu welchem Amt ich in einem Lande, das ich zudem nicht liebte, wohl tauglich sein könnte, so war es mir doch angenehm zu erfahren, daß ich mir mit leichter Mühe Zutritt bei Hofe verschaffen könnte. Infolgedessen ging ich jeden Morgen in dem Garten spazieren (...).« (X, 150) Bei einem dieser Spaziergänge kam das zweite Gespräch zustande.

Zunächst plauderten sie über die unterschiedlichen klimatischen Bedingungen Venedigs und Rußlands und kamen dann zu den Vorteilen des Gregorianischen gegenüber dem Julianischen Kalender.[89] Leider wurden sie wieder nach kurzer Zeit unterbrochen. Bei der dritten Gelegenheit, etwa eine Woche später, zeigte sich die Zarin erstaunlich gut über das Ka-

89 In Rußland galt der von Julius Cäsar eingeführte Julianische Kalender.

lenderwesen informiert. Hatte sie sich vorbereitet? Casanova vermutete, daß sie sich bei einem Astronomen über die Kalenderreform unterrichtet hatte. Sie verteidigte zwar die in Rußland geltende Zeitrechnung, doch Casanova konnte sich über die neue Anordnung der Zarin geschmeichelt fühlen, daß ab sofort auf allen Urkunden und öffentlichen Briefen beide Daten aufgeführt werden sollten. Anschließend diskutierten sie über Schaltjahre, die Tag-und-Nachtgleiche und andere Fachbegriffe. Katharinas Argumente für den Julianischen Kalender waren aber vor allem pragmatischer Natur: »Ich ziehe es vor, lieber diesen geringen Fehler[90] zu dulden als allen meinen Untertanen eine große Betrübnis zu verursachen, indem ich elf Tage aus dem Kalender ausmerze und dadurch zwei- oder drei Millionen um ihren Geburts- oder Namenstag bringe. (...) Man würde sich ins Ohr flüstern, ich sei eine Atheistin (...).« (X, 153)

Im Vergleich der beiden Monarchen Preußens und Rußlands schätzte Casanova die Zarin mehr. Er bewunderte ihre stets lachende Miene, denn es gehöre Selbstbeherrschung dazu, »die gewöhnlichen Regungen der menschlichen Natur im Zaume zu halten.« Ihr Verhalten sei genau das Gegenteil von dem des Preußenkönigs und ihr Genie sei größer: »Sie ermutigte durch einen Anschein von Güte und hatte dadurch stets einen Vorteil, während die Schroffheit des Königs nicht selten dazu benutzt wurde, ihn zu täuschen. Katharina konnte mit ihrer liebenswürdigen Art viel mehr fordern und auch erreichen.« (X, 153/154)

Auch das letzte Gespräch fand im Park statt. Nochmals diskutierten sie über die Kalenderreform. Casanova zeigte sich erstaunt über den Respekt, den Katharina vor dem mutmaßlichen Widerstand der russisch-orthodoxen Kirche hatte. Die Zarin klärte Casanova darüber auf, daß die Kirche in Rußland »peinlich an ihren Gebräuchen« festhalte, und daß die Geistlichkeit es ihr übelnehmen würde, wenn infolge einer Reform über hundert Heiligenfeste aufgegeben werden müßten: »Die römische Kirche hat für jeden Tag nur einen Heiligen[91], wir aber haben zehn oder zwölf.« Das Gespräch klang aus mit Bemerkungen über venezianische Sitten und die Vor- und Nachteile des Lotteriespiels.

Nach dieser letzten Begegnung rüstete sich Casanova zur Abreise. Als Reisebegleitung guckte er sich die französische Schauspielerin Valville aus, die ebenfalls abzureisen gedachte. Die Art der Annäherung war für Casanova eher ungewöhnlich. Er schrieb ihr folgenden Brief:

»Ich möchte, Madame, ein Verhältnis mit Ihnen anknüpfen. Sie haben mir Gefühle eingeflößt, die mich unglücklich machen würden, wenn Sie sie nicht erwidern würden. Ich nehme mir die Freiheit, mich bei Ihnen zum Abendessen einzuladen, aber ich wünsche vorher zu wissen, was es mich kosten wird; ich muß im nächsten

90 Gemeint ist das Nachhinken des Julianischen gegenüber dem Gregorianischen Kalenders.
91 In diesem Punkt irrte die Zarin: Die römische Kirche hat mehr Heilige als Tage im Jahr.

Monat nach Warschau reisen und biete Ihnen einen Platz in meinem Schlafwagen an, der Sie nichts kosten wird, außer die Unbequemlichkeit, daß Sie mich an ihrer Seite schlafen lassen.« (X, 160)

Zum Schluß äußerte er noch die Bitte, sie möge so klar und deutlich antworten, wie er gefragt habe. Dieser Brief enthüllt nicht allein Casanovas schlechte finanzielle Situation, vielmehr tritt der leidenschaftliche und siegesgewohnte Eroberer zugunsten eines mehr auf Sicherheit bedachten, älter werdenden Herrns in den Hintergrund.

Auch die Antwort der Dame enthielt uns Casanova nicht vor. Dem Ton seines Briefes entsprechend, schrieb sie ihm, daß sie das »große Talent besitzt«, jene Liebschaften mit Leichtigkeit zu lösen, die ihr nicht mehr gefielen. Aus diesem Grund habe sie nichts dagegen, dem Vorschlag zuzustimmen, und »über alles Weitere werden wir uns später einigen.« Der »Liebeshandel« schien geglückt.

Von diesen Verhandlungen hatte Zaira selbstverständlich nichts mitbekommen. Casanova zerbrach sich den Kopf, wie er ihr die Lage schonend beibringen konnte: »Aber ich mußte ein Ende mit ihr machen und mich auf allen Kummer, den ich bei ihren Tränen verspüren würde, vorbereiten.« (X, 163) Zaira war sehr traurig über Casanovas Pläne. Was würde jetzt mit ihr geschehen? Wer würde ihr neuer Herr? Casanova zog die bewährten Register: Er arrangierte für seine Geliebte eine gute Partie. Ein Günstling der Zarin, der 65jährige Baumeister Rinaldi, hatte sich leidenschaftlich in dieses Mädchen verliebt, das seine Enkelin hätte sein können. Rinaldi[92] hatte sich mehrfach an Casanova gewandt und ihm versichert, daß er sich sehr freuen würde, wenn er sie ihm bei seiner Abreise überließe. So geschah es dann auch. Zuvor allerdings brachte er sie noch zu ihren Eltern: »Als ich sie bei ihrem Vater ließ und ihm ihren Paß gab, sah ich um mich herum die ganze Familie auf den Knien liegen und mir mit Ausdrücken danken, mit denen man nur einer Gottheit dankt.« (X, 166)

Versehen mit mehreren Empfehlungsbriefen bestieg er seinen Schlafwagen, der mit einer guten Matratze und Decken ausgestattet war. Dort schlief er mit seiner neuen Geliebten, die ebenfalls von dieser Art des Reisens angetan war. Es versteht sich von selbst, daß der Genießer Casanova gutes Essen und die besten Weine an Bord hatte. In Riga trennten sich ihre Wege. Allzu leidenschaftlich scheint diese Liason allerdings nicht gewesen zu sein, denn: »Wir trennten uns sehr heiter und ohne daß jene traurigen Gedanken, die üblicherweise solche Trennungen begleiten, unsere gute Laune trübten. Wir waren nur deshalb ein Liebespaar gewesen, weil wir uns aus der Liebe selbst nicht viel gemacht hatten.« (X, 167)

---

92 Er baute den Marmorpalast in Petersburg.

In Warschau besuchte Casanova zunächst jene einflußreichen Persönlichkeiten, an die seine Empfehlungsbriefe gerichtet waren. Polen befand sich im Jahre 1765 in einer politisch instabilen Lage, die einige Jahre darauf zu den polnischen Teilungen führen sollte. Später sollte Casanova eine Darstellung der politischen Verhältnisse in Polen[93] veröffentlichen, die noch heute das Lob der Historiker erhält.

Auch in Polen hoffte Casanova auf eine Anstellung. Zunächst sah es gut für ihn aus, denn der von Katharina II. abhängige König Stanislaus II. August war ihm gewogen. Gleich bei der ersten Begegnung erhielt Casanova an der Tafel den Ehrenplatz rechts neben dem Monarchen. Der König lud ihn ein, von nun an häufiger an den Hof zu kommen. Casanova beschrieb Stanislaus als einen gut gewachsenen Mann von mittlerer Größe, dessen Gesicht zwar nicht schön, aber durchgeistigt gewesen sei.

Für die gewohnten Spiel- und Liebesabenteuer fehlte Casanova in Polen das Geld. Seit England mußte Casanova seine Ansprüche kontinuierlich zurückschrauben. Deshalb ging er häufig in die Bibliothek des Bischofs von Kiowien, in der er Material für sein späteres Buch über die polnischen Verhältnisse suchte. So recht zufrieden war er mit dieser rein geistigen Beschäftigung aber nicht ganz: »Das Leben, das ich führte, war also sehr eintönig.« (X, 174) Trotz der für Casanova in Polen gezeigten Sparsamkeit, geriet er bald in Schulden und nirgends öffnete sich ihm eine Einnahmemöglichkeit. Die aus Venedig eingetroffenen Überweisungen Bragadins hatten offensichtlich seine Ausgaben nicht abdecken können. Seine bedrohliche Lage allerdings behielt er für sich, »denn ein Mensch, der sich in Not befindet und einen Reichen um Hilfe bittet, verliert dessen Achtung.« Stolz ist ohne Zweifel eine von Casanovas herausragenden Charaktereigenschaften.

Das Glück und seine Intelligenz spielten ihm dann etwas Geld zu. Bei einer Abendgesellschaft präsentierte sich der König – »wie sonst kein König« – als außergewöhnlich belesen in den römischen Klassikern. Eine Frage von Stanislaus nach einem Horaz-Zitat, in dem sich viel Zartgefühl äußerte, wußte Casanova geschickt zu nutzen. Er antwortete: »Coram rege sua de paupertate tacentes plus quam poscentes ferent«.[94] Auf diese Weise sprach Casanova über seine Not, ohne sie jedoch direkt zu erwähnen. Der

93 Casanova, Geschichte der Unruhen in Polen vom Tod Elisabeth Petrownas bis zum Frieden zwischen Rußland und der ottomanischen Pforte, erschienen in 3 Bdn. in italienisch, Görz 1774

94 Lat.: Wer in Gegenwart des Herrschers nicht von seinen Nöten spricht, wird mehr erlangen als andere, die davon sprechen.

König verstand die Anspielung und gab ihm später unter vier Augen zweihundert Dukaten.[95]

Gegen Ende Januar hatte Casanova einen seltsamen Traum, den er sofort nach dem Aufwachen als bedeutsam erkannte: Er speiste in guter Gesellschaft, und einer der Gäste warf ihm eine Flasche an den Kopf, worauf er reichlich blutete. Daraufhin stieß er dem Angreifer seinen Degen in den Bauch und floh. Den ganzen Tag über verfolgte ihn dieser Alptraum. Noch am selben Abend zersprang in einer Gesellschaft eine Flasche Champagner, ohne daß sie jemand berührt hätte. Ein Splitter traf Casanovas Stirn und zerschnitt eine Ader. Er blutete unaufhörlich und mußte verbunden werden.

Im März 1766 kam auch der andere Teil des Traumes zu seinem Recht. Casanova wurde vom König eingeladen, von dessen Loge aus einen Tanzabend zu verfolgen. Es trat eine neue Tänzerin mit Namen Casacci auf, die beim Publikum große Resonanz fand. Nach der Vorstellung machte sich Casanova auf den Weg, um ihr seine Gratulation auszusprechen. Doch dabei kam er an der Loge der mit ihr rivalisierenden Tänzerin Binetti vorbei. Sie nahm Casanovas Parteinahme für die andere übel und wollte es ihm heimzahlen. Da Casanova die Binetti noch von früheren Zeiten her kannte, mögen noch andere Gründe eine Rolle gespielt haben. Jedenfalls schickte sie dem forteilenden Casanova ihren Liebhaber hinterher.

Der Liebhaber war ein adliger polnischer Oberst mit Namen Branicki, der in der Gunst des Königs stand. Es kam zu einem heftigen Wortwechsel, den drei Offiziere verfolgten. Casanova betrachtete sich als entehrt und glaubte, wie in jenen Zeiten üblich, eine beschädigte Ehre nur mit einem Duell wiederherstellen zu können. Allerdings billigte man damals nur Adligen eine Ehre zu, weshalb es höchst selten dazu kam, daß sich ein Adliger mit einem Mann unterhalb seines Standes schlug. Solches konnte dem Blaublütigen nur schaden, dem anderen jedoch großen Ruhm einbringen. Gerade aus diesem Grund waren Europas Zeitungen voll von diesem Duell zwischen dem selbsternannten »Herrn« und dem Adligen Branicki.

Casanova sandte Branicki folgenden Brief: »(...) Euer Exzellenz haben mich gestern abend im Theater mutwillig beleidigt und hatten doch kein Recht und keine Ursache, mich so zu behandeln. Infolgedessen nehme ich an, daß sie mich hassen und demgemäß den Wunsch haben, mich aus der Reihe der Lebenden zu tilgen.« (X, 187) Daraufhin eilte der Adlige zu Casanova, der im Bett mit Schreibarbeiten beschäftigt war. Es war der 5. März 1766. Casanova war über den Besuch so überrascht, daß er instinktiv nach seinen Pistolen griff. Doch das war nicht nötig. Man einigte sich, das Duell noch am selben Tag auszutragen. Was die Wahl der Waffen

95 Angesichts seiner Bedürfnisse war dies allerdings eher eine geringe Summe.

anging, erzählte Branicki, »daß Pistolen ein geringeres Wagnis bedeuten, denn meistens verfehlen die Schüsse ihr Ziel (...).« Branicki verschwieg wohlweislich, daß er weit und breit ein gefürchteter Schütze war. Es gingen Gerüchte um, die behaupteten, er könne die Schneide eines Messers so treffen, daß die Kugel in zwei Teile geteilt würde. Nachdem sich die beiden einvernehmlich über den Ablauf geeinigt hatten, kam es zu einer aus heutiger Sicht seltsamen Szene. Branicki sagte zu Casanova: »Vortrefflich. Sie sind ein liebenswürdiger Mensch. Gestatten Sie mir, Sie zu umarmen.« (X, 190)

Casanova war ein Mann ohne Nerven. Wie anders ließe sich erklären, daß er Freunde zu einem Mahl mit den besten Weinen einlud und zum Erstaunen der Anwesenden äußerste Heiterkeit und einen außerordentlichen Appetit zeigte. Casanovas höchste Tugend war seine Fähigkeit, ganz im Jetzt zu leben. Seelenruhig wartete er, bis man ihn abholte. Im Gegensatz zu Branicki verzichtete Casanova darauf, die Beichte abzulegen. Statt dessen sprach er innerlich ein kleines skurriles Gebet: »Mein Gott und Herr! Wenn mein Feind mich tötet, so bin ich verdammt. Bewahre mich also vor dem Tode!« (X, 205)

Im Wagen Branickis saßen die Kontrahenten nebeneinander. Der Situation angemessen, herrschte zunächst Schweigen, bis Casanova die Stille unterbrach:

»›Gedenken Eure Exzellenz den Frühling und den Sommer in Warschau zu verbringen?‹

›Dies war gestern noch meine Absicht; aber vielleicht werden Sie mich daran hindern.‹

›Ich hoffe, es wird nicht der Fall sein.‹« (X, 192)

Der Wagen hielt schließlich vor der Pforte eines schönen Gartens, und Casanova folgte allein dem Gefolge Branickis. Während in Casanovas Memoiren nun die Handlung rückblickend auf das Unvermeidliche zusteuert, blitzen wieder einmal die Fähigkeiten des Schriftstellers Casanova auf: »Wir gingen in eine Laube – die nebenbei bemerkt am 5. März nicht belaubt war – an deren Ende ein Steintisch stand.« Solche scheinbar unfreiwillig komischen Stellen findet man bei Casanova oft in den dramatischsten Situationen.

Bei der Wahl der Waffen zeigte Casanova genau jene Kaltblütigkeit, der er die Flucht aus den Bleikammern verdankte. Die Waffen wurden beide von Branicki gestellt. Als sich Casanova für eine entschied, versicherte Branicki, er bürge mit seiner Ehre für die Waffe. Casanova entgegnete kühl: »Ich werde sie an Ihrem Kopf probieren!« (X, 193) Branicki erbleichte. Wie im Balzritual mancher Tiere entblößte er seine Brust, worauf auch Casanova die seine entblößte. Dann gingen sie in Position. Verunsichert durch Casanovas Drohung, versuchte der ansonsten so erfahrene Schütze seinen Kopf mit der Hand zu decken. Sie schossen gleichzeitig. Casanova wurde an der linken Hand getroffen und blutete, doch Branicki hatte es im Unterleib erwischt; er brach zusammen. Casanova warf seine Pistole fort und eilte auf seinen Kontrahenten zu. In diesem Augenblick stürzten sich drei Gefolgsleute Branickis mit gezückten Säbeln auf Casanova, um ihn zu ermorden. Glücklicherweise war Branicki noch bei Besinnung, denn er rief: »Gesindel, laßt diesen Ehrenmann in Frieden.«

Man brachte den lebensgefährlich Verletzten in einen nahe gelegenen Gasthof. Die Situation für Casanova war bedrohlich, denn sie hatten sich auf einem Territorium duelliert, auf dem dies streng untersagt war. Branicki riet Casanova: »Sie haben mich getötet! Retten Sie sich, denn Sie laufen Gefahr, den Kopf auf dem Schafott zu verlieren. (...) Wenn Sie nicht genug Geld haben, so nehmen Sie meine Börse.« (X, 195) Branickis Börse fiel bei diesen Worten auf den Boden, doch Casanova hob sie auf und steckte sie ihm wieder in die Tasche. Er dankte ihm für das Angebot und versicherte ihm: »Ich hoffe, daß Ihre Verletzung nicht tödlich sein wird, und ich bin in Verzweiflung, wozu Sie mich gezwungen haben.« Daraufhin gab er ihm einen Kuß auf die Stirn und verließ den Gasthof.

Das berühmte Duell zwischen dem Adligen Branicki und Casanova

Draußen war der Teufel los: Ärzte, Priester und Verwandte Branickis eilten herbei. Branickis Freund Bisinski war zu Pferde und mit gezogenem Degen auf der Suche nach Casanova, um Branicki zu rächen. Glücklicherweise erspähte Casanova einen Schlitten und rief den darauf sitzenden Bauern herbei. Er bat ihn darum, liegend nach Warschau gefahren zu werden. Im Getümmel übersah Bisinski den auf dem Schlitten liegenden Casanova, denn »hätte er meinen Kopf gesehen, (...) hätte er ihn wie ein Rohr abgeschlagen.«

In Warschau bat Casanova in einem Franziskanerkloster um Asyl. Als der öffnende Mönch den stark Blutenden sah, hielt er ihn für einen Verbrecher und wies ihn ab. Als dieser die Tür wieder schließen wollte, wußte sich Casanova nicht anders zu helfen, als dem Mann einen kräftigen Tritt in den Bauch zu geben. Der Mönch fiel um, reckte die Beine in die Höhe und schrie. Daraufhin eilte eine Schar Brüder herbei, denen Casanova die Situation erklärte. Man brachte ihn zunächst in ein dunkles Loch.

Schon bald gaben sich viele hochgestellte Persönlichkeiten an Casanovas Bett die Klinke in die Hand. Ein Wundarzt war auch bald zur Stelle. Während der Operation »erzählte ich den Fürsten die ganze Geschichte und verbiß die Qual, die der ungeschickte Wundarzt mir verursachte, indem er mit der Pinzette herumsuchte, um das Geschoß zu finden. Welche Macht hat doch die Eitelkeit auf die geistigen Kräfte des Menschen.« (X, 197)

Das Kloster war von zweihundert Dragonern umstellt, denn man befürchtete daß die dem Oberst Branicki unterstellten Ulanen Casanova ermorden könnten. Einer der Fürsten, die zu Casanova eilten, hatte jedoch eine gute Nachricht. Er brachte einen Brief des Königs mit, in dem es hieß, daß auch im Falle von Branickis Tod, Casanova weiterhin in seiner Gunst stünde. Das Schlimmste schien somit abgewendet. Selbst finanziell eröffneten sich neue Möglichkeiten, denn viele Adlige wollten Casanova erhebliche Beträge schenken. Branicki war als Rußlandfreund vielen polnischen Adligen verhaßt, und so erwies sich eine Gunstbezeigung an Casanova zugleich als willkommene politische Demonstration. Casanova jedoch war zu stolz, die doch sehr große Summe von insgesamt viertausend Dukaten anzunehmen. Später sollte er dies bereuen.

Casanovas Hand machte keine guten Fortschritte. Der Arm schwoll auf die doppelte Dicke an, und die Wunde wurde schwarz. Mehrere Ärzten waren sich darüber einig, daß der Wundbrand drohte und die Hand amputiert werden müßte. Die Nachricht von der bevorstehenden Amputation las Casanova in der Hofzeitung: »Sie erheiterte mich sehr. Ich lachte allen ins Gesicht, die am Morgen kamen und mir ihr Beileid aussprachen. Ich spottete, als Graf Clary mich überreden wollte, mich der Operation zu unterziehen.« (X, 199)

In diesem Augenblick erschien ein Ärztekomitee, das ihn ausführlich untersuchte und ihm mitteilte, daß man ihm abends die Hand werde abnehmen lassen. Dies würde er niemals zulassen, wehrte sich Casanova. Die Ärzte aber beharrten auf ihrem Urteil, der Brand wäre bereits eingetreten, und am nächsten Tag würde man sogar den ganzen Arm abnehmen müssen. Casanova, der einmal Medizin hatte studieren wollen, hatte schon des öfteren unter Beweis gestellt, daß er etwas von diesen Dingen verstand. Im weiteren Verlauf des Tages äußerte er in einem Gespräch mit einem der Fürsten die Vermutung, daß die Ärzte sich mit der Amputation an ihm für Branicki rächen wollten. Am Abend kamen wieder vier Ärzte und eröffneten Casanova beim Anblick des Armes, es sei schon zu spät, man müsse jetzt oder spätestens am nächsten Morgen den Arm amputieren. Als die Ärzte aber am nächsten Morgen mit ihren Instrumenten zur Tat schreiten wollten, ließ Casanova durch zwei Bedienstete den Zugang versperren. Seiner Ansicht nach hatte immer noch kein Wundbrand eingesetzt, und mit dieser Ansicht sollte er recht behalten. Schon am Ostersonntag ging Casanova, den Arm in einer Schlinge, zur Messe. Man freute sich mit ihm, und überall schimpfte man auf die dummen Ärzte.

Die Episode ließe sich allerdings auch anders deuten. Vielleicht ist auch diese Geschichte nur ein weiterer Beleg für seine Spielernatur. Hatte er mit seiner Weigerung, sich amputieren zu lassen, einfach nur alles auf eine Karte gesetzt? Das Risiko jedenfalls hat Casanova selten gescheut, er hat es im Gegenteil sogar als Lebenselixier benötigt.

Einer der ersten Besuche Casanovas galt Branicki. Täglich hatte sich Branicki durch einen Diener den Gesundheitszustand seines Kontrahenten übermitteln lassen. Branicki war zwar über das Schlimmste hinaus, doch sein Anblick ließ keinen Zweifel über seinen schlechten Zustand aufkommen. Bleich wie ein Leichnam lag er in einen goldschimmernden Schlafrock gehüllt, den Kopf mit Kissen gestützt, die mit rosaroten Bändern verziert waren. Casanova bot ihm die Freundschaft an, und der Adlige nahm an. Er berichtete, daß jener Bisinski, der Casanova nach dem Leben getrachtet hatte, verbannt und aus dem Adelsstand ausgestoßen worden sei. Ferner beglückwünschte er Casanova zu seinem Widerstand gegen die Ärzte: »Sie hatten vollkommen recht, wenn Sie sagten, daß die Dummköpfe mir einen Dienst zu leisten glaubten, indem sie Sie zum Krüppel machen.« (X, 204 f.)

Durch Branickis politische Haltung hatte Casanova in Polen über Nacht viele Freunde, aber auch viele Feinde bekommen. Man empfahl ihm, nachts niemals zu Fuß auszugehen, weil er sich seines Lebens nicht sicher sein könne. Doch vorerst sonnte sich Casanova im Glanz seines Duells. Man lud ihn auf die vornehmsten Gesellschaften ein, damit die erlauchten Damen und Herren das Abenteuer aus berufenem Munde hören konnten. Casanovas Darstellung des Duells ist bis in die Einzelheiten hinein durch zeitgenössische Zeitungsberichte bestätigt worden. Die tiefen Klassenunterschiede des 18. Jahrhunderts ließen dieses Duell zu einer Sensation werden, über die in ganz Europa geschrieben wurde. Für die Zeitgenossen typisch ist die Meinung eines italienischen Geistlichen, der in Warschau weilte und schrieb, es sei »höchst erstaunlich (...), daß ein polnischer Edelmann vom Range eines Branicki sich in ein Duell mit einem italienischen Reisenden einließ, dessen Bedeutung ausschließlich in seiner Ehre und in seinem Feingefühl lag.«[96]

Nach einer kurzen Reise nach Leopol (Lemberg) und Pulawy, wurde Casanova in Warschau allerorten eisig empfangen. Bei gesellschaftlichen Treffen verhielt man sich, als sei er Luft. Am schmerzlichsten für Casanova war, daß auch der König nichts mehr von ihm wissen wollte. Während seiner Abwesenheit hatten Warschau Gerüchte aus Paris erreicht,

96 J. Rives-Childs, Casanova - die große Biographie, Frankfurt, Zürich 1978, S. 224

daß Casanova dort zum Tode verurteilt worden sei, weil er unter anderem die Lotteriekasse der Militärschule geplündert habe.

In polnischen Archiven fand man Briefe, die den König über Casanovas Spielleidenschaft und seine Geburt als Sohn einer Schauspielerin unterrichteten. Letzteres kam im 18. Jahrhundert einem schweren Makel gleich. Außerdem wurde enthüllt, Casanova sei ein Mann, der in seiner Vergangenheit oft »Berichte geliefert habe«. Die Vorstellung, einen Spion am Hof zu haben, mußte dem König ein Dorn im Auge gewesen sein. Anonyme Briefe, die ausschließlich Negatives über Casanova zu berichten wußten, wurden jedoch nicht nur an den König, sondern an alle einflußreichen Personen Polens geschickt. Damit waren Casanovas Tage in Polen gezählt. In diesen Briefen war – wahrheitsgemäß! – davon die Rede, daß Casanova aus vielen Städten und manchen Ländern hatte fliehen müssen, so zum Beispiel aus England. Andere Anschuldigungen gegen Casanova waren dagegen frei erfunden. Zweifellos war er das Opfer einer politischen Intrige geworden.

Wenn Casanova zu lange an ein und demselben Ort verweilte, konnte dies für ihn stets negative Folgen haben. Früher oder später sickerte seine Vergangenheit durch. Auch falsche Namen wie zum Beispiel »Farussi«, der Mädchenname seiner Mutter, oder Chevalier de Seingalt, konnten ihm nur zeitweise Anonymität verschaffen. Nicht selten sah sich Casanova in der Manier eines Hochstaplers gezwungen, einen Ort schnell wieder zu verlassen. So konnte es vorkommen, daß er sich in einer Stadt dadurch beliebt machte, in dem er sich als entfernten Verwandten der angesehensten Persönlichkeit jener Gegend bezeichnete. Früher oder später mußte der Schwindel natürlich auffliegen.

Es dauerte nicht lange, da erreichte Casanova die Aufforderung des Königs, er müsse Warschau innerhalb von acht Tagen verlassen. Casanova schrieb Stanislaus einen wütenden Brief, in dem er sich beklagte, man lasse ihm noch nicht einmal Zeit, seine Schulden zu begleichen. Großmütig schrieb der König zurück, er habe dies nicht gewußt und ließ ihm tausend Dukaten überbringen. Außerdem sorgte sich der König um Casanovas Leben, da dieser jederzeit damit rechnen müsse, anonym ermordet zu werden. Auch die fünf oder sechs mittlerweile gegen Casanova eingegangenen Duellforderungen könnten ihm gefährlich werden. Die Argumente des Königs waren nicht von der Hand zu weisen.

Nachdem Casanova seine Schulden bezahlt hatte, fuhr er auf direktem Wege nach Breslau. Dort verliebte er sich in ein Mädchen mit Namen Maton und reiste mit ihr als Bedienstete und Geliebte nach Dresden zu seiner Mutter, bei der er auch zwei seiner Geschwister traf. Hier widmete sich Casanova dem lange vernachlässigten Spiel und gewann etwas Geld. Die Wahl von Maton stellte sich aber schon bald als große Dummheit heraus, denn sie hatte ihn mit einer »Galanterie« beehrt oder mit anderen Worten, sie hatte ihn mit einer Geschlechtskrankheit infiziert. Nachdem er sie entlassen hatte, steckte sie in nur einer Woche sechs weitere Männer an. Nach einigen Wochen war Casanovas Gesundheit wiederhergestellt.

Um die Jahreswende hielt sich Casanova in Wien auf. Eines Tages stand in seiner Tür ein zwölf- bis dreizehnjähriges Mädchen, das in lateinischen Hexametern um Geld bettelte. Entgegen Casanovas Angaben war das Kind erst neun Jahre alt. Im »Wiener Diarium«[97] fand man eine Notiz, die ein neunjähriges Wunderkind betraf, das ein Sprachgenie zu sein schien. Es handelte sich um die Tochter des Betrügers Pocchini, dem Casanova bereits in London begegnet war. Mit der kleinen Tochter Pocchinis unterhielt sich Casanova in lateinischer Prosa. Casanova war schon bald »in Feuer gesetzt«. Er ließ sich ihre Adresse geben, um sie später aufzusuchen. Dort wartete auf ihn jedoch eine böse Überraschung. Bewaffnet stürzte man sich auf ihn, raubte ihn aus und Casanova entkam »mehr tot als lebendig«. Zudem wurde er am nächsten Tag zum Polizeichef zitiert. Angeblich hatte er mit gezinkten Karten am Glücksspiel teilgenommen. Ein an die sittenstrenge Kaiserin Maria Theresia geschriebener Protest blieb erfolglos. Casanova mußte Wien verlassen. Zweifellos hatten die Popularität des polnischen Duells und die Nachrichten über seine Ausweisung das ihrige dazu beigetragen.

Anschließend zog es Casanova nach Deutschland. In Ludwigsburg begegnen wir wieder dem Hochstapler Casanova. Seinen letzten Aufenthalt in diesem Herzogtum hatte er vor langer Zeit mit einer recht unrühmlichen Flucht abbrechen müssen. Da der Herzog diesmal auf Reisen war, ließ Casanova überall verbreiten, der Herzog habe seine damals befleckte Ehre mittlerweile völlig wiederhergestellt. Die List wirkte vorzüglich. Typisch für Casanova ist auch ein amüsanter Vorfall an diesem Hof: Da eine schöne Schauspielerin das »R« nicht sprechen konnte, schrieb Casanova all ihre Rollentexte um, so daß sie über kein »R« mehr stolpern mußte. Als dann die Rückkehr des Herzogs vor der Tür stand, machte sich Casanova schnellstmöglich aus dem Staub. Über mehrere Stationen gelangte er im Sommer 1767 in den belgischen Badeort Spa, ein Paradies für leidenschaftliche Spieler, wie Casanova einer war.

97 Wiener Diarium, Nr. 96, 1766

Das 18. Jahrhundert war ein Zeitalter des Spiels. Vor allem Kartenspiele wie Hasard, Tresett, Pikett, Pharao und Trente-et-quarante erfreuten sich großer Beliebtheit. Daneben blühte das Falschspiel. Gehörte auch Casanova zu den Falschspielern? Er selbst jedenfalls wunderte sich, daß die »Griechen«, so nannte man damals die professionellen Falschspieler, ihn zu den ihren zählten: »Niemals in meinem Leben haben die Berufsspieler den geringsten Grund zu der Annahme gehabt, daß ich zu ihrer Bande gehörte, trotzdem haben sie mich aufs hartnäckigste für einen Griechen gehalten. Ich mußte einfach einer sein; sie dachten, mich damit ehren zu können.« (XI, 104) Er konnte dies nicht nachvollziehen, da er doch immer als gebildeter Mann aufgetreten sei, doch »seltsamerweise wehrte ich mich nicht dagegen, ich verstellte mich; ich mußte es einfach tun, oder den Gekränkten spielen.« (XI, 104)

Ein scheinheiliges Argument, denn oft genug arbeitete er mit Falschspielern zusammen und zog seinen Vorteil daraus. Beispielsweise hielt er 1753 in Venedig mit dem Falschspieler Croce gemeinsam eine Bank; natürlich erst nachdem er wußte, »wie man gewinnt«, und nachdem er sicher war, von diesem nicht um das erschwindelte Geld betrogen zu werden. Immer wieder finden sich in den Memoiren Hinweise darauf, wie Casanova das Spiel derart zu manipulieren wußte, daß sein Gastgeber oder eine hübsche Frau einen vorher von ihm überschlagenen Betrag gewannen. Solche Einbußen zum richtigen Zeitpunkt brachten ihn in den Ruf, »der anständigste Spieler Europas« zu sein.

Des öfteren, so zum Beispiel in Wien, wurde Casanova wegen des Spiels mit gezinkten Karten ausgewiesen. Allerdings waren solche Ausweisungsbegründungen häufig auch nur vorgeschoben, um sich einer mißliebigen Person zu entledigen, so daß wir nicht unbedingt von ihrer Berechtigung ausgehen dürfen. Das Falschspielen an sich galt jedoch unter den Reichen des 18. Jahrhunderts als läßliche Sünde, und oft sogar bewunderte man einen geschickten Falschspieler, sofern seine Einnahmequelle nicht allein im Spiel bestand. Wer mit Geist und Geschick jemanden vorführte, dem war zu jenen Zeiten der Beifall sicher. In Rußland beispielsweise hatte Casanova erfahren, daß junge Adlige sich ihrer Fähigkeit zum Spielbetrug rühmten. Im restlichen Europa war es nicht anders. Zweifellos quälten Casanova keinerlei Skrupel, einen Gauner zu betrügen. In seiner Vorrede zu den Memoiren wies er sogar ausdrücklich darauf hin, daß er stolz darauf sei, viele Ganoven hinters Licht geführt zu haben. Im Geiste sah er den Leser lachen, wenn er sehe, »wie ich mir oftmals kein Gewissen daraus gemacht habe, Tore, Schelme, und Dummköpfe zu hintergehen, wenn ich in Not war. (...) Noch jetzt beglückwünsche ich mich dazu, sooft ich mich erinnere, einen in meine Netze gelockt zu haben; denn sie sind so unverschämt und anmaßend, daß sie einen klugen Menschen unwillkürlich herausfordern. Man rächt die Klugheit, wenn man einen Dummkopf betrügt.« (I, 9)

Feinsinnig unterschied Casanova die Dummköpfe von den Dummen, die nur aus Mangel an Erziehung dumm seien und ansonsten ehrenwerte Menschen sein könnten. Dagegen war es Casanova gar nicht recht, wenn andere in ihm einen Dummkopf erblickten und ihn auf plumpeste Weise ausnahmen. Bei solchen Gelegenheiten griff er auch zur Pistole, um sein Geld zurückzuerlangen.

Casanova war zwar kein Berufsspieler, aber zweifellos ein leidenschaftlicher Spieler: »Woher kam denn nun die Unruhe, die mich quälte? Woher sie kam? Von meiner unglückseligen Gewohnheit des Spielens. Diese Leidenschaft war tief in mir eingewurzelt: Leben und Spielen war für mich gleichbedeutend.« (IV, 119) Außerdem zog er aus dem Spiel noch einen weiteren Vorteil: Es war »ein Linderungsmittel gegen Aufregungen der Liebe.« (III, 255) Wie viele andere Spieler, mußte Casanova häufig Wertgegenstände im Pfandhaus hinterlassen. Sobald sein Gönner Bragadin oder Madame d'Urfé ihm Geld schickten, löste er diese Gegenstände wieder aus.[98] Häufig gelang es ihm aber auch, mit dem Spiel aufzuhören, bevor es ihn zu ruinieren drohte. Ein Beispiel:

»Das Spiel begann. Obgleich ich nur auf eine einzige Karte und sehr vorsichtig spielte, war doch nach drei Stunden mein Körbchen leer. Ich hörte auf, obgleich ich noch fünfundzwanzigtausend Dukaten besaß; ich hatte aber gesagt, daß ich nicht höher spielen würde, und ich wollte nicht gern mein Wort brechen. Ich bin gegen Spielverluste stets empfindlich gewesen; da ich mich jedoch immer zu beherrschen wußte, hat man niemals meinen Ärger bemerken können, eben weil ich mir stets Mühe gab, meine natürliche Heiterkeit zu verdoppeln und dadurch meine Stimmung zu verdecken. Dadurch gefiel ich in allen Gesellschaften (...).« (VII, 229)

Casanova wollte »gefallen«. Seine Motivation zum Spiel hatte einen kindlichen Hintergrund: Er wollte anerkannt und geliebt werden. Anläßlich eines anderen Spielabenteuers schrieb er: »Ich verlor einige Zechinen, aber man erwies mir viel Liebe. Dies ist ein viel süßeres Gefühl, als wenn man gewinnt, vorausgesetzt, daß der Spieler sich nicht in der Notwendigkeit befindet, auf sein Geld sehen zu müssen.« (III, 21)

Eine der spannendsten Darstellungen eines Spiels finden wir im achten Band der Memoiren: 1762 weilte Casanova mit Madame d'Urfé und der Corticelli in dem elsässischen Dorf Sulzbach. »Ohne das Spiel«, so stellte er fest, »würde ich mich sehr gelangweilt haben.« (VIII, 73) Casanova machte einer Dame schöne Augen und zog sich die Eifersucht eines Offi-

98 Näheres findet sich bei J. Rives Childs, 1978, a.a.O., S. 127

ziers zu. Fünf oder sechs Tage lang spielten die beiden Pikett[99]. Irgendwann kam es zu einem Wortwechsel, in dem Casanova dem Offizier, er hieß d'Entragues, vorwarf, er spiele nur des Geldes wegen, während er selber nur um des Vergnügens willen spiele.

„Das Pharao-Spiel", Gemälde von J. J. Haid

»Wieso, Sie beleidigen mich«, sagte der eifersüchtige Offizier. »Das ist nicht meine Absicht; aber jedes Mal, wenn wir miteinander gespielt haben, ließen Sie mich nach einer Stunde im Stich«, entgegnete Casanova. D'Entragues meinte darauf frech, dies könne Casanova doch nur angenehm sein, »denn da Sie nicht so gut spielen wie ich, so würden Sie notwendigerweise viel verlieren.« Dies konnte Casanova natürlich nicht auf sich sitzen lassen: »Das ist möglich, aber ich glaube es nicht.« Sie vereinbarten ein Spiel, bei dem der erste, der aufhören würde, dem anderen die Summe von fünfzig Louis schuldete.

Sie begannen um drei Uhr nachmittags, und um neun Uhr schlug der Offizier vor, gemeinsam zum Essen zu gehen. Casanova antwortete, er habe keinen Hunger, doch stehe es dem anderen frei, zu gehen, wenn er ihm das Wettgeld überreiche. Natürlich spielten sie weiter. Die Dame, um die die beiden wetteiferten, sah dem Treiben zu und verlieh dem Spiel damit eine besondere Note. Schweigend spielte man die ganze Nacht hindurch. Morgens um sechs in der Frühe sah Casanova durch die Fenster

99 Ein Kartenspiel für zwei Personen

die ersten Kurgäste bei ihren Spaziergängen. Die ersten Besucher betraten schließlich den Spielsaal: »Alle beglückwünschten uns zu unserer Ausdauer und klatschten Beifall; wir aber saßen mit verdrießlichen Gesichtern da.« Trotz guter Karten hatte Casanova bis zu diesem Zeitpunkt hundert Louis verloren, doch wenn er die Wette noch gewinnen würde, könnte er sich nicht nur im Glanz der Gesellschaft sonnen, sondern auch den Spielverlust ausgleichen. So beschloß er, auf keinen Fall nachzugeben.

Als Madame Sax erschien, jene Dame um deren Gunst beide buhlten, schlug man vor, die Rivalen sollten eine Tasse Schokolade trinken. Während die Schokolade gebracht wurde, meinte der Offizier: »Wir wollen abmachen, daß der die Wette verloren haben soll, der zuerst etwas zu essen bestellt oder sich auf länger als eine Viertelstunde entfernt oder auf seinem Stuhl einschläft.« (VIII, 76) Casanova stimmte zu.

Mittags rief man die beiden zum Essen, doch sie antworteten gleichzeitig, daß sie keinen Appetit hätten. Zur Teestunde am Nachmittag ließen sie sich von den Anwesenden zu etwas Fleischbrühe überreden. Als sie zur Zeit des Abendessens noch immer verbissen spielten, merkte jedermann, daß die Sache ernst zu werden begann. Madame Sax schlug vor, das Spiel zu beenden und den Wetteinsatz zu teilen. Da Casanova jedoch immer noch am Verlieren war, hätte er bei einer solchen Lösung den Kürzeren gezogen. Seine Ablehnung hatte jedoch, und das ist typisch für Casanova und entspricht auch dem Geist des 18. Jahrhunderts, weniger mit Geld zu tun: »(...) Es handelte sich für mich viel mehr um die Ehre.« (VIII, 77).

Casanova fühlte sich zudem noch frisch, »während mein Gegner das Aussehen eines wandelnden Leichnams hatte.« In kritischen Momenten besaß Casanova ja meist genug Geist und taktischen Spürsinn, um stets das Erfolgversprechende zu tun; so auch diesmal: Als Madame Sax weiter auf ihn einredete, »sagte ich ihr, ich sei in Verzweiflung, die Wünsche einer reizenden Frau nicht erfüllen zu können, die in jeder Hinsicht viel größerer Opfer würdig sei. Im vorliegenden Falle handele es sich aber darum, wer recht behalten solle (...).« (VIII, 77) Indem Casanova dies sagte, verfolgte er eine doppelte Absicht: »Ich wollte d'Etrangues einschüchtern, und ich wollte ihn ärgern, indem ich ihn eifersüchtig machte; da ein Eifersüchtiger alles doppelt sieht, so hoffte ich, werde er schlechter spielen.«

Madame Sax verließ Casanova und warf ihm zuvor noch einen verächtlichen Blick zu. Madame d'Urfé jedoch, die Casanova für einen unfehlbaren Magier hielt, wandte sich an d'Etrangues mit den Worten: »Mein Gott, Monsieur, wie bedaure ich Sie!« Auch die zweite Nacht spielte man durch. Als erfahrener Spieler achtete Casanova nicht nur aufmerksam auf das Spiel, sondern ebenso konzentriert auf das Gesicht seines Gegenübers. Allmählich wurden dessen Züge verstörter, und er begann im Spiel

Fehler zu machen: Er zählte falsch, legte falsch ab und brachte seine Karten durcheinander.

Casanova demonstrierte Überlegenheit, obwohl »ich kaum weniger erschöpft (war) als er; ich fühlte, wie ich immer schwächer wurde, und hoffte, jeden Augenblick, ihn tot hinsinken zu sehen, denn ich fürchtete, trotz meiner starken Konstitution besiegt zu werden.« (VIII, 78) Bei Tagesanbruch schließlich hatte Casanova sein bislang verlorenes Geld wieder zurückgewonnen. Als der Offizier einmal hinausgegangen war, warf Casanova ihm vor, länger als eine Viertelstunde fort gewesen zu sein: »Dieser vom Zaun gebrochene Streit machte ihn wütend und munterte mich auf; dies war eine natürliche Wirkung der Verschiedenheit unserer Temperamente. Es war ein Spielergriff, der wohl wert ist, daß Moralisten und Psychologen[100] ihn studieren. Meine List gelang mir, weil sie nicht vorher überlegt war und daher nicht vorausgesehen werden konnte.«

Casanova war sich seiner instinktiven psychologischen und taktischen Fähigkeiten wohl bewußt. Um neun Uhr morgens erschien dann Madame Sax bei den Kontrahenten und mahnte den immer höher gewinnenden Casanova, er möge sich endlich zufriedenstellen und das Spiel beenden. Der Charmeur und Taktiker antwortete: »Madame, in der Hoffnung, Ihnen zu gefallen, bin ich bereit, meine Wette zurückzuziehen und auf das übrige zu verzichten.« (VIII, 78) Wie vorauszusehen, verfehlten diese »in einem Ton gezierter Galanterie« gesprochenen Worte ihre Wirkung auf den Gegner nicht. D'Etrangues sagte voller Zorn, er würde nicht eher aufhören, als bis einer von beiden tot umfalle. Casanova wandte sich zu der Schönen: »Sie sehen Madame, daß ich nicht der Eigensinnige bin. Dabei machte ich ihr verliebte Augen, deren Blick in meinem Zustande wohl nicht sehr durchdringend gewesen sein mochte.«

Erneut brachte man eine Fleischbrühe. D'Etrangues war jedoch mittlerweile so schwach geworden, daß er auf seinem Stuhl hin und her schwankte und schweißüberströmt in Ohnmacht fiel. Man trug ihn hinaus. Casanova jedoch gab dem Schreiber, einer Art von Schiedsrichter, der diese zweiundvierzig Stunden ebenfalls durchgehalten hatte, ein Trinkgeld, steckte den Gewinn und das Wettgeld ein und legte sich für einige Stunden ins Bett. Um drei Uhr am Nachmittag »speiste ich mit dem besten Appetit zu Mittag.« D'Etrangues sah man erst am folgenden Tag wieder. Er umarmte Casanova mit den Worten: »(...) Sie haben mir eine Lehre gegeben, an die ich mich mein Leben lang erinnern werde, und ich bin Ihnen dankbar dafür.« VIII, 79)

Zu jener Zeit war es außerordentlich wichtig, stets die richtige Figur abzugeben: Der Schein galt dem 18. Jahrhundert fast alles. Dazu eine Ge-

100 Zum Zeitpunkt des Verfassens der Memoiren gab es schon den Begriff »Psychologie«. Als Begründer dieser Wissenschaft können der Engländer David Hartley mit seinem 1749 veröffentlichten Buch »Observations on Man« und der Franzose Etienne Bonnot de Condillac gelten.

schichte, die sich 1760 in Aix-en-Savoie zugetragen hat, wo Casanova die Bank beim Pharao gehalten hatte. Während Casanova die Karten mischte, fragte ihn ein junger Engländer: »Wollen Sie auf eine Karte den Wert dieses Wechsels halten, ohne zu wissen, wie hoch er ist?« (VI, 293) Casanova versicherte sich mündlich, daß der Wert nicht den Bankbetrag überstieg und sagte dann zu. Nachdem er nur noch zehn Karten auf seinem Häufchen liegen hatte, fragte er den Engländer, ob er seinen Einsatz zurückziehen wolle. Der Engländer lehnte ab. Casanova zog zwei weitere Karten ab: kein As. Casanova riskierte alles:

»›Mylord‹, sagte ich zu ihm, ›es ist zwei gegen eins zu wetten, daß die nächste Karte ein As ist. Ich wiederhole Ihnen, es steht Ihnen frei, Ihren Einsatz zurückzuziehen.‹ ›Nein, Sie sind zu großmütig, ziehen Sie ab!‹« (VI, 293) Casanova zog die Karte: ein As! Gelassen steckte er den Wechsel in die Tasche, ohne auch nur den Betrag zu lesen. Sein kaltblütiges Auftreten hatte die Anwesenden sehr beeindruckt. Erst auf seinem Zimmer schaute er nach und stellte fest, daß es eine sehr hohe Summe war.

Der Badeort Spa wurde damals sowohl von Fürsten und Königen als auch von berufsmäßigen Spielern und einem Heer von Prostituierten besucht. Der Geldumsatz in diesem kleinen Ort war enorm. Nach Casanovas Auskunft floß das Geld aus dem Spielbetrieb in drei Geldbeutel: Den kleinsten Teil erhielt der Fürstbischof von Lüttich, über den 1782 ein zeitgenössischer anonymer Autor schrieb: »Wie kann es sein, daß er seine Hände mit so verächtlichem Geld beschmutzt, wie Spa es liefert! Wie ist es möglich: Der verehrte Hirte einer heiligen Religion, deren göttliche Moral den Abscheu weckt, welcher jede gute Christ für das Glücksspiel empfindet, (...) gestattet die Ausbreitung der verzehrenden und beklagenswerten Leidenschaft für das Spiel (...).« (X, Anhang, S. 529)

Der zweite Teil des Geldes »verteilt sich unter die Gauner, von denen es hier wimmelt und die im allgemeinen schlechte Geschäfte machen.« Den dritten und größten Teil schließlich erhielten sieben berufsmäßige Ganoven, die sich zusammengeschlossen hatten und vom Fürsten autorisiert waren. Wer sich in Spa ausnehmen ließ, war, nach Casanovas Ansicht, selber daran schuld: »All das Geld kommt aus den Taschen der Dummen, die von vierhundert Meilen in der Runde herbeieilen, um sich in diesem Loch, das man Spa nennt, ausnehmen zu lassen.« (X, 281) Daß Casanova selbst zuweilen zu den Dummen zählte, erwähnte er nicht.

In den Saisonzeiten traf sich in Spa halb Europa. Die Mineralquellen wurden nur von den wenigsten genutzt und dienten eher als Feigenblatt. Wie man sich denken kann, war es schwer, hier eine Unterkunft zu bekommen. Da Casanova in Spa kein Zimmer reserviert hatte, ging er auf gut Glück in das Geschäft eines Hutmachers. Dort kaufte er nicht nur einen Hut, sondern erhielt auch ein Zimmer im ersten Stock. Die Inhaber erklärten sich bereit, während seines Aufenthalts im Laden zu schlafen. Nur eine Nichte übernachtete noch in Casanovas Zimmer. Da sie hübsch war, konnte sich Casanova Annäherungsversuche nicht verkneifen. Doch das Mädchen mit dem, zweifellos von Casanova erfundenen, Namen Merci reagierte sehr kratzbürstig.

Eines Morgens sah er, wie sie, nur mit einem Leinentuch bedeckt, in ihrem Bett lag. Ihr Bett war sehr schmal, doch »das konnte mich nicht hindern, sie mit meinen Armen zu umschlingen«. Er drückte sie an sich, und bat sie, ihr einen Kuß geben zu dürfen. »Ihr Widerstand regte mich auf: Ich tat einen kühnen Griff am Fußende unter das Bettuch, und meine Hand suchte schnell an den Beinen entlang den wichtigsten Punkt. Aber wie ein Blitz kam ihr Arm hervor, und ich erhielt einen Faustschlag auf die Nase, daß ich jede Lust verlor, zärtlich zu sein.« (X, 286)

Casanova blutete erheblich, aber er ließ das Mädchen zufrieden, ohne sich zu rächen. Nachdem das Bluten aufhörte, schwoll die Nase sehr an und entstellte das Gesicht. Der erste Mensch, der ihn erblickte, eine Fischhändlerin, stieß bei seinem Anblick einen schrillen Schrei aus. Da zufällig im Haus gegenüber eine Wohnung frei geworden war, verließ Casanova sein Quartier und zog dort ein. Wer nun denkt, der große Verführer sei abgewiesen worden, der täuscht sich. Merci besuchte ihn in seiner Wohnung und entschuldigte sich für ihr Verhalten, doch sie bestand darauf, ihre Pflicht getan zu haben. Rhetorisch geschickt, wie immer, entgegnete Casanova: »Daß Sie ihre Pflicht getan haben, indem Sie mir auf die Nase schlugen? Glauben Sie, daß man sich zu entschuldigen braucht, wenn man eine Pflicht erfüllt hat?« Weinend sank sie ihm auf die Brust und antwortete: »Ich hätte mich sanftmütig verteidigen müssen. (...) Ich werde mich überhaupt nicht mehr verteidigen, ich bin ganz und gar die Ihre. Ich liebe Sie und bin ganz und gar bereit, Sie davon zu überzeugen.« (X, 289)

Casanova jedoch hatte buchstäblich die Nase voll von ihr. Sein Stolz war tief verletzt. Er stieß sie zurück und sagte, sie möge wiederkommen, wenn sein Gesicht wieder seine frühere Gestalt angenommen hätte. Später bemerkte er: »Ich schämte mich eines Sieges, den sie mir so leicht machte.« Bei dieser Geschichte mag mancher einwenden, ihr Schluß könne von Casanova erdichtet sein, damit er einen »besseren Abgang« nach jener Schmach habe. Doch wenn dem so wäre, hätte er diese Episode sicherlich gänzlich weggelassen.

In dem gemieteten Haus traf Casanova bald einen alten Bekannten, den Berufsspieler und Gauner Antonio Croce. 1763 hatte der damals bankrott gegangene Croce Casanova in Mailand gebeten, seine junge Freundin ihrem Vater zuzuführen. Auch jetzt kam es nicht anders. Croces Begleiterin war ein im sechsten Monat schwangeres sechzehnjähriges Mädchen, dessen Namen die Historiker mit Charlotte Lamotte angeben. Charlotte war bezaubernd und beeindruckte Casanova sofort. Er fragte sich, warum sich immer wieder Schönheiten in diesen ungebildeten und eher häßlichen Antonio Croce verliebten. Naiv glaubte Charlotte, Antonio werde sie heiraten; von seinen betrügerischen Machenschaften ahnte sie nichts.

Eigentlich wollte Casanova schon wieder abreisen, doch die Zuneigung zu Charlotte hielt ihn fest. Währenddessen verlor Croce ein um das andere Spiel. Selbst als er Charlottes kostbaren Schmuck versetzte und verspielte, hoffte die naive Schöne noch immer auf eine rosige Zukunft. Croce wußte keinen Ausweg mehr und nahm Casanova beiseite. Er bat den Freund, sich um Charlotte zu kümmern, denn ansonsten bliebe ihm nur der Freitod. Er wollte angeblich sogleich zu Fuß nach Warschau aufbrechen. Zu Fuß? In diesen unsicheren Zeiten? Dies klingt ziemlich unglaubwürdig. Unter Tränen umarmte er Casanova und ging – »ohne

Mantel, ohne auch nur ein Hemd in der Tasche zu haben, in seidenen Strümpfen und mit einem Stock in der Hand.« (X, 296) Ist es nicht möglich, daß Casanova auf einen glänzend schauspielenden Croce hereingefallen war, der einfach nur die Schwangere vom Halse haben wollte? Vielleicht war Croce einfach nur an den nächsten Spieltisch gepilgert und lachte sich dabei ins Fäustchen?

Casanova nahm seinen Auftrag ernst. Der weinenden Charlotte, die mittlerweile im achten Monat der Schwangerschaft war, enthüllte er die schmerzliche Wahrheit. Wie bei so vielen seiner Frauen-Begegnungen, schlüpfte Casanova in die Vaterrolle: »Hören Sie mich an, und seien Sie überzeugt, daß Sie in mir einen zärtlichen Vater sehen müssen, der Sie liebt und es Ihnen an nichts fehlen lassen wird (...).« (X, 297) Verglichen mit dem Casanova, der noch so rüde gegen die Hannoveranerinnen aufgetreten war, scheint unser Held wie ausgetauscht. Selbstlos opferte er sich der Frau, die er fast wie ein Heilige verehrte. Charlotte war dankbar,

»daß ich sie nicht als Liebhaber begehrte. Denn, obwohl ich sie stundenlang in meinen Armen hielt, begnügte ich mich damit, ihre schönen Augen zu küssen, und verlangte niemals mehr für meine Zärtlichkeit. Ich war glücklich über ihre Dankbarkeit und über das Glück, das meine Zurückhaltung ihr bereitete. Wenn die Versuchung meine Gefühle zu stark weckte, entfernte ich mich voller Entrüstung. So kann es einen gefühlvollen Mann treffen, der sich unglücklich verliebt hat.« (X, 298)

Mit einem Wagen brachte Casanova Charlotte nach Paris. Die Stadt schien ihm seit seinem letzten Aufenthalt total verändert zu sein. Madame d'Urfé wäre mittlerweile gestorben, lesen wir. Doch hier lügt Casanova, denn seine ehemalige Gönnerin lebte noch bis 1775. Nach seinen Betrügereien konnte er sich aber nicht mehr bei ihr sehen lassen.

Anfang Oktober führte Casanova die Hochschwangere zu einer Hebamme, wo er ihr ein Zimmer reservieren wollte. Auf dem Weg dorthin mußte der Wagen eine Viertelstunde halten, um den Leichenzug einer hochgestellten Person passieren zu lassen. Charlotte bedeckte

Francesco Casanova
Die Büste wird fälschlicherweise häufig als die Giacomos bezeichnet.

ihre Augen mit einem Taschentuch und lehnte sich an ihren Freund: »Ohne Zweifel ist es eine Dummheit; aber in meinem Zustand ist dieses Zusammentreffen ein böses Vorzeichen.« (X, 301) Casanova versuchte, sie zu beruhigen. Nachdem er sie gut untergebracht hatte, brachte er sein Gepäck in die Wohnung seines in Paris wohnenden Bruders Francesco Casanova.[101]

Von neun Uhr früh bis ein Uhr in der Nacht wachte Casanova am Bett Charlottes, die ein »hitziges Fieber« bekam. In Gegenwart Casanovas wurde Charlotte am siebzehnten Oktober von einem gesunden Jungen entbunden. Noch am selben Tag wurde das Kind getauft und in ein Findelhaus gebracht – gegen Casanovas Wille. Vergeblich hatte er versucht, Charlotte zu überreden, das Kind ihm anzuvertrauen. In den folgenden Tagen wurde das Fieber der Mutter heftiger. Casanova weilte Tag und Nacht bei ihr. Schließlich starb Charlotte am 26. Oktober 1767 um fünf Uhr morgens. Voll Trauer nahm er von ihr Abschied:

»Eine Stunde bevor sie ihre schönen Augen für immer schloß, nahm sie Abschied von mir; sie sagte mir, es sei der letzte Abschied, und bevor sie meine Hand losließ, führte sie sie an ihre Lippen; dies geschah in Gegenwart des Geistlichen, der ihr um Mitternacht die Beichte abgenommen hatte. (...) In Tränen zerfließend, setzte ich mich neben Charlottes Totenbett und sah nicht die Hebamme, die vergeblich versuchte, mich zu überreden, zu ihr hinunterzukommen. Mittags erschien mein Bruder und dessen Frau, die mich seit acht Tagen nicht mehr gesehen hatten und weinten mit mir. Sie entfernten sich auf meine Bitte. Ich schlief dort und verließ das Zimmer nicht eher, als bis man Charlotte wegtrug, um sie zu Grabe zu tragen.« (X, 302)

Casanova konnte, wie solch anrührende Passagen beweisen, sehr viel Herz zeigen. Er war kein Verführer vom Schlage Don Juans, der die Frauen stets im Elend zurückließ, doch wie das Beispiel der Hannoveranerinnen gezeigt hat, konnte er sein Herz zuweilen auch vergessen.

Bei Francesco holte er sich seine Post. Da traf ihn der nächste Schlag: Sein Gönner Bragadin war in Venedig gestorben. Weinen konnte Casanova nicht mehr, denn »meine Tränen waren versiegt«. Zweifellos liebte Casanova seinen Gönner nicht nur darum, weil er sich wegen seines Schützlings zunehmend in Schulden gestürzt hatte. Noch im Sterben hatte der gute Bragadin einen Wechsel auf tausend Taler für den in Paris Weilenden ausgestellt.

Casanova fühlte sich am Ende: »Ich war niedergeschmettert. Nun konnte ein schlimmerer Schlag vom Schicksal nicht mehr kommen.« (X, 304) Blicken wir zurück: Alle vergangenen Reisen waren Mißerfolge gewesen. Hatte der junge Ca sanova dank seines Geistes, seines Witzes und seines

101 Er war ein bekannter Schlachten- und Landschaftsmaler.

guten Aussehens wegen überall als hoffnungsvolles Talent gegolten, stand der langsam älter werdende vor einem Scherbenhaufen. Weder in Preußen, noch in Rußland oder in Polen, war es ihm gelungen, einen Posten oder längerfristigen Auftrag zu erhalten. Immer häufiger hatte ihn seine skandalumwitterte Vergangenheit heimgesucht und ihn zum Weiterreisen gezwungen.

Auch dieses Mal kam es nicht anders. Ein Neffe der geschädigten Madame d'Urfé entdeckte ihn in einem Theater und rief laut, er hätte ihn Millionen gekostet. Casanova entgegnete: »Sie können nur ein frecher Mensch sein. Wenn wir draußen wären, würde ich Ihnen einen Fußtritt in den Hintern geben, um Ihnen einen anständigen Ton beizubringen.« (X, 304) Der Wortwechsel hatte Folgen. Kurze Zeit später erschien in der Wohnung des Bruders ein königlicher Bote mit dem Befehl[102], Casanova möge innerhalb von vierundzwanzig Stunden Paris und binnen drei Wochen das Land verlassen. Casanova hatte längst nicht mehr so viel Einfluß und so viele Gönner wie früher, dennoch hätte er Protest einlegen können. Doch er schien des Kämpfens müde geworden zu sein. Resigniert fügte er sich und beschloß, nach Erhalt einiger Empfehlungsbriefe nach Spanien zu reisen.

102 Es handelte sich um einen »Lettre de cachet«, einen versiegelten und vom König persönlich unterschriebenen Geheimbrief, der meist einen Ausweisungs- oder Verhaftungsbefehl enthielt.

Eigentlich wollte Casanova Spanien nur als Durchgangsstation auf seiner lange geplanten Reise nach Portugal kennenlernen. Während er in den Memoiren seine spanischen Erlebnisse schilderte, ging er jedoch mit keinem Wort darauf ein, warum er dann doch nicht nach Portugal gefahren war. Er läßt den Leser auch im Unklaren, was an Portugal für ihn lohnenswert gewesen sein könnte. Pauline, seine ehemalige Geliebte, dürfte jedenfalls bei diesen Überlegungen keine Rolle gespielt haben.

Es ist auch vermutet worden, Casanova sei als geheimer Informant aus Paris abgereist. Ein Ausgewiesener, der gleichzeitig für Informationsdienste bezahlt wurde? Für das 18. Jahrhundert sind solche Widersprüche durchaus nichts besonderes. Jedenfalls hatte Casanova von dem ihm gewogenen französischen Außenminister Choiseul einen Sonderpaß entgegengenommen, der es ihm ermöglichte, die Postpferde zwischen Paris und Bayonne zu benutzen. Besonders optimistisch trat er die Reise jedoch nicht an: »Ich war bereits in meinen eigenen Augen ein Herr von einem gewissen Alter. Von diesem Alter will das Glück für gewöhnlich nichts wissen und die Frauen noch weniger.« (X, 307) Das veränderte Lebensgefühl des Zweiundvierzigjährigen war nicht zuletzt auch durch den Wegfall der Stütze von Signor Bragadin bedingt.

Die Pyrenäen[103] überquerte der Abenteurer auf einem Maultier und traute seinen Augen nicht: »Das Gebirge erschien mir viel gewaltiger als die Alpen.« (X, 312) Dies ist einer der seltenen Fälle in den Memoiren, in denen Casanova auf die Landschaft einging. In Pamplona nahm er dann einen Fuhrmann. Nach zwanzig Meilen hörte zu seiner Verwunderung plötzlich die Straße auf: »Ich kann nicht sagen, daß ich nach dem Aufhören der Straße eine schlechtere fand, denn ich fand überhaupt keine mehr.«

Über steile Hänge ging es hinauf und hinunter, ohne daß man irgendwo eine Wagenspur gesehen hätte. Die Unterkünfte waren elend. Der Wirt eines Dorfes rauchte seine Zigarre, und »seine Armut war für ihn Reichtum«, wenn der »Fremde bei der Abreise nur nicht sagen konnte, er hätte sich irgendwelche Mühen um ihn gemacht.« Casanova kommentierte jenen Menschenschlag: »Diese Denkweise beruht auf großer Faulheit, die mit viel Stolz gemischt ist: Man ist ja Kastilianer; man darf sich nicht so weit erniedrigen, einen ›gabacho‹[104] zu bedienen.«

Die spanischen Herbergen wiesen noch eine andere unangenehme Eigenart auf: Wie Gefängniszellen ließen sie sich nur von außen zuschlie-

103 Zuweilen sind die Pyrenäen bis zu 3500 Meter hoch.
104 Spanisch: Fremder

ßen! Die erste und zweite Nacht ließ Casanova es sich gefallen, eingeschlossen zu werden. Doch dann beschwerte er sich bei seinem Fuhrmann, daß er diese Behandlung nicht länger dulden werde. Dieser gab gelassen zu Antwort: »In Spanien muß man sich das gefallen lassen, denn die heilige Inquisition muß stets nachsehen können, was etwa die Fremden in ihren Zimmern machen (...).« (X, 315) »Worauf kann denn Ihre heilige Inquistition neugierig sein?« fragte er. Die Antwort war so gar nicht nach Casanovas Geschmack: Die Inquisition interessiere, ob jemand an Fastentagen Fleisch esse, »ob im Zimmer mehrerlei Personen beiderlei Geschlechts sind; ob die Frauen allein schlafen oder mit Männern und, wenn letzteres der Fall ist, ob die zusammen Schlafenden rechtmäßige Ehepaare sind; wenn sie sich nicht durch Trauscheine ausweisen können, werden sie ins Gefängnis gebracht. Die Heilige Inquistion wacht (...) ständig über unserem Seelenheil, Senor Don Jaime.[105] (X, 315)

Im privaten und öffentlichen Leben Spaniens spielte die Inquisition eine nicht zu unterschätzende Rolle. Öffentliche Verbrennungen oder Einkerkerungen sind belegt bis zum Jahre 1781! Abgeschafft wurde die Inquisition in Spanien erst im Jahre 1834. Doch Spanien unterschied sich noch in anderen Dingen vom Rest Europas. Nicht selten amüsierten sich die Nachbarstaaten über das iberisches Anhängsel. Sie lachten zum Beispiel über den sogenannten Hosenstreit. Hosen ohne Latz waren auf das strengste verboten. Wer dagegen verstieß, wanderte ins Gefängnis.

Beeindruckt war Casanova dagegen von der spanischen Sprache, die er sehr schnell verstehen lernte, wenn es auch mit dem Sprechen haperte. Sie sei eine der »schönsten der Welt«: majestätisch, klangreich und kräftig. Wenn sie »ore rotundo«[106] gesprochen werde, entfalte sie die höchste poetische Harmonie. Nur die drei Kehllaute nehmen, seiner Ansicht nach, etwas von der Lieblichkeit weg.

In Madrid angekommen, wurde zunächst Casanovas Gepäck durchsucht. Glücklicherweise hatte er jenes Buch von Aretino, in dem die Liebesstellungen beschrieben sind, nicht dabei. Nur Homers Ilias fand man und nahm sie ihm ab. Er erhielt sie einige Tage später wieder zurück. Einer von den Kontrolleuren bat ihn um eine Prise Schnupftabak, der damals in Europa sehr verbreitet war. Casanova gab dem Beamten eine Prise und mußte zu seinem Erstaunen hören, daß gerade dieser Tabak in Spanien mit einem Bann belegt war. Der Beamte schüttete, zum Entsetzen des Reisenden, den Inhalt der ganzen Dose auf die Straße.

Nach Casanovas Beobachtungen entzündeten die strengen Sitten des Landes das Gemüt um so mehr, als man es kontrollieren wollte: »Beide Geschlechter sind von Begierden und Leidenschaften beseelt, die so hitzig sind wie die Luft, die sie einatmen.« (X, 318) Ein weiteres Kennzei-

---

105 Spanische Form für »Giacomo«

106 Mit gerundetem Mund (Anspielung auf ein Horaz-Zitat)

Die Puerta del Sol in Madrid, Gemälde von Luis Paret y Alcazar

chen der spanischen Männer war ihr leidenschaftlicher Fremdenhaß und ihr Überlegenheitsanspruch. Doch dies hatte auch seine positiven Seiten, denn die spanischen Frauen, »die ohne Zweifel die Ungerechtigkeit (...) dieses Hasses erkennen, rächen uns, indem sie uns lieben.« (X, 318) Allerdings befleißigten sich die Frauen dabei der äußersten Vorsicht, denn der spanische Mann konnte rasend eifersüchtig werden.

Liebschaften unter Spaniern waren immer geheimnisvoll und mit Intrigen und religiösen Skrupeln verknüpft, da sie eine verbotene Sache darstellten. Ein mutiger Liebhaber wurde einem furchtsamen immer vorgezogen. In der Kirche, auf Spaziergängen und im Theater sprachen die Frauen die Männer mit den Augen an. Meisterhaft beherrschte die Spanierin die Sprache der Verführungskunst. Wenn der Mann, der auf solche Weise angesprochen wurde, die Gunst des Augenblicks beim Schopf zu nehmen wußte, traf er nach Casanovas Beobachtungen nie einen nennenswerten Widerstand an. Übersah er jedoch solche Hinweise, oder verpaßte er den richtigen Augenblick, erhielt er keine neue Chance.

Dem Zusammensein eines Liebespaares waren in Madrid viele Barrieren in den Weg gestellt. Wenn man sich in einem Gasthaus ein Zimmer geben ließ, um mit einer Frau zu speisen, war der Kellner ständig im Zimmer anwesend, damit er später vielleicht einem Vertreter der Inquisition schwören konnte, daß diese beiden nichts weiter getan hatten, als dem lukullischen Genuß zu frönen. Gerade wegen dieser Verbote, war dem Erfindungsreichtum keine Grenze gesetzt, und es herrschte die »größte Zügellosigkeit«: »Männer und Frauen scheinen sich verabredet zu haben, jede Überwachung überflüssig zu machen.« (X, 327)

Diese Bemerkungen Casanovas künden von einer detaillierten Beobachtung, die viele Historiker und Kulturgeschichtler gewürdigt haben. Zuhause ist dieses europäische Rundum-Talent aber auch in technischen Fragen. Da es in Madrid sehr kalt werden konnte[107], fertigte Casanova einen Bauplan für einen Ofen, den man nach seinen Angaben aus grobem Weißblech herstellte und in seinem Zimmer installierte.

Nach und nach besuchte Casanova all jene Persönlichkeiten, für die er Empfehlungsbriefe besaß. Eine der bedeutendsten war der Graf Aranda[108], dem man mehr Macht als dem König nachsagte. Dieser Politiker war ziemlich häßlich und schielte unangenehm. »Was wollen Sie denn in Spanien?« fragte er recht kühl. Casanova gab zur Antwort, er wolle die Sitten des Landes studieren und sich der Regierung nützlich machen. In seinem Hinterkopf schlummerte ein Projekt von einer Tabakfabrik.

Es stellte sich bald heraus, daß man in Spanien unbedingt eine Empfehlung des Gesandten seines Heimatlandes benötigte. Auch in diesem Punkt war Spanien wieder einmal konservativer als der Rest Europas. Wie sollte Casanova aber in den Besitz einer solchen Empfehlung kommen, wenn ihm beim Überqueren der venezianischen Grenzen die sofortige Einkerkerung drohte? Seine Flucht aus den Bleikammern war ganz und gar nicht vergessen.

Wie der Zufall es wollte, sollte ihm ausgerechnet der Sohn jenes Mannes helfen, der ihn damals durch seine Bespitzelung ans Messer geliefert hatte. Jener Antonio Manuzzi war der Sekretär des venezianischen Gesandten in Spanien, Mocenigo. In Spanien nannte sich Manuzzi »Graf«, obwohl er, wie Casanova genau wußte, keiner war. Dieses Wissen sollte später noch eine verhängnisvolle Bedeutung haben. Casanova verstand sich sofort mit diesem Mann, der ihm sogar enthüllte, daß er mit dem Gesandten ein homosexuelles Verhältnis hatte. Casanova vermutete ganz richtig, daß Manuzzi von seinem Liebhaber alles verlangen konnte. Tatsächlich erhielt Casanova auf dessen Fürsprache hin auch sofort eine Audienz beim Gesandten. Dieser zeigte sich wohlwollend, bat aber um Verständnis, daß er ihn offiziell nicht am Hof vorstellen konnte. Casanova wand ein, er würde bald durch die Vermittlung von Freunden seines verstorbenen Gönners Bragadin eine schriftliche Bestätigung einer der

107 Madrid ist die höchstgelegene Hauptstadt Europas (über 600 Meter).
108 Er war Präsident des königlichen Rates von Kastilien.

venezianischen Staatsinquisitoren erhalten, so daß man ihn unbedenklich vorstellen könnte. Dieser Brief traf später tatsächlich ein.

Unter den Bekanntschaften, die Casanova machte, war auch der deutsche Maler Mengs, ein Günstling des spanischen Königs, dessen Bilder Casanova nur mäßig beeindruckten: In Farbgebung und Entwurf sei er ein großer Künstler, »doch fehlte es ihm an Erfindungsgabe, und diese ist die notwendige und wesentliche Eigenschaft eines großen Malers.« (XI, 56), In mancherlei Hinsicht mag Casanova ein Scharlatan gewesen sein, doch seine Urteile erwiesen sich meist als zutreffend. Im Brockhaus-Lexikon wird Mengs ähnlich bewertet: »Seine Zeichnung ist richtig, seine Technik bedeutend. Gleichwohl lassen seine Bilder den Beschauer kalt, weil sie Absichtlichkeit und Mangel an Inspiration verraten.«[109]

Neben all diesen gesellschaftlichen Aktivitäten wird man sich fragen, was sich in Sachen Liebesabenteuer tat: »Abgesehen davon, daß mein Herz immer noch um Charlotte blutete, begann es mich zu entmutigen, wenn ich sehen mußte, daß die Frauen mir nicht mehr den Empfang bereiteten wie früher.« (X, 325) Doch das sollte sich bald ändern. Casanova besuchte im Theater einen Maskenball. Hier fiel ihm erneut eine unsympathische Eigenart Spaniens ins Auge: Die Logen waren zum Parkett hin völlig offen. Ein neben ihm sitzender Mönch klärte ihn salbungsvoll über die Bedeutung auf: »Wenn ein Herr und eine Dame sicher sind, daß vom Parkett aus ihre Hände nicht gesehen werden können, könnten sie mit ihnen etwas Unanständiges tun.« Casanova spielte den Scheinheiligen: »Was denn Unanständiges?« »Bei Gott! Die Dame könnte bei dem Herrn die ›pugnetta‹[110] machen!«

Gegenüber der Bühne befand sich eine große vergitterte Loge. Darin wachten die Padres der Inquisition höchstpersönlich über das Benehmen der Schauspieler und Zuschauer. Auf diesem Ball lernte Casanova einen Spanier kennen, der ihn bedauerte, allein zu sein. Viertausend junge Mädchen würden danach schmachten, an einem solchen Ball teilnehmen zu können, sie dürften jedoch nicht ohne Begleitung ausgehen, erzählte dieser und erteilte Casanova den wohlmeinenden Rat: »Kein Vater und keine Mutter werden den Mut haben, Ihnen die Gesellschaft ihrer Tochter zu verweigern, wenn Sie zu ihnen gehen und um die Ehre bitten, das Mädchen auf den Ball führen zu dürfen.« (X, 328)

Um Mitternacht desselben Abends erlebte Casanova ein ihn begeisterndes Schauspiel, den »tollsten Paartanz«, den man sich denken kann: den Fandango. Bisher hatte er diesen von Gitarren und Kastagnetten begleiteten Tanz nur in Italien und Frankreich erlebt und an ihm nichts besonderes gefunden. Nur ihn Spanien verstand man nämlich, ihn mit den verführerischsten Bewegungen zu tanzen. Jedes Paar mache nur

109 Zitiert nach Heinz von Sauter, a.a.O., S. 271
110 Italienische Schreibweise: Händedruck

»drei Schritte aufeinander zu und klappert zum Klang der Musik mit den Kastagnetten, die es in den Händen hält; dabei nehmen sie laufend andere Stellungen ein, wie man sie sich sinnlicher kaum noch vorstellen kann. Die des Mannes zeigen sein Verlangen als Liebhaber, die der Frau das Mitfühlen, die Ekstase und den Genuß. Es schien mir unmöglich zu sein, daß nach einem solchen Tanze die Tänzerin ihrem Tänzer etwas versagen könnte. Der Anblick entzückte mich dermaßen, daß ich laut aufschrie.« (X, 329)

Die meisten Spanier dächten sich nichts besonderes bei diesem Tanz, erklärte man Casanova. Es fiel ihm schwer dies zu glauben. Vielleicht war es kein Zufall, daß sich gerade im sittenstrengen Spanien ein solches Ventil gefunden hatte. Casanova jedenfalls war so begeistert vom Fandango, daß er ihn sofort lernen wollte. Innerhalb von drei Tagen lehrte ihn ein Tanzlehrer mehr als nur die Grundbegriffe. »Sogar nach dem Urteil der Spanier«, prahlte Casanova, tanze kein Madrilene den Fandango so gut wie er.

Was jetzt noch fehlte, war die Partnerin. Mit irgendeinem beliebigen Mädchen konnte der ästhetisch anspruchsvolle Casanova natürlich nicht zufrieden sein. Er begab sich in eine Kirche und suchte sich eine junge Schönheit aus. Unbemerkt folgte er ihr, um zu erfahren, wo sie wohnte. Nach einer Wartezeit von einer Viertelstunde meldete er sich an der Türe mit den Worten: »Ein friedlicher Mensch!« Diese etwas seltsamen Worte ließen den Einheimischen wissen, daß kein Vertreter der Inquisition um Einlaß bat. Trotz seines schlechten Spanischs konnte er dem Familienvater, einem Flickschuster, sein Anliegen deutlich machen. Er behauptete, sich auf gut Glück an seiner Tür gemeldet zu haben und noch nicht einmal gewußt zu haben, ob der Hausherr überhaupt eine Tochter habe. Der Vater, ein sehr stolzer Schuhmacher, fühlte sich durch die Bitte des gut gekleideten Fremden geschmeichelt.

Bei der nächsten Gelegenheit fuhr Casanova mit der schönen Doña Ignacia zum Ball. Casanova war angenehm überrascht, wie sinnlich seine Partnerin den Fandango tanzte. Nach dem Ball wartete draußen im Wagen Ignacias Mutter, die aus Anstandsgründen all die Stunden in der kühlen Nacht ausgeharrt hatte. Bevor das Liebesabenteuer fortgeführt werden konnte, geriet Casanova wieder einmal in Konflikt mit der Justiz. Sein Diener hatte ihn wegen Waffenbesitzes verraten. Vermutlich haben aber noch andere Gründe bei dieser Inhaftierung eine Rolle gespielt. Unter den zahlreichen Varianten, sei hier nur die abenteuerlichste erwähnt: Angeblich hatte Casanova unter dramatischen Umständen versucht, die Leiche eines Liebhabers loszuwerden, den eine Nachbarin ermordet hatte. Möglicherweise aber war, wie schon so oft, nur sein schlechter Ruf der Obrigkeit bekannt geworden. Kontakte zu dunklen Gestalten pflegte Casanova jedenfalls auch in Spanien.

Dank seiner guten Verbindungen, vor allem zum mächtigen Grafen Aranda, war er schon nach zwei Tagen wieder auf freiem Fuß. Doch seine äußerst empfindliche Ehre fühlte er zutiefst beschmutzt. Wenn schon die spanischen Herbergen eher Elendsquartieren glichen, so trotzen die damaligen spanischen Gefängnisse jeder Beschreibung. Während der zwei Tage hatte Casanova keine Minute geschlafen, denn er mußte fürchten, daß man ihm sein Geld aus den Kleidern stahl. Ungemütlich war es auch in anderer Hinsicht: Neben seinen Mitgefangenen, deren Fäkalien sich über die gesamte Zelle verteilten, hatte er noch weitere ungebetene Gäste aushalten müssen: »Ich setzte mich auf ein Bett, das ich drei Stunden später wieder verließ, als ich mich von Läusen bedeckt sah, deren bloßer Anblick einem Italiener oder Franzosen Ekel einflößt, einem Spanier jedoch unvermeidlich zu sein scheint, den solches Mißgeschick höchstens belustigt. Flöhe, Wanzen und Läuse gibt es in Spanien in so großen Mengen, daß sie niemand als Anstoß betrachtet. Man sieht sie wohl als eine Art Haustiere an.« (XI, 32)

Ein weiterer Stolperstein wartete auf Casanova. Der Gemeindepfarrer ließ am Kirchenportal eine Liste anschlagen, auf der alle Namen von Ungläubigen vermerkt waren. Diese Personen, unter denen sich auch Casanova befand, hatten nach eingehender Prüfung nicht am Ostergottesdienst teilgenommen. Solch eine Veröffentlichung kam im frommen Spanien einer gesellschaftlichen Ächtung gleich und konnte Casanovas ehrgeizigen Plänen nur schaden. Glücklicherweise war er jedoch über die Ostertage krank gewesen. Er hatte einen Abszeß gehabt, der chirurgisch behandelt werden mußte.

Der Maler Mengs, ein opportunistischer Charakter, schickte ihm prompt einen Brief, indem er sich jeglichen Kontakt mit dem Ungläubigen verbat. Casanovas Zorn verlieh ihm neue Kräfte. Zum ersten Mal konnte er wieder aufstehen und machte sich sogleich auf den Weg zur Kirche. Dort ließ er sich von einem Franziskanermönch die Beichte abnehmen und empfing am nächsten Tag die Kommunion. Über all dies ließ er sich eine Bescheinigung schreiben.

Von diesem Zwischenfall abgesehen, entwickelten sich die Dinge nach seiner Freilassung wieder erfreulicher. Nach den Tagen im Gefängnis lud man ihn überall hin ein. Er galt als rehabilitiert. Sogar ein lukratives Projekt stand in Aussicht: Casanova sollte einen Plan zur Besiedlung der Sierra Morena ausarbeiten, denn bei der Besprechung dieses Projekts hatte er eine aufsehenerregende Bemerkung gemacht: Die vorgesehenen Schweizer Auswanderer fand er für das Unternehmen nicht geeignet, denn sie litten angeblich zu sehr an Heimweh. Seiner Ansicht nach sollte man Menschen aus Asturien für die Umsiedlung gewinnen. Der zuständige Politiker versicherte ihm, man würde ihn zum Gouverneur der Sierra Morena ernennen, wenn sein Plan bei Hof begrüßt werde.

Um seinem Namen mehr Glanz zu verleihen und den Hof günstig zu stimmen, schrieb Casanova unentgeltlich das Libretto zu einer Opera buffa. Dank seiner geistigen Fähigkeiten gelang ihm dies innerhalb von nur wenigen Tagen. Wie so viele Veröffentlichungen Casanovas, ist leider auch diese Oper verschollen. Die Aufführung jedenfalls brachte den erhofften Erfolg: »Der Kapellmeister wurde reichlich belohnt; von mir aber nahm man an, daß ich über einem Dichter stehe, der für Geld arbeite, mein Lohn bestand daher in Beifall.« (XI, 62)

Am Hof machte Casanova die Bekanntschaft des königlichen Kammerdieners. Durch diesen Umstand gewährte er der Nachwelt intimere Einblicke in das höfische Leben: »Seine Katholische Majestät«[111] speiste jeden Tag um elf Uhr zu Mittag. Jeden Tag aß der König dasselbe Essen und ging jeden Tag zur selben Stunde mit seinem Bruder auf die Jagd und kehrte abends todmüde zurück. Nicht ein einziges Mal, so hob Casanova staunend hervor, sei der König seiner Gattin untreu gewesen. Er nannte ihn deshalb im Stillen »Karl den Keuschen«.

Nach dem Tod seiner Frau hielt der König ihr aus religiösen Gründen nach wie vor die Treue. Eine Geliebte zu nehmen, wäre für ihn niemals in Betracht gekommen. Casanova hielt dies für eine umso unglücklichere Einstellung, da der König »mit einem Temperament begabt ist, das ihn zum Geschlechtsakt sehr geneigt macht.« (XI, 71) Als die Königin noch lebte, wäre kein einziger Tag vergangen, an dem er sie nicht beglückt hätte – mit Ausnahme jener Tage, an denen die »Reinlichkeit« dies verbat. Bei solchen Gelegenheiten »ermattete er sich mehr als üblich auf der Jagd, um seine Glut zu löschen.« Der verwitwete König war verzweifelt; nun mußte er jeden Tag bis zur Erschöpfung jagen gehen. Casanova gab uns eine bis ins Detail reichende Beschreibung von Carlos' »Beschäftigungsprogramm« (Zitat). Ein Diplomat bestätigte Casanovas Darstellung: Der König »treibt das ganze Jahr hindurch jeden Tag Sport, möge es regnen oder schneien.«[112]

Einmal aber dachte der König dann doch daran, zu heiraten und bat Madame Adelaide von Frankreich[113], seine Gattin zu werden. Als diese sein Bild zu Gesicht bekam, lehnte sie schnellstens ab. Denn der König war sehr häßlich. Wenn aber der König schon häßlich zu nennen war, so war er jedoch schön im Vergleich zu seinem Bruder Don Luis, »dessen Gesicht einem Angst machen konnte.« Don Luis reiste niemals ohne das Bild der heiligen Jungfrau, das Mengs ihm gemalt hatte. Es handelte sich um ein lebensgroßes Gemälde, das die Mutter Gottes in sinnlichster Weise darstellte. »Der Infant war in das Bild verliebt, aber er hielt die sündigsten aller wollüstigen Gefühle für Frömmigkeit.« (XI, 65) Nach Einschätzung Casanovas, der das Bild gesehen haben mußte, war es unmöglich, daß man bei seinem Anblick »nicht vor fleischlicher Begierde glühte.«

---

111 Carlos III.

112 Leo Gershoy, From Despotism to Revolution: 1763-1789, New York 1944, S. 154

113 Eine Tochter von Ludwig XV.

Seltsamerweise weiß ein anderer Zeitgenosse die gleichen Fakten zu berichten, wobei in seiner Version Carlos III. selber der Bild-Fetischist gewesen sein soll. Ganz egal, um welchen der beiden Brüder es sich handelte, Casanova kam zu dem Ergebnis, daß »die Spanier im allgemeinen alle so sind.« Was sie interessieren solle, müsse sich an ihre Sinne wenden; sie würden alles nur zugunsten der Leidenschaft auslegen, die sie beherrsche.

Karl der Dritte, König von Spanien
Ein geschöntes Gemälde?

Zur Untermauerung dieser These erzählte Casanova ein weiteres Beispiel. Auf seinem Weg an den Hof sah er in einer Kapelle in Madrid das Bild einer Mutter Gottes mit dem Jesuskind auf dem Arm. »Ihr herrlich gemalter entblößter Busen setzte die Phantasie in Flammen.« Es handelte sich um das Altarbild einer Kapelle, die den ganzen Tag voll von frommen Männern war. Diese gingen, seiner Vermutung nach, lediglich wegen des bezaubernden Busens dorthin. Die Almosen, die jene Kapelle anhäufte, waren enorm. Zur Straße hin gab es fortwährend Aufläufe wegen der wartenden Kutschen. Stets hielt ein Soldat Wache, um die Ordnung aufrechtzuerhalten, denn es kam oft zu Streitigkeiten.

Einige Zeit später kam Casanova mit einer Mietkutsche in jene Gegend. Er bat den Kutscher, einen großen Bogen um die betreffende Straße zu fahren. Der Kutscher wiegelte jedoch ab, es gäbe dort keinerlei Wartezeiten mehr. Sie fuhren an der Kapelle vorbei, und tatsächlich gab es nichts besonderes zu sehen. Casanova fragte den Kutscher, was geschehen sei und erhielt die knappe Antwort: »Oh Señor. Die Männer werden jeden Tag schlechter.«

Casanova konnte es sich nicht verkneifen, der Sache auf den Grund zu gehen. In der Kapelle erkannte er auf den ersten Blick, daß die Brust der schönen Gottesmutter verschwunden war: »Ein Tuch, gekleckst von dem ruchlosesten aller Maler, hatte dieses herrliche Gemälde verdorben. Man sah nichts mehr, weder die Brustwarze noch den saugenden Mund des Gotteskindes, nicht einmal die Wölbung der Brust. Das führte dazu, daß die Jungfrau, die früher mit gutem Grund aufmerksam die königlichen

Lippen ihres Ambrosia saugenden Sohnes betrachtet hatte, jetzt nur das häßliche Tuch anzuschauen schien (...).« (XI, 66)

Wie sich herausstellte, war der alte Kaplan gestorben. Casanovas »unersättliche Neugier, Menschen durch das Gespräch kennenzulernen«, zwang ihn, dessen Nachfolger aufzusuchen, der nach seiner Einschätzung alt und einfältig sein mußte. Zu seiner Überraschung handelte es sich um einen noch jungen Mann. Wie überall in Spanien, bot dieser dem Besucher eine Tasse heiße Schokolade an. Casanova lehnte ab, wie man es von Fremden in Spanien stets erwartete. Ohne Umschweife kam der Besucher zum Kern der Sache. Er sei ein glühender Verehrer dieses außerordentlichen Bildes gewesen und empfände nun einen tiefen Schmerz. Der Leser merkt schnell, daß sich Casanova einen Spaß erlaubte.

Nach einigem Hin und Her gab der junge Kaplan zu: »Ich muß jeden Tag vor diesem Altar die Messe lesen, und ich schäme mich nicht, Ihnen zu sagen, daß ich nicht mehr imstande war, die Wandlungsworte zu sagen; (...) Der schöne Busen brachte meine Phantasie in Verwirrung. (...) Der Feind Gottes zeigte es mir, ohne daß ich es wollte.« (XI, 67) Casanova trieb es auf die Spitze: »Warum haben Sie sich nicht entmannt wie der kluge Origines es tat (..)? Glauben Sie mir, Ihre Geschlechtsteile, die zu anfällig sind, weil sie allem Anschein nach zu stark geraten sind, sind es nicht wert, daß Sie dieses Gemälde verunstaltet haben.«

Mit Recht wurde der junge Mann zornig und warf ihn hinaus. Casanova kamen auf der Straße schnell Skrupel, allerdings kaum wegen seines rüden Verhaltens. Doch was hätte es für Folgen, wenn der junge Geistliche ihn bei der Inquisition angeschwärze? Ein in Madrid weilender Franzose war zu drei Jahren Kerker verurteilt worden. Sein Verbrechen hatte darin bestanden, ein Wassergefäß zu besitzen, welches Wasser durch das Glied eines jesusähnlichen Kindes spendete.

Nach dem Motto »Angriff ist die beste Verteidigung«, beschloß Casanova, den spanischen Großinquisitor aufzusuchen. Er erzählte ihm jenes Gespräch, ohne freilich die ironische und spaßige Seite der Angelegenheit zu erwähnen. Am Ende bat er um Vergebung für den Fall, daß sich der Kaplan über ihn beschweren sollte. Casanova war erstaunt über das Wesen des Inquistors, den er sich ganz anders vorgestellt hatte. Tatsächlich war der Mann äußerst liebenswürdig und lachte von Beginn bis zum Schluß der Erzählung. Bei dieser Gelegenheit stellte sich heraus, daß die Inquisition, ähnlich einer Sicherheitspolizei, ein Dossier über Casanovas Schandtaten angelegt hatte. Der Inquisitor ermahnte den Fremden, sich in religiösen Dingen künftig zurückhaltender zu verhalten, und Casanova gelobte Besserung. Dieser vorbeugende Kniefall vor der Inquisition konnte für seine Zukunft in Spanien nur vorteilhaft sein.

Während all dieser Geschehnisse wurde die Liebschaft mit Doña Ignacia fortgesetzt. Ihr Vater vermietete Casanova eine Wohnung und duldete das Verhältnis stillschweigend. Vermutlich hatte er gedacht, Casanova sei ein Adliger und würde seine Tochter schließlich heiraten.

Was aber wäre ein Spanienbesuch zu jener Zeit, ohne dem Stierkampf beigewohnt zu haben? Wenn der Kampf begann, herrschte völliges Schweigen, denn die ganze Nation war für dieses Spektakel so leidenschaftlich begeistert, daß sie sich durch nichts davon ablenken ließ. Es kam des öfteren vor, daß ein gereizter Stier, den Mann und das Pferd tötete: »Dieser Grausamkeit schaut die Menge kaltblütig zu; nur der Fremde erschauert. (...) Es tat mir weh, daß bei diesem barbarischen Schauspiel (...) das Pferd, für das ich mich mehr als für den Stier interessierte, immer wegen der Feigheit der Memme, die es ritt, aufgeopfert wurde (...).« (XI, 94) Alles in allem fand Casanova diese nationale Leidenschaft »jämmerlich und entsetzlich«.

Zu diesem Zeitpunkt standen Casanova in Spanien alle Möglichkeiten offen: Der Hof und die verantwortlichen Minister hatten von ihm eine gute Meinung. So zumindest hatte es Casanova vom venezianischen Gesandten Mocenigo erfahren. Casanova verhandelte häufig mit einigen Ministern wegen der Besiedlungspläne in der Sierra Morena und plante eine Reise in diese Gegend. Doch im entscheidenden Augenblick stand sich Casanova wieder einmal selbst im Weg. Ein gewisser Baron de Fraiture, ein Gauner und Spieler, traf in Casanova einen Bekannten aus alten Tagen. Statt konsequent diesen Kontakt zu meiden, stellte Casanova diese zwielichtige Gestalt ausgerechnet Manuzzi vor, jenem Sekretär des venezianischen Gesandten, der so viel für ihn getan hatte. Naiv verriet Casanova dem Gauner Fraiture Manuzzis geheimgehaltene homosexuelle Beziehung zum Gesandten und auch den Umstand, daß Manuzzi widerrechtlich in Spanien einen Adelstitel führte. Fraiture in seiner Geldnot, hatte nichts eiligeres zu tun, als zu Manuzzi zu eilen, und ihm ein Geschäft vorzuschlagen: Dieser solle ihm hundert Pistolen[114] geben, als Gegenleistung verrate er ihm den Namen eines seiner Freunde, der intime Dinge über ihn ausplaudere.

Ironisch an der Sache war der Umstand, daß an der venezianischen Gesandschaft ein Wechsel bevorstand. Nur kurze Zeit später hätte Fraitures Vorgehen gar keinen Sinn mehr gehabt. So jedoch unternahmen Mocenigo und Manuzzi alles, um sich an Casanova zu rächen. Casanova erhielt in kürzester Frist einen Brief von Manuzzi, in dem dieser ihn wüst beschimpfte und ihn aufforderte, obwohl er juristisch dazu nicht ermächtigt sein konnte, Madrid innerhalb von acht Tagen zu verlassen.

Casanova verstand selbst nicht, wie er diese ungeheuerlich dumme Indiskretion hatte begehen können: »Vergeblich würde ich versuchen, dem Leser den Zustand der Niedergeschlagenheit zu schildern, in den mich dieser Brief versetzte.« (XI, 108) Er war betrübt über seine »abscheuliche

114 Spanische Goldmünzen

Undankbarkeit« und fand doch keinen Weg aus der Sackgasse. Auch der Trost der zärtlichen Doña Ignacia half ihm über seine Torheit nicht hinweg. In einem demütig gehaltenen Brief bezeichnete er sich Manuzzi gegenüber als schuldig und forderte ihn auf, sich von ihm eine Genugtuung zu erbitten, die er sofort erfüllen würde. Manuzzi war jedoch so tief gekränkt, daß er darauf nicht einging.

Nach diesen Ereignissen war Casanova in Spanien gesellschaftlich geächtet. Fast alle hochgestellten Persönlichkeiten, deren Häuser ihm einst offenstanden, gaben ihren Pförtern Anweisung, Casanova die Tür zu weisen. Daß das Besiedlungsprojekt in der Sierra Morena für ihn nun erledigt war, versteht sich von selbst. Da zudem auch Casanovas Börse erschöpft war, blieb ihm nur die Abreise aus Madrid, wo er eine untröstliche Doña Ignacia zurückließ. Er gelangte nach Valencia, dessen Lokale sehr schmutzig waren, und in die »kein anständiger Mensch« eintreten konnte. Die Gäste waren unfreundlich, der »Wein ist untrinkbar, fast wie Gift, aber nicht nur für die Ausländer, sondern auch für die Spanier, die bei sich zu Hause die besten Weine haben«, in den Lokalen aber mit Recht immer nur Wasser tranken. Casanova fand all das in einer der besten Weingegenden Europas unbegreiflich. Als Ausländer konnte er sich nur unter größten Schwierigkeiten ein Glas leidlichen Weins besorgen. Der Grund lag in der Panscherei der Weinhändler, die dieses köstliche Getränk ungenießbar machte.

Etwas enttäuscht faßte er seine Eindrücke der berühmten Stadt zusammen: »Ich fand wieder einmal meine Wahrnehmung bestätigt, daß alles, was es auf der Erde Berühmtes und Schönes gibt, wenn wir nach den Beschreibungen und Abbildungen der Dichter und Künstler gehen, unendlich viel verliert, wenn wir es aus der Nähe betrachten.« (XI, 117)

Auch in Valencia zog es Casanova magisch in schlechte Gesellschaft. Er begegnete der Tänzerin Nina Bergonzi, deren niederträchtiger Charakter selbst den der Charpillon in den Schatten stellte. Nina war die Geliebte des Generalkapitäns von Katalonien, Graf Ricla, den sie bei jeder Gelegenheit, teilweise auch öffentlich, demütigte. Der Generalkapitän hatte einen Aufpasser engagiert, einen üblen Menschen mit Namen Molinari, der ihm als Spitzel alles über die Eskapaden seiner Angebeteten berichten sollte.

Casanova war in die schöne Nina ausnahmsweise nicht verliebt. Als Leser gewinnt man den Eindruck, als ginge er aus Neugier und Langeweile zu ihr. Bei einer solchen Begegnung spielte sich eine widerliche Szene ab, die in Casanova-Biographien meist nur angedeutet wird. Hier soll sie nicht verschwiegen werden, damit sich jeder ein eigenes Bild von unserem Helden machen kann. Nach dem gemeinsamen Souper, bat Nina Casanova, er solle es sich bequem machen. Casanova willigte nur zögernd ein, denn er ekelte sich vor dem häßlichen Gesicht des anwesenden Molinari, der Nina nur »Hure« nannte. Eigentlich wäre er lieber gegangen, doch Nina bat ihn erneut, zu bleiben. Sodann befahl sie Molinari, sich nackt auszuziehen: »Hierauf begann sie mit ihm unzüchtige und abstoßende Spiele zu treiben, die ich nur mit dem größten Ekel beschreiben könnte.« (XI, 126)

Auch Nina war unterdessen nackt und forderte Casanova auf, sich dem Treiben anzuschließen, doch er lehnte ab. »Als sie ihn bis zur völligen Erschöpfung hatte arbeiten lassen, wusch sie sich in einer Schüssel, deren Inhalt er dann austrinken mußte, darauf brach das Schwein das ganze Essen aus.« (XI, 126) Nina war zufriedengestellt. Sie lachte nur und fragte Casanova, wie er dieses Fest gefunden habe. Er antwortete, daß sein Ekel während dieses Schauspiels leider alle ihre Reize verdeckt hätte. Auf seine Frage, warum sie einem solchen Mann ihren Genuß gönnte, sagte sie:

»›Sie irren sich! Er genießt nicht; ich lasse ihn nur seine Arbeit tun. Wenn ich glauben könnte, er liebte mich, so würde ich eher sterben als ihn zu befriedigen; denn ich verabscheue ihn.‹

›Wie? Sie lieben ihn nicht und bedienen sich seiner nur, um zu den Freuden der Liebe zu gelangen?‹

›Wie ich mich eines ... bedienen würde.‹« (XI, 127)[115]

Casanova sah in Ninas offenherzigem Geständnis »eine Natur in ihrer tiefsten Verderbnis.« Trotz dieser richtigen Feststellung reichte seine Phantasie nicht aus, sich vorzustellen, welche Rolle sich diese »abscheuliche Hure« für ihn ausgedacht hatte. Wenn er bei jener ekelerregenden Szene das Haus verlassen hätte und sich nie mehr mit diesem Mädchen getroffen hätte, wäre ihm vieles erspart geblieben.

Casanova aber ließ sich kurze Zeit später, wie es scheint aus Langeweile, auf eine Affäre mit Nina ein. Doch, so gesteht er, »ich war nicht mehr in dem Alter, wo man Höchstleistungen vollbringt.« (XI, 129) Er hatte nicht die geringsten Bedenken, seine regelmäßigen Besuche bei Nina könnten dem eifersüchtigen Graf Ricla zu Ohren kommen.

Da Nina in einer Woche nach Barcelona zu Ricla zurückkehren würde, schlug sie Casanova vor, er solle einen Tag vor ihr in die katalonische Hauptstadt fahren, damit sie weiterhin zusammensein könnten. »Ich tat, was sie wünschte«, lesen wir in den Memoiren. Ähnlich wie in der Affäre mit der Charpillon, ließ er sich in naivster Weise benutzen. Vor sich selbst rechtfertigte er sich: »Ich hätte mich vielleicht nicht in Barcelona aufgehalten, wenn Nina mir nicht gesagt hätte, falls ich etwas Geld nötig haben sollte, würde sie mir jede erforderliche Summe leihen.« (XI, 130)

In Barcelona betrat Casanova Ninas Haus regelmäßig um zehn Uhr, wenn Ricla gerade von ihr gegangen war, und verließ es wieder um Mitternacht. Ninas Treffen mit Casanova wurden zum Stadtgespräch. Jeder-

115 Anspielung auf ein künstliches Glied zur Selbstbefriedigung

mann lachte über den gehörnten Grafen. Casanova schrieb über seine gefährliche Naivität in dieser Affäre: »In meinem an Unglück so reichen Leben hatte ich doch noch nicht genug Unglück gehabt, um vernünftig zu werden.« (XI, 134)

Vor Katastrophen gibt das Schicksal manchmal eine Warnung. Damals in Venedig hatte er Bragadins Rat zur Flucht vor der drohenden Inhaftierung in den Wind geschlagen. Die Ereignisse wiederholten sich: Ein spanischer Offizier sprach ihn an, sein Leben sei durch die nächtlichen Besuche bei Nina in Gefahr. Als Fremden seien ihm die spanischen Sitten anscheinend zu wenig bekannt. Als der Offizier merkte, daß Casanova die Warnung nicht ernst nahm, erzählte er ihm, was der Graf mit anderen Männern gemacht hatte, die im bloßen Verdacht gestanden hatten, in Nina verliebt gewesen zu sein: Man hatte sie in die Verbannung geschickt und ins Gefängnis geworfen. Vor der Bekanntschaft mit diesem weiblichen Teufel sei der Graf ein Muster an Zuvorkommenheit und Gerechtigkeitssinn gewesen, doch seit er mit ihr zusammen sei, habe er sich in einen blind Wütenden verwandelt. Casanova aber ließ sich von all dem nicht beeindrucken.

Am 14. November traf Casanova in Ninas Haus einen hausierenden Miniaturenmaler, der ihm bestens bekannt war: Passano, jener Schurke, der ihm bei der mystischen Wandlung der Madame d'Urfé assistiert und ihn später verraten hatte. Casanova nahm Nina beiseite und bat sie, Passano sofort vor die Türe zu setzen und ihm zu befehlen, nie mehr wieder zu kommen.

Jetzt überschlugen sich die Ereignisse. Nachdem er am nächsten Tag abends Nina verließ, lauerten ihm unter einem Bogengang zwei Männer auf. Casanova zog seinen Degen, tötete einen der beiden und floh. Man schoß auf ihn und durchlöcherte zweimal seinen Mantel, ohne ihn selber zu treffen. Wer steckte hinter diesem Anschlag? Der Generalkapitän? Oder hatte Passano mit dem Generalkapitän gar gemeinsame Sache gemacht? Etwas Licht wird erst später in diese Sache fallen. Casanovas Wirt gab ihm den Rat, sofort abzureisen, denn es sei offensichtlich, wer den Mordanschlag geplant habe: der mächtige Generalkapitän.

Casanova blieb, aber am nächsten Morgen um sieben Uhr wurde er verhaftet, angeblich, um seine Pässe auf ihre Echtheit zu überprüfen. Man sperrte ihn allein in eine Gefängniszelle. In den insgesamt zweiundvierzig Tagen Gefangenschaft vollbrachte er eine erstaunliche geistige Leistung: Ohne auf irgendwelche Unterlagen zurückgreifen zu können, schrieb er eine Widerlegung der »Geschichte der Regierung von Venedig« des Autors Amelot de la Houssaye. Die Zitate wollte er zu einem späteren Zeitpunkt einfügen und das Buch in der Schweiz veröffentlichen. Houssaye hatte einen Angriff auf die venezianische Regierungsform geschrieben, der vor Jahren großes Aufsehen erregt hatte. Durch eine Verteidigung Venedigs erhoffte sich Casanova, von der venezianischen

Staatsinquisition begnadigt zu werden und die Erlaubnis zur Rückkehr zu erhalten. Er war es leid, an Fürstenhöfen nach einer Anstellung zu suchen und wollte sich fortan bemühen, dorthin zurückzukehren, wo seine Wuzeln lagen.

Bei seiner Freilassung aus dem Gefängis erfuhr er, daß die Öffentlichkeit seine Verhaftung ausschließlich als Rache von Ricla angesehen hatte. Merkwürdigerweise wurde der Mann, den Casanova erstochen hatte, angeblich nicht aufgefunden. Casanovas blutigen Degen erklärte man offiziell damit, er habe sich selbst damit verletzt, um einen Anschlag vorzutäuschen. All das sprach für eine direkte Verwicklung des Generalkapitäns.

Am Tag seiner Freilassung erhielt Casanova den Brief eines genuesischen Adligen, dem zwei Wechsel über Spielschulden beigelegt waren: »Passano ersucht mich dringend, diese Wechsel nach Barcelona zu schicken, um Sie verhaften zu lassen. Ich schicke sie aber, um sie Ihnen zu schenken und Sie dadurch zu überzeugen, daß ich nicht der Mann bin, die Leiden von Menschen zu vermehren, die ohnehin schon vom Schicksal verfolgt werden.« (XI, 149) Der Casanova, dem wir von nun an immer häufiger begegnen, ist ein Mann, der Mitleid erregt. Passano hatte diesem Brief zufolge alles versucht, um sich an Casanova zu rächen. Ob er direkt an dem Anschlag beteiligt war, ist allerdings nicht zu klären. Sicher ist nur, daß die Überprüfung der Pässe auf Passanos Anschuldigungen und Verleumdungen hin erfolgt war.

Durch Zufall traf Casanova zu einem späteren Zeitpunkt Ninas Schwester, Signora Schizza, die ihm weitere Informationen über die Hintergründe dieser verworrenen Ereignisse gab. Ihre Erzählung bestätigt, daß sich Casanova zu Ninas Lakai hatte machen lassen. Schizza beschrieb, was sich in ihrer Gegenwart zwischen Ricla und Nina abgespielt hatte. Nina hatte Ricla gegenüber Casanova als geistvollen Menschen gepriesen, um ihn eifersüchtig zu machen. Dies gelang. Ricla wurde wütend, und bat sie, das Thema zu wechseln. Doch sie ignorierte das, denn ihr Bestreben war, ganz Spanien wissen lassen, »daß sie die Herrin über seinen Leib, seine Güter, seine Seele und seinen Willen ist«. XI, 178). Daraufhin verfluchte Ricla sie und kündigte zwei Tage vor dem Attentat an, er würde ihr einen Dienst erweisen, auf den sie nicht gefaßt sei.

Als dann später der Gewehrschuß zu hören war, war Schizza zufällig ebenfalls anwesend. Nina sagte, ohne mit der Wimper zu zucken, dieser Schuß sei zweifellos die Höflichkeit gewesen, die er ihr hatte erweisen wollen. Als Signora Schizza erregt einwarf, Casanova könne jetzt ermordet worden sein, entgegnete sie kühl: »Um so schlimmer für den Grafen«. Bei dem Gedanken, welches Aufsehen am nächsten Tag herrschen würde, lachte sie laut. Genau das war vermutlich ihr Plan gewesen: Sie wollte Casanova opfern, um Ricla in der Öffentlichkeit noch tiefer als bisher zu demütigen. Am nächsten Morgen erschien Casanovas bestochener Bediensteter bei Nina und meldete ihr, Casanova sei verhaftet worden. Daraufhin zeigte sie sich angeblich höchst befriedigt.

Bei diesem Gespräch erfuhr Casanova noch etwas Erstaunliches: Nina und die Schizza waren sowohl Schwestern als auch Tochter und Mutter. Nina war aus dem Inzest entstanden, den die Schizza mit ihrem Vater erlebt hatte. Wäre der Vater nicht gestorben, hätte er auch Nina noch geschwängert, denn er hatte sie schon als kleines Kind mißbraucht. Ninas Rache an den Männern war somit eine Projektion: Indem sie die Männer aufs grausamste behandelte, rächte sie sich unbewußt am Vater. Als Casanova diese Geschichte erfuhr, lachte er und gab den uns heute unverständlichen Kommentar: »Dieser Mann (Vater) hatte eben das Pech, sich in seine Töchter und Enkelinnen zu verlieben. Meiner Ansicht nach gab es von der Natur aus keinen Grund zum Entsetzen, denn das Entsetzen, das man dabei empfindet, entsteht durch die Erziehung und die Gewohnheit.« (XI, 182)

Nach all den Geschehnissen lag auf der Hand, daß Casanova von Spanien nichts mehr erwarten konnte. Trotz seiner Verbannung aus Frankreich, beschloß er, dorthin zurückzukehren. Am 31.12.1768 verließ Casanova Barcelona. Sein aufmerksamer Fuhrmann bemerkte nach einer Weile, daß drei dunkle bewaffnete Gestalten sie beschatteten. Im Stall eines Gasthofes fragten diese Männer den Fuhrmann, welche Route er nach Frankreich nehme. Er gab ihnen bewußt eine falsche Auskunft und benutzte am nächsten Tag einen Schleichweg. Diesem umsichtigen Mann verdankte Casanova sein Leben.

Über Montpellier und Nimes gelangte Casanova nach Aix-en-Provence, wo er schwer an einer Rippenfellentzündung erkrankte. Es wurde so schlimm, daß er die Beichte ablegte und die letzte Ölung erhielt. Nach drei Tagen Bewußtseinsverlust, erklärte der Arzt, er werde überleben. Während der nächsten Wochen wurde er aufopfernd von einer Frau gepflegt, über dessen Identität er erst später Aufschluß erhielt. Sie war die Dienerin seiner ehemaligen Geliebten Henriette und hatte von dieser den Auftrag erhalten, den kranken Casanova so zu pflegen, als sei sie es selber. Zu einer persönlichen Begegnung mit Henriette kam es nicht, doch trat Casanova mit Henriette in einen langwährenden Briefkontakt.

Von seinem Bruder Francesco erhielt Casanova ein Schreiben aus Paris, das ihm die Hintergründe über den geplanten Mordversuch beim Verlassen Spaniens enthüllte. Francesco schrieb, er freue sich, daß er durch Casanovas Brief von dessen Lebendigkeit überzeugt worden sei. Er war nämlich der Meinung gewesen, Casanova sei in Spanien ermordet worden: »Die Trauerbotschaft brachte mir einer deiner Freunde, der Graf Manuzzi von der venezianischen Gesandschaft, und er versicherte mir, sie sei durchaus zuverlässig.« (XI, 168) Manuzzi war sich offensichtlich sicher gewesen, daß seine drei gedungenen Mörder den Auftrag zu seiner Zufriedenheit erfüllen würden. Indem er die Todesart öffentlich überall bekannt gegeben hatte, denunzierte er sich selbst als Urheber des Attentats.

An der französischen Riviera entlang reiste Casanova nach Italien und gelangte schließlich nach Turin. In Turin fanden Casanovas Bekannte und Freunde, der mittlerweile Vierundvierzigjährige sei sehr gealtert. Angesichts seines rastlosen Lebens war das nur allzu gut nachvollziehbar. Ein Abstecher nach Lugano diente ihm dann dazu, seine »Confutazione«[116], jenes im spanischen Gefängnis geschriebene Werk, drucken zu lassen. Lugano besaß den Vorzug, keinerlei Zensur zu üben, außerdem konnte er in der Schweiz viele Bekannte aus alten Zeiten wiedersehen, zum Beispiel jene noch immer äußerst attraktive Madame Roll, die er neun Jahre zuvor in Solothurn zusammen mit jener durchtriebenen Madame F. kennengelernt hatte.

In der Schweiz bei Madame Roll stellte sich schon bald heraus, daß sich Casanova keinerlei erotischen Hoffnungen hingeben konnte. Während einer Unterhaltung »sagte sie mir ein wahres Wort: Sie finde mich nicht

116 Entgegen Casanovas Hoffnung, nahm die Staatsinquisition das Buch zunächst eher kühl auf. Auch finanziell war das dreibändige Werk kein Erfolg, obwohl es innerhalb von einem Jahr vergriffen war. Casanova hatte das Buch in eigener Regie herausgebracht und teilweise im voraus auf Subkriptionsbasis verkauft, um die Druckkosten bestreiten zu können.

mehr so jugendlich aussehend wie (damals) in Solothurn. Dies veranlaßte mich, Pläne zu verwerfen, die ich mir sonst vielleicht ausgedacht haben würde (...).« (XI, 192)

Zurück in Turin, wußte er nicht so recht, was er mit seiner Zeit anstellen sollte: Er beschäftigte sich »ein bißchen mit Literatur, aber ich hatte keine Liebschaften.« Häufige Soupers mit hübschen Mädchen waren ihm nun Ersatz. In Pisa unterhielt sich Casanova bestens mit einer häßlichen aber intelligenten Frau. Der Leser erfährt staunend von einer angeblichen erotischen Verschiebung: Je älter er wurde, desto mehr zog ihn angeblich »der Geist bei Frauen an: Geist war das beste Reizmittel für meine abgestumpften Sinne. Bei Männern von entgegengesetztem Temperament wie dem meinigen tritt das Gegenteil ein. Wenn ein sinnlicher Mann altert, will er nur noch sinnliche Genüsse, nur noch Frauen, die im Dienst der Venus erfahren sind, und keine philosophischen Gespräche.« (XI, 213)

Ganz ehrlich ist dieses Bekenntnis nicht. Zu häufig finden wir Textstellen, die uns eindeutig zeigen, daß Casanova sich vom Geist einer Frau nicht entschädigt fühlen konnte und sehr darunter litt, im Alter auf die Sexualität meist verzichten zu müssen. Wegen seiner Bedeutsamkeit wird das folgende Zitat ausführlich wiedergegeben; es bezieht sich auf einen zwei Jahre später erfolgten Besuch der Stadt Ancona. Schonungslos zieht Casanova die Bilanz seines Lebens und enthüllt uns ganz nebenbei den eigentlichen Grund zur Abfassung der zwölf dicken Memoirenbände:

»(...) Ich überließ mich meinen Gedanken, die immer traurig sind, wenn sie sich auf eine vergangene glückliche Zeit beziehen, auf deren Wiederkehr ich nicht hoffen darf. (...) Welcher Unterschied, wenn ich meinen körperlichen und seelischen Zustand jener ersten Jugend mit meinem gegenwärtigen Dasein verglich! Ich kam mir völlig verändert vor. So glücklich ich mich damals gefühlt hatte, so unglücklich mußte ich mich jetzt fühlen: In meiner Phantasie schimmerte nicht mehr ungetrübt die schöne Aussicht auf eine schöne Zukunft. Ich mußte mir gegen meinen Willen eingestehen, daß ich meine ganze Zeit vergeudet hatte, und das wiederum bedeutete, daß ich mein ganzes Leben vergeudet hatte. Die zwanzig Jahre, die ich vielleicht noch vor mir hatte, (...) erschienen mir trübsinnig. Ich war siebenundvierzig Jahre alt und sah, daß ich in einem Alter war, dem das Glück nicht mehr zugetan ist. Das war genug, um mich traurig zu machen. Alle meine Anstrengungen galten damals der Erlaubnis zur freien Rückkehr in meine Heimat. Mir war, als wenn ich keine anderen Wünsche mehr hätte, als daß mir gnädigst gestattet wurde, an den Anfang zurückzugehen und alles von mir abzutun, was ich bis dahin an Gutem und Bösem gemacht hatte. Alles brachte mir zum Bewußtsein, daß es sich für mich nur noch darum handelte, einen unvermeidlichen Abstieg, dessen unverrückbares Ziel der Tod ist, so wenig unangenehm wie möglich zu machen. Ein Mensch, der sein Leben in Freuden gemacht hat, macht solche düsteren Betrachtungen nur auf dem Abstieg. (...) Solche Betrachtungen stellte ich vor sechsundzwanzig Jahren an;

und nun, mein lieber Leser, male dir die Gedanken aus, die mich heute quälen, wo ich einsam bin. Diese Gedanken würden mich ins Grab bringen, wenn ich nicht alle Kraft aufböte, die Zeit totzuschlagen. (...) Ich schreibe, um die Langeweile zu töten. (...)« (XII, 165)

Bemerkenswert ungeschminkt gibt uns hier der alte Casanova ein Bild über seinen Gemütszustand. Die Beschreibung der Ereignisse nach dem Spanienabenteuer wirken nicht selten zerrissen, und oft fehlt der rote Faden. Viele kleine Episoden reihen sich manchmal ermüdend aneinander, um wenig später eine neue Spannung entstehen zu lassen.

Kehren wir zurück ins Jahr 1770. Nicht ganz ernstzunehmen ist Casanovas Hoffnung, Berater des russischen Generaladmirals Orlow zu werden, dessen im russisch-türkischen Krieg eingesetzte Flotte damals in Livorno vor Anker lag. Casanova, der als junger Mann in Konstantinopel gewesen war, überschätzte seine Chancen, dem Admiral bei seinem Kampf gegen die Türken nützlich sein zu können. Orlow erklärte sich zwar bereit, ihn mitzunehmen, doch weigerte er sich, dem Abenteurer einen offiziellen Posten anzubieten. Casanova spielte den Beleidigten: »Ich wünsche, daß es Ihnen niemals leid tun möge, mich nicht mitgenommen zu haben; denn ohne mich werden Sie niemals die Dardanellen passieren.« (XI, 207) »Ist das eine Weissagung?« fragte Orlow. »Das ist ein Orakel«, antwortete Casanova. Noch immer von seiner Bedeutsamkeit durchdrungen, möglicherweise aber auch mit einer Prise Selbstironie kommentierte Casanova später Orlows tatsächliches Scheitern: »Würde er sie (die Dardanellen) passiert haben, wenn er mich an Bord gehabt hätte? Das kann kein Mensch sagen.« (XI, 207)

Und noch einmal folgte ein Liebesabenteuer jener galanten Art, mit der Casanova als Retter in der Not auftritt und sich dafür in seiner Lieblingswährung bezahlen läßt. In einer Kutsche nach Rom saß neben ihm die reizende siebzehnjährige Engländerin Betty: Sie war blond, sehr schlank, und »der Tülleinsatz am Ausschnitt ließ ihren kleinen Busen durchschimmern.« Ihr Gatte, der sich als französischer Graf ausgab, überließ das Mädchen Casanova, da er es vorzog zu reiten. An den Herbergsstationen traf man sich dann.

Bei einer solchen Rast erleben wir noch einmal den Casanova des alten Schlages, der die Frauen zu beeindrucken wußte: Heimlich ging er zum Koch und erklärte ihm, wie man englische Nationalgerichte zubereitete: Plumpudding und Rinderfilet in Scheiben auf einem Rost gebraten. Seine Aufmerksamkeit hatte Erfolg: »Als die Wirtin erschien, fragte sie (Betty), ob der Koch ein Engländer sei, und als sie erfuhr, daß ihre beiden Nationalgerichte von mir herstammten, war sie ganz gerührt vor Dankbarkeit.« (XI, 223) Dabei blieb es jedoch vorläufig, »denn da ich mehr wie ein Papa als wie ein Liebhaber aussah, so billigte ich mir selber nur noch wenig Rechte zu.«

Casanova hatte schnell herausgefunden, daß der französische Graf kein Graf, sondern ein hochstapelnder Schauspieler war. Betty hatte er ein Vermögen vorgegaukelt, doch konnte er selbst die geringsten Rechnungen nicht bezahlen und mußte sich bettelnd an Casanova wenden. Verliebt hatte dieser junge Abenteurer die frisch Verlobte ihrem zukünftigen Gatten entrissen und ihr ein Heiratsversprechen gemacht, das die Ahnungslose ihm geglaubt hatte. Obwohl die Wahrheit nach und nach durch Casanovas Hinweise auch Betty immer deutlicher wurde, hatte sie nur Augen für den Franzosen. Casanova schmerzte dies.

Um ihr nun endgültig den Charakter ihres Begleiters vor Augen zu führen, wettete Casanova mit diesem in ihrer Anwesenheit fünfundzwanzig Zechinen, daß er seine Braut nicht mit ihm schlafen lassen würde. Leicht angetrunken erwiderte der Franzose: »Erlauben Sie mir über Ihre Zweifel zu lachen: Ich wette fünfzig (Zechinen), daß ich sogar die Kraft habe, dabei Zuschauer zu sein. Jedenfalls nehme ich die Wette an. Betty, meine liebe Betty, laß' uns diesen Ungläubigen bestrafen: Ich bitte dich, gehe mit ihm ins Bett.« (XI, 241) Wie man sich denken kann, war Betty schockiert. Es kam zu einem Wortwechsel, in dem der Rüpel Betty zurückstieß und als dummes Luder beschimpfte. Schließlich wurde er noch ausfälliger und behauptete, sie sei eine Hure und hätte sich doch Casanova ohnehin schon in der Kutsche hingegeben. Daraufhin kam es mit dem beleidigten Casanova zu einem Handgemenge.

Was sollte ein mittelloses schönes Mädchen allein in einem fremden Land machen? Casanova sah sich in der Rolle des Retters. Doch er fragte sich selbst, ob es ein tugendhaftes Gefühl sei, welches ihn zu einem solchen Verhalten drängte: »Gewiß kam alles in Betracht; daß ich sie, wäre sie häßlich und geschmacklos gewesen, vielleicht dem Hunger überlassen hätte. Im Grunde genommen arbeitete ich also nur für mich selber. Also, fahre dahin, Tugend! Ich wollte einem anderen das Mädchen, das ja ein köstlicher Bissen war, entreißen, um ihn selber zu verzehren.« (XI, 232) Diese wahren Motive hätte er sich selbst gegenüber nicht eingestanden, und wenn sie ihm bewußt wurden, »so verdrängte ich es.«

Nach der geschilderten Wette mit dem Schurken, begab sich Betty völlig in Casanovas Obhut: »Seien Sie mir ein Vater! Raten Sie mir nicht, sondern befehlen Sie mir, was ich tun soll (...).« Casanova schlug vor, sie zurück zu ihrem wohlhabenden Verlobten zu bringen und ihn um Verzeihung zu bitten. Bei der nächsten Gelegenheit erwies sich Betty im Bett für Casanovas Dienste erkenntlich. Seit Doña Ignacia, so lesen wir, »hatte ich immer nur unvollkommene Freuden genossen, denn ich sah sie nie geteilt; doch Betty gab mir einen Beweis ihrer Liebe (...).« (XI, 248) Wie schon bei früheren Gelegenheiten, besaß Casanova später das erforderliche Feingefühl, um den wütenden Verlobten mit Betty auszusöhnen. Des weiteren sorgte er dafür, daß der falsche Graf festgenommen wurde.

In Neapel traf Casanova den Falschspieler und Gauner Goudar, den er noch von dem unseligen Charpillon-Desaster her kannte. Goudar nahm mit seiner hübschen Frau Sarah die gute Gesellschaft aus. Auch Casanova beteiligte sich daran: »Er (Goudar) lud mich ein bei diesem Unternehmen, und ich lehnte dies nicht ab, da ich sicher war, an dem Gewinn teilzunehmen. (...) Meine Börse näherte sich zusehends der Erschöpfung, und ich hatte keine anderen Mittel, um auch weiterhin so leben zu können, wie ich es bisher getan hatte.«

Casanova wohnte in einer Gaststätte, in der die meisten reichen Fremden abstiegen, denn »so konnte ich leicht Bekanntschaft mit ihnen anknüpfen und ihnen das Glück verschaffen, bei der schönen (Frau) Goudar ihr Geld zu verlieren. Allerdings ärgerte mich das, aber ich mußte mich der Macht der Umstände fügen.« (XI, 264)

Unter den vielen alten Bekannten, die Casanova in Neapel traf, war auch der junge Joseph Pompeati, der Sohn von Terese Imer (alias Cornelys/Pompeati), der bei der magischen Verwandlung von Madame d'Urfé mitgewirkt hatte. Hier trafen zwei Lebenswelten aufeinander. Staunend vernahm Casanova, daß Pompeati für eine sechsmonatige Europareise nur hundert Guineen auszugeben gedachte. »Das ist unglaublich!« entfuhr es ihm, als sähe er einen Menschen von einem anderen Stern. Der junge Mann entgegnete gelassen: »Wenn man sich Mühe machen will, zu sparen, kann man sogar noch weniger ausgeben.« (XI, 291) Casanova hatte nur Spott für Menschen übrig, die ihr Geld sinnvoll anlegten. Geld war dazu da, ausgegeben zu werden, denn es belastete seiner Ansicht nach nur das Gemüt. Außerdem bekannte er einmal: »Das Sparen machte mir immer Angst.«

Casanova erkundigte sich, für wen Pompeati Empfehlungsbriefe besitze. Unbekümmert antwortete dieser: »An keinen Menschen. Ich habe einen englischen Paß und lasse die Leute glauben, daß ich Engländer sei.« Für Casanova wäre das unvorstellbar gewesen. Auch seine Frage, ob der Europareisende nicht Furcht vor schlechter Gesellschaft habe, kommentierte er trocken: »Ich setze mich solcher Gefahr nicht aus. Ich schließe keine Bekanntschaften. Wenn man das Wort an mich richtet, gebe ich nur einsilbige Antworten; in den Gasthöfen vereinbare ich stets vorher den Preis für Essen und Wohnung. Da ich nur mit der Postkutsche reise, habe ich immer feste Preise zu bezahlen.« (XI, 290) Diese Antwort mußte Casanova nachdenklich stimmen, denn er selber war mit jenem oben erwähnten Goudar wieder einmal in zwielichtige Kreise geraten.

Auch ein Liebesabenteuer gibt es zu berichten. Nach langem und zähen Werben ergab sich ihm schließlich die vierzehnjährige Callimena. Ohne Zweifel würde Casanova in der heutigen Zeit wegen Verführung Minderjähriger ins Gefängnis kommen; im 18. Jahrhundert jedoch galt ein Mädchen meist als Frau, wenn sie entsprechend aussah. Mit jener Callimena erlebte Casanova bei einem Ausflug nach Sorrent den »letzten Tag wirklichen Glücks in meinem Leben«; in späteren Kapiteln wiederholen sich allerdings solche Floskeln. Jahre später sollte das Mädchen eine bekannte Sängerin werden. Ein reisender Engländer beschrieb sie, anläßlich eines Auftritts, als »eine der schönsten Frauen ihrer Zeit«.

In Salerno begegnete er seiner Jugendliebe Donna Lucrezia und der vermeintlichen gemeinsamen Tochter Leonilda, die er einige Jahre zuvor um ein Haar geheiratet hätte. Leonilda hatte inzwischen einen reichen gichtkranken alten Mann geheiratet, welchen Casanova »Marchese della C.« nennt. Der alte Mann wußte von Casanovas und Leonildas damaligen Heiratsplänen und schloß ihn in die Arme. An der Art der Begrüßung erkannten sie sich als »Brüder«, was heißen soll, sie erkannten sich als Freimaurer. In den folgenden Tagen sollte der Gesprächsstoff zwischen den beiden Männern nicht abreißen.

Im Vordergrund des Aufenthalts in Salerno stand jedoch die Begegnung mit Leonilda: »Sie war meine Tochter, aber die Natur hatte Gefühle eines Liebhabers in mir nicht unterdrückt (...).« (XI, 306) Leonilda konnte sexuell von ihrem alten Gatten natürlich nicht zufrieden gestellt werden. Im Gespräch mit Casanova erzählte die Mutter des Mädchens, der größte Schmerz des Marchese sei, keinen Nachfolger zu haben. Des weiteren sei der alte Mann auch gar nicht eifersüchtig, »und ich bin überzeugt, wenn Leonilda einen ihr Gefallen findenden Mann (...) gefunden hätte, so würde der Marchese diesen aufs freundschaftlichste behandeln. Auch bin ich überzeugt, daß er im Grunde nicht böse wäre, wenn er sie schwanger sähe.« (XI, 309)

Auch im folgenden wird deutlich, daß Donna Lucrezia den »Inzest« der Tochter mit Casanova vorbereitete. Als sie sah, wie Casanova seine Leonilda »in höchster Erregung« in seinen Armen hielt und liebkoste, ermahnte sie die beiden nur halbherzig, »vernünftig zu sein« und entfernte sich rasch.

»Ihre Worte im Verein mit ihrem uns so bequemen Fortgehen bewirkten das Gegenteil von dem, was sie gesagt hatte; denn obwohl wir entschlossen waren, die angebliche Sünde nicht zu begehen, waren wir einander so nahe, daß wir durch eine fast unwillkürliche Bewegung sie vollkommen begingen. (...) Ernst und stumm überließen wir uns unseren Gedanken und waren erstaunt, uns weder schuldig zu finden noch Reue zu verspüren. (...) Wäre damals ein Engel gekommen und hätte uns gescholten, scheußlich gegen die Natur verstoßen zu haben, wir hätten nur gelacht. Wir waren in unsere sehr dezente Zärtlichkeit so versunken, daß Donna Lucrezia hoch erfreut war, als sie uns so ruhig fand.« (XI 312)

Casanova beschrieb seine Gefühle stets so, wie er sie zum damaligen Augenblick erlebt hatte. Bei jener geplanten Heirat mit Leonilda (s. S. 116) lehnte er den Inzest noch ab, während er nun nichts Verwerfliches dabei fand und in der Folge noch des öfteren mit ihr schlief. Gerade die Fähigkeit, immer aus den Gefühlen des damaligen Erlebens heraus zu schreiben, machen den spannend zu lesenden Schriftsteller Casanova aus, gleichgültig ob wir uns über seine wechselnden Grundsätze empören oder nicht.

Beim Abschied von der Familie überreichte der Marchese Casanova fünftausend Dukaten, die dieser Leonilda vor jener geplatzten Heirat als zukünftige Mitgift gegeben hatte. Angesichts seiner finanziellen Situation konnte Casanova das Geld gut gebrauchen. Berechtigte Zweifel aber hegt der aufmerksame Leser, wenn er nun ebenfalls erfährt, daß der alte Mann von den unterhaltsamen Gesprächen mit Casanova auf wundersame Weise verjüngt worden sei. Angeblich sei er noch vor Casanovas Abfahrt seinen ehelichen Pflichten wieder nachgekommen, und neun Monate später habe Leonilda einen gesunden Jungen zur Welt gebracht, der dem Marchese äußerst ähnlich gesehen haben soll.

Man benötigt nicht allzu viel Kombinationsgabe, um hinter diesen Geschehnissen ein arrangiertes Geschäft zu erkennen. Der Casanova-Biograph Félicien Marceau hat dazu Gedanken geäußert[117], denen man sich nur schwer entziehen kann. Wenn der Marchese kinderlos gestorben wäre, wäre der Hauptteil seines Erbes nicht an Leonilda, sondern an eine Reihe von Neffen gegangen. Dies konnte weder Donna Lucrezia noch Leonilda recht sein. Es mußte also ein Kind her! Sollte Donna Lucrezia geschickt die Fäden gezogen haben? Wenn sie Casanovas Dienste in Anspruch nahm, konnte sie sich damit einen neuen Schwiegersohn vom Leibe halten und gleichzeitig dem Marchese schmeicheln, dessen Wunsch nun auf Umwegen realisiert werden konnte. Hat Casanova am Ende gar nicht bemerkt, daß alle Beteiligten ihn für ihre Zwecke hinterlistig benutzt haben? Es wäre beileibe nicht das erste Mal gewesen, daß man Casanova an der Nase herumgeführt hat.

Marceau läßt es bei dieser Deutung nicht bewenden. Er geht davon aus, Donna Lucrezia hätte Casanovas Vaterschaft an Leonilda bei jenen seinerzeitigen Heiratsplänen spontan erfunden, um ihrer Tochter eine bessere Partie zu verschaffen, an der auch sie selbst finanziell profitieren würde. Mit Leonildas Heirat des Marchese sei ihr dies schließlich gelungen. Casanova selber hatte bei jener geplanten Hochzeit jedenfalls keinerlei Ähnlichkeit zwischen sich und Leonilda feststellen können.

Mit Sicherheit kann hier nicht geklärt werden, ob es sich tatsächlich um einen Inzest handelte oder nicht. Trotzdem sei auf Casanovas Haltung dazu jetzt näher eingegangen. Bei der Darstellung der Episode mit den Hannoveranerinnen, findet sich folgendes Zitat: »Es war mir, als wenn ich sie nicht wie ein Liebhaber, sondern wie ein Vater liebte, und daß ich mit ihnen schlief, erhöhte nur mein zärtliches Gefühl; ich habe nie verstehen

---

117 Félicien Marceau, a.a.O., S.319 ff.

können, wie ein Vater seine Tochter richtig lieben kann, ohne auch nur einmal richtig mit ihr geschlafen zu haben.« (X, 27)

Solche Sätze erschließen sich nurmehr angesichts der relativ hohen Inzestrate des 18. Jahrhunderts. »Der Geschlechtsakt«, schreibt J. Childs, »hatte nicht mehr Bedeutung als Essen oder Trinken; er war eine Funktion des Körpers, der man keine übertriebene Bedeutung beimaß.«[118]

118 J. Rives Childs, 1978, a.a.O., S. 46

DIE RÜCKKEHR NACH VENEDIG

Im Herbst 1770 reiste Casanova nach Rom, wo er seinen Gönner Kardinal de Bernis wiedertraf. Dieser war von seinem einflußreichen Pariser Posten nach Rom versetzt worden. Dennoch konnte er Casanova sehr behilflich sein. So legte er zum Beispiel beim venezianischen Gesandten in Rom ein gutes Wort für seinen Schützling ein, der unbedingt von Venedig begnadigt werden wollte. Der schon alte Kardinal hatte sich wenig verändert. Seit den Zeiten von M.M., mit der er noch immer in brieflichem Kontakt stand, galt seine Vorliebe immer noch dem schwachen Geschlecht.

Eine andere Begegnung hatte Casanova mit jenem Manuzzi, der ihm bei der Abreise aus Spanien die drei Meuchelmörder auf die Fersen gesetzt hatte. Das Ganze endete seltsamerweise mit einer Umarmung. Casanovas nur begrenzte Fähigkeit zur Empfindung von Reue und moralischen Grundsätzen scheint mit einer Unfähigkeit eines überhaupt tieferen Fühlens zusammenzuhängen.

In Rom fand Casanova eine Wohnung, in der er von einem einäugigen Mädchen bedient wurde. Margherita hatte ihr Auge durch die Pocken verloren. Casanova machte ihr deshalb ein besonderes Geschenk. Er ließ ihr von dem englischen Augenarzt Sir Taylor, der damals in Rom weilte, ein Porzellanauge einsetzen. Das Auge war dem verbliebenen so ähnlich, daß man bei oberflächlichem Hinsehen den Unterschied nicht mehr bemerkte. In der Folge blühte das Mädchen auf. Casanova kaufte ihr Kleider und kleine Geschenke und schon bald wurde sie seine eifersüchtige Geliebte.

Casanova nahm sich vor, in Rom endlich sparsamer zu leben. Er verzichtete auf Diener und einen eigenen Wagen. Der Zwang zur Sparsamkeit ließ ihn teilweise seine frühere Selbstsicherheit verlieren. In Gesellschaft »mischte ich mich niemals in (...) Dispute ein, sondern hörte zu und bewunderte immer alles, gab stets dem Sieger recht und wurde ihnen ebenso notwendig wie ein Punktezähler beim Billardspiel (...).« (XII, 18) Der alternde und bedürftige Casanova konnte es sich nicht mehr leisten, anzuecken.

Ansonsten hielt er sich viel in Bibliotheken auf. Nachdem er sich dort zunächst über die rüde Behandlung beklagte, wurde er später zuvorkommend behandelt. Man brachte ihm Licht, wenn es dunkel wurde, und in einer der Bibliotheken gab man ihm sogar einen Schlüssel, mit dem er außerhalb der Öffnungszeiten die Räume betreten konnte. Nur berühmten Gelehrten gewährte man solche Privilegien.

Die interessanteste römische Episode begann mit dem Besuch eines Klosters, in dem junge schöne Mädchen bis zu ihrer Verheiratung untergebracht waren, damit sie vorher nicht entehrt werden konnten. Casanova begleitete einen jungen Mann, der dort häufig seine Schwester besuchte und sich dabei in ein Mädchen verliebt hatte. Ein Priester oder ein Kardinal persönlich entschieden darüber, ob ein Mädchen hübsch genug war, um auf das Drängen der frommen Eltern hin aufgenommen zu werden. Häßliche Mädchen, so die allgemeine Meinung, bräuchten vor einer Verführung nicht geschützt zu werden. Da die Besuchsbedingungen ein großes Hindernis darstellten, und man die hübschen Mädchen in der vorherrschenden Dunkelheit kaum sehen konnte, war es innerhalb von zwanzig Jahren nur Vieren gelungen, die Anstalt wieder zu verlassen.

Casanova verliebte sich in Armellina, die Schwester jenes jungen Mannes. Schon bald verfaßte er einen Bericht über das Kloster, den Kardinal de Bernis über einen weiteren Kardinal an den Papst weiterleiten sollte. Casanova bat in diesem Bericht darum, die Besuchsbedingungen jener Anstalt doch wenigstens den anderen Frauenklöstern anzugleichen. In den gewöhnlichen Klöstern gab es für die Nonnen zumindest ein helles Sprechzimmer. Der Antrag hatte Erfolg. Der Papst erließ eine völlig neue Hausordnung, die Casanova sogar erlaubte, mit seiner Angebeteten und deren Freundin Emilia das römische Nachtleben zu erkunden; Bedingung war nur, sie danach wieder ins Kloster zurückzubringen.

Besuch im Nonnenkloster, Gemälde von Guardi (1712-1793)

Zunächst jedoch blieb der Erfolg bei der schönen Klosterbewohnerin und ihrer Freundin aus: »Wenn ich Küsse geben wollte, drehte man den Kopf zur Seite; wenn ich mir einen unbescheidenen Griff erlaubte, hüllte man sich in seine Röcke; wenn ich mir den Zugang mit Gewalt erkämpfen wollte, leistete man mir energischen Widerstand.« (XII, 51)

Mit Wehmut mag Casanova an jene venezianischen Nonnen M.M. und C.C gedacht haben, die es ihm um so vieles leichter gemacht hatten. Bei einem Essen in einem Separée gelang es ihm schließlich mit Alkohol und einigen Späßen beim Austernessen, die Mädchen gefügiger zu machen. Die Wirkung des Alkohols hatte der jüngere Casanova nie nötig gehabt. Die von ihm beschriebenen Szenen mit den Mädchen zeigen, daß Casanovas Begehren auch der Suche nach seiner früh vermißten und entbehrten Mutter galt: Scheinbar unabsichtlich ließ er nacheinander Austern in den Ausschnitt der Mädchen fallen: »Als ich diese (Auster) endlich erhascht (...) hatte, bemächtigte ich mich einer ihrer (Armellinas) Brüste und verlangte das Wasser der Auster zurück, das darüber geflossen war, indem meine begehrlichen Lippen die Rosenknospe umschlossen und mich ganz der Wollust überließ, in die mich die eingebildete Milch versetzt hatte, die ich zwei oder drei Minuten lang trank.« (XII, 73)

Auch mit einer anderen Freundin Armellinas »benahm ich mich wie das Kind an der Mutterbrust«. (XII, 93) Viele Spiele, zum Beispiel »Blindekuh«, die der um fast drei Jahrzehnte ältere Casanova mit den Mädchen spielte, sind Kinderspiele und erinnern nicht an den Umgang verliebter Erwachsener. Der alternde Casanova regredierte zusehends. Wenn die Mädchen zum Beispiel nicht so wollten wie er, schmollte er wie ein beleidigter Junge und besuchte sie nicht mehr.

Kardinal de Bernis ließ sich neugierig stets über den aktuellen Stand von Casanovas Verführungskünsten informieren. Zu seinem Leidwesen war es Casanova nicht gelungen, Armellina verliebt zu machen. Auf einem Ball mußte er sogar eifersüchtig zusehen, wie Armellina mit einem jungen schönen Florentiner tanzte: »Ich war eifersüchtig wie ein Tiger. (...) Meine Eifersucht erlaubte mir nicht, Armellina aus den Augen zu lassen, und ich versagte mir daher das Vergnügen, selber zu tanzen, trotzdem gab ich mir große Mühe, mir die schlechte Laune nicht anmerken zu lassen.« (XII, 89) Den hier erwähnten Florentiner hat Armellina später tatsächlich geheiratet. Wie Casanova selber zugibt, hinderte ihn seine Eifersucht, dem Leser die näheren Einzelheiten der weiteren Ereignisse mitzuteilen.

Immerhin ist er dem Leser gegenüber offen genug, ihn wenigstens einen tieferen Blick in seine düstere Seele werfen zu lassen: »Ich wußte, daß sie in den Florentiner verliebt war und hatte ihr, als ich die letzte Gunst von ihr verlangte, mein Ehrenwort gegeben, sie zu seiner Frau zu machen. Sie hatte sie mir unter dieser für sie selber und für mich demütigenden Bedingung gewährt.« (XII, 114) Buchstäblich nur eine Seite weiter lesen wir: »Der berufsmäßige, absichtliche Verführer, der nur die eine Absicht hat, ist ein verabscheuungswürdiger Mensch, er ist seinem Wesen nach der Feind der Person, auf die seine Wahl gefallen ist.« (XII, 115) Auf den Widerspruch solcher Aussagen zu seinem tatsächlichen Handeln ging er jedoch nicht weiter ein.

In Frascati lernte Casanova wieder einmal ein weiteres seiner unehelichen Kinder kennen: Giacomina war die Tochter seiner früheren Geliebten Maruccia. Von einer Freundin der Tochter, Guglielma, war er sogleich angetan. Wie sich zufällig herausstellte, war sie seine Nichte. Anläßlich seiner Trennung von Guglielma erfahren wir, wie Casanova mit Abschiedsschmerz umging: Er habe von Gott die Gabe erhalten, sich innerhalb weniger Tage mit Tatsachen abfinden zu können.

Tatsächlich war Casanova nicht bindungsfähig, denn sonst hätte er nicht so rasch von einer Geliebten zur anderen übergehen können. Sicherlich war der »Trennungsschmerz« bei seiner zweihundersten Geliebten, denn da dürfte Guglielma chronologisch ungefähr stehen, bei weitem nicht so intensiv wie zum Beispiel noch bei Henriette. Schon anläßlich seiner Trennung von Pauline in England, hatte sich Casanova unumwunden eingestanden, daß die Gefühle im Laufe der Zeit an Intensität verloren.

Zurück in Rom trug Casanova vor einer literarischen Vereinigung eine Ode vor und bewies sein schauspielerisches Talent: Alle Akademiemitglieder weinten vor Rührung. Des Rätsels Lösung für diesen Erfolg: »Das richtige Mittel, um andere zum Weinen zu bringen, ist, selber zu weinen.« (XII, 107)

Die nächste Station auf Casanovas unruhigem Wanderleben war Florenz. Er nahm sich vor, seinen Lebenswandel völlig zu ändern: »Ich war der Genüsse, die ich dreißig Jahre gekostet hatte, jetzt müde (...). Ich war entschlossen, mich gänzlich dem Studium zu widmen und reiste daher ohne alle Empfehlungsbriefe nach Florenz.« (XII, 111) Er wollte Homers Ilias ins Italienische übertragen.

In Liebesdingen beklagte er seine mangelnde Potenz und dachte an einen »würdigen Rückzug«. Doch wieder einmal kam alles ganz anders. »Aus Gefälligkeit« nahm er an den Ausschweifungen eines jungen Mannes teil und geriet dabei erneut ins Spielermilieu. Nachdem ein junger Engländer um viel Geld betrogen worden war, wurden alle Verdächtigen aus Florenz ausgewiesen. Auch Casanova, obwohl mit Sicherheit an dem Coup unbeteiligt, mußte nach sechs Monaten Aufenthalt Florenz verlassen; gegen seinen schlechten Ruf war er machtlos. In Bologna fragte ihn der Fürst Sordia: »Unter uns gesprochen, (...) wie viele von Ihnen haben sich die zwölftausend Guineen geteilt?« (XII, 133) Casanova beteuerte seine Unschuld. Daraufhin lachte der Graf und meinte, es täte ihm leid, wenn er unschuldig sei.

Interessant am Aufenthalt in Bologna ist eine kulturgeschichtliche Notiz. Ein Theaterbesitzer machte viel von sich reden, da er seine erste

Ehe wegen Impotenz für ungültig erklären ließ. Mit einer Tänzerin hatte er aber zwischenzeitlich schon zwei Kinder gezeugt. Es kam zu einem Lokaltermin vor vier unbestechlichen Richtern, die an dem nackten Marchese alle Handlungen vornahmen, »die sie für geeignet hielten, um eine Erektion bei ihm hervorzubringen. Der brave Marchese widerstand den heftigsten Anstrengungen und blieb völlig schlaff.« (XII, 138) In der Folge wurde die Ehe wegen »relativer Impotenz« für nichtig erklärt. Casanova machte sich ausgiebig über diese »barbarische und komische Angelegenheit« lustig und wandte ein: Selbst wenn die Richter bei dem Mann eine Erektion zustande gebracht hätten, hätte er immer noch sagen können, daß seine Frau bei ihm diese Wirkung nicht hätte erzielen können.

Ein wichtiger Kontakt während des Aufenthalts in Bologna ergab sich mit dem venezianischen Adligen Zaguri. Er versprach, sich für Casanovas Rückkehr einzusetzen und empfahl ihm, sich möglichst häufig in der Nähe von Venedigs Staatsgrenzen aufzuhalten, damit man sein Verhalten besser überprüfen könne. Casanova beschloß, dem Rat zu folgen. Zunächst wollte er nach Ancona und von dort mit dem Schiff nach Triest.

In Ancona hatte er im Hause eines Juden eine Liaison mit dessen jungen Tochter Lia. Wieder einmal müssen wir uns darüber wundern, wie häufig im 18. Jahrhundert Eltern mit ihren Kindern alles geschehen ließen, selbst dann, wenn sie von dem Fremden keinen größeren Vorteil als eine reguläre Zimmermiete zogen. Die kleine Lia reagierte auf seine Annäherungsversuche ziemlich widerspenstig, und Casanova brauchte viel Geduld. Wie in der Affäre mit Armellina verhielt er sich wie ein schmollender kleiner Junge. Zwischen den Zeilen kann man immer öfter lesen, daß sich Casanovas kleine Geliebten meist nur aus Mitleid auf ihn einließen und nicht, weil sie dem großen Verführer nicht hätten widerstehen können.

In der Gegend von Triest lebte Casanova zwei Jahre und arbeitete intensiv an seiner Rückkehr nach Venedig. Gelegentlich veröffentliche er Gedichte, und er schrieb eine Komödie, die mit großem Erfolg am 18. Juli 1773 aufgeführt wurde. Entscheidend für Casanovas Besänftigung der venezianischen Staatsinquisitoren waren seine freiwilligen diplomatischen Bemühungen. So erfuhr er beispielsweise durch seine glänzenden Kontakte, daß Triest plante, wegen des hohen venezianischen Zolls in Zukunft seine Waren auf dem Seeweg zu transportieren. Venedig bot aufgrund Casanovas geheimer Information Triest eine erhebliche Zollsenkung an und konnte sich so die Einnahmequelle auf Dauer sichern. Die Venezianer waren immer schon stolz darauf gewesen, besser und früher als alle anderen informiert zu sein.

Bei einer anderen Gelegenheit erzählte der venezianische Konsul, er hätte sich seit vier Jahren erfolglos bei der Triester Regierung um die

Verlängerung der Poststrecke, eine einzige Station weiter, ins venezianische Undine, bemüht. Casanova schrieb daraufhin ein Gutachten, in dem logisch nachgewiesen wurde, daß die Poststreckenänderung auch für Triest große wirtschaftliche Vorteile hätte. In Kürze wurde Venedigs Wunsch erfüllt, und man schickte Casanova dankbar eine reichliche Belohnung, später sogar eine monatliche Zahlung.

Unterdessen hatte Casanova einige unbedeutende Liebesabenteuer. Der Beischlaf mit einer afrikanischen Dienerin entlockte ihm eine seltsame Bemerkung: »Negerinnen« würden sich im Bett völlig anders als weiße Frauen verhalten, und er wunderte sich über deren »Eigenheit, daß es eine erfahrene Frau in ihrem Belieben hat, nicht zu empfangen, und nicht nur das, sondern daß sie nach Wunsch ein männliches oder ein weibliches Kind empfangen kann.« (XII, 218) Casanova fährt fort, er könne es dem Leser nicht übelnehmen, wenn ihm dieser nicht glaube, denn wenn wir nach unserer weißen Natur urteilten, »ist die Sache unglaublich, aber man würde nicht mehr ungläubig sein, wenn ich ihnen die Theorie darüber darlegen würde.«

Zu unserem Leidwesen hat Casanova nirgends diese Theorie dargelegt. Möglicherweise wäre er bei der ursprünglich geplanten Fortsetzung der Memoiren über das Jahr 1774 hinaus noch einmal auf das Thema zurückgekommen. Doch es entbehrt nicht einer gewissen Symbolik, daß ausgerechnet bei seiner Rückkehr in die Heimat die Autobiographie abbricht. Vermutlich hielt er die Erlebnisse seines Alters nicht mehr der Erwähnung wert, wie er es 1792 in einem Brief an seinen Freund Opitz andeutete: »Ich meine, ich sollte sie (die Memoiren) so belassen, denn vom Alter von fünfzig Jahren an kann ich nur Trauriges berichten, und das macht mich selbst traurig. Ich schreibe ja nur, um mich mit meinen Lesern zu vergnügen.«[119]

Die Memoiren enden mit der Begegnung einer alten Jugendliebe, Irene Rinaldi. Die Mutter war für ihn nicht mehr attraktiv, doch um so mehr hatte es ihm die neunjährige Tochter angetan. Sie hatte nichts dagegen, »daß ich sie liebkoste. (...) Drei Jahre später traf ich sie (die Mutter) in Padua wieder, wo ich mit ihrer Tochter ein noch zärtlicheres Verhältnis einging.« (XII, 243) Dies sind die letzten Worte dieser monumentalen Lebensbeschreibung. Casanova hatte noch vierundzwanzig Jahre zu leben.

Zu Casanovas Enttäuschung ließ die Begnadigung der Staatsinquisition trotz seiner fortwährenden Selbsterniedrigungen lange auf sich warten. Sie wurde erst am 3. September 1774 gewährt. Der venezianische Konsul hat uns überliefert, wie das Begnadigungsschreiben auf den achtzehn Jahre lang Verbannten wirkte: »Er las es, las es noch einmal, küßte es viele

---

119 J. Rives Childs, 1996, a.a.O., S. 143 f.

Male und verströmte, nach kurzem Innehalten zum Sichbesinnen und Schweigen, viele Tränen.«[120] Casanova war neunundvierzig Jahre alt und endlich am Ziel seiner Wünsche angelangt. In einem Brief an den befreundeten Grafen Lamberg, mit dem er sich bis ins hohe Alter geistig austauschte, lesen wir: »Ich bin wahnsinnig vor lauter Glück. Noch nie hat das gefürchtete Tribunal der Staatsinquisitoren einem Bürger vollständigere Verzeihung gewährt als mir.«[121]

Zunächst wurde er in Venedig herzlich empfangen. Seine alten Freunde und auch viele Adlige ließen sich aus erster Hand die tolldreiste Flucht aus den Bleikammern und das in Europa berühmt gewordene Duell mit Graf Branicki erzählen. Doch nachdem sich die erste Begeisterung gelegt hatte, wurden die Aussichten für die folgenden acht venezianischen Jahre trübe.

Einer der Freunde seines verstorbenen Gönners Bragadin, Dandolo, konnte ihn nur mit einer mageren Rente unterstützen, und auch der Verkauf der Ilias-Übersetzung blieb enttäuschend. Als Ausweg ließ sich Casanova zum Spitzel der Staatsinquisition machen. Ironie des Schicksals: Jener Spitzel Manuzzi, der ihn damals an die Staatsinquisition verraten hatte, war nun sein Kollege! Ob Casanova angesichts dieser Metamorphose Scham gefühlt hat? So, wie wir ihn bislang kennengelernt haben, dürfte dies nicht der Fall gewesen sein. Offiziell jedenfalls wandelte er sich nun zum Moralapostel, wetterte gegen die Hurerei der Frauen, gegen das Glücksspiel und wachte über die öffentliche Sicherheit. In einem seiner Berichte lesen wir:

»Die extreme Freizügigkeit des Umgangs der Geschlechter untereinander, die Schamlosigkeit der Frauen, die laxe Haltung der Männer sind die Ursache dieser von Gottlosigkeit und Egoismus inzwischen legalisierten Erzübeln. Die jungen Menschen, die in die Welt treten, nehmen sie schon ganz ungerührt als Selbstverständlichkeiten hin (...) Diese fatale moralische Zerrüttung kann nur noch schlimmere Früchte hervorbringen, gegen die es kein Mittel mehr geben wird, wenn in unserer Republik erst einmal die Vertreter der alten Generation ausgestorben sind (...).«[122]

Mit den tugendhaften Vertretern der alten Generation konnte Casanova sicherlich nicht sich selbst gemeint haben. Natürlich war all das nur Maske, um sich seinen Lebensunterhalt zu sichern. Doch trotz seiner Denunziationen waren die Vorgesetzten nicht allzu begeistert von Casanovas Arbeit und gingen dazu über, ihm nur noch jeden Bericht einzeln zu vergüten. Zwischendurch wurde er auch für Spionagedienste in Triest einge-

120 Casanova, Histoire de ma vie, kommentiert von Angelika Hübscher, Paris und Wiesbaden 1960-1962, Bd. 12, S. 2771

121 Marceau, a.a.O., S. 341

122 Gervaso, a.a.O., S. 238

setzt, wo er »bessere Arbeit« leistete. Während dieser Zeit wohnte Casanova bei der Näherin Francesca Buschini, die ihn vorbehaltlos liebte und ihm auch noch später regelmäßig nach Dux in Böhmen schrieb, wo Casanovas Leben endete. Die Liebe zu Francesca war die längste seines Lebens, sie währte über drei Jahre.

1780 gründet Casanova eine literarische Zeitschrift, die genauso scheiterte wie ein später herausgegebenes Wochenblatt. Seine Bemühungen, in Venedig ein französisches Theater auf die Beine zu stellen, blieben ebenfalls erfolglos. Auch die Übersetzung eines französischen Romans und eine Streitschrift über Voltaire hatten ihm nicht viel eingetragen. Zum Lebensunterhalt trug daneben eine Tätigkeit als Schreibgehilfe bei dem Adligen Spinola bei. Spinola war ein Spaßvogel. Als Papst Pius VI. in Venedig weilte, stellte er seinen Gehilfen als äußerst frommen Menschen vor, der die Kardinalswürde verdiente. In einem anderen Ort gab er Casanova dann tatsächlich als Kardinal aus. Solch hochstaplerisches Spiel mußte Casanova natürlich gefallen. Die Menge machte ihm ehrerbietig Platz und Spinola folgte ihm ehrfürchtig. Dann aber zog Spinola plötzlich eine Peitsche hervor und jagte Casanova auf dem Platz herum. Der alte Abenteurer nahm seinem Herrn den Streich nicht übel, denn er wurde reichlich dafür bezahlt.[123] In dieser kleinen Episode mag man ein Gleichnis für den Aufstieg und den Fall eines genialen Blenders sehen.

Im Haus des Patriziers Carlo Grimani[124] lernte Casanova einen Adligen kennen, der noch eine Wettschuld von Spinola zu erhalten hatte. Gegen Bezahlung bot Casanova seine Vermittlungsdienste an, doch er wurde am Ende um seinen Lohn geprellt. Wutentbrannt schrieb er nun eine Satire über den venezianischen Adel, mit dem Titel »Weder Liebe noch Frauen«. Da die Zensur nicht erfaßte, wer sich hinter den mythologischen Figuren der Satire versteckte, gab sie den Text ahnungslos zum Druck frei. Alle, die Casanova einmal gekränkt hatten, erhielten nun einen Denkzettel. Da zunächst niemand die Identität der Angegriffenen verstand, brachte Casanova einen »Schlüssel« in Umlauf.

In der Folge geriet ganz Venedig darüber in Aufruhr, daß ein Nichtadliger sich erdreistete, die herrschende Klasse bloßzustellen. Besonders verurteilte man, daß Casanova Carlo Grimani als Bastard seiner Mutter bezeichnete, sich selbst jedoch als unehelichen Sohn von Michele Grimani, der viel eher Anspruch auf das Grimani-Erbe habe. War Casanova also doch nicht der Sohn des Schauspielers Gaetano Casanova? Eine letzte Klärung ist nicht möglich, auch die Historiker und Casanova-Biographen nehmen unterschiedlich Stellung. Jedenfalls wurde mehrmals in

---

123 Vgl. Casanova, Vermischte Schriften, gesammelte Briefe, herausgegeben von Enrico Straub, Frankfurt 1978, S 167.

124 Er war der Sohn von Michele Grimani, dessen Bruder, Alvise Grimani, Casanovas Vormund gewesen war.

der zeitgenössischen Literatur von Casanovas unehelicher Geburt ausgegangen.

Wie nicht anders zu erwarten, blieben von nun an alle Türen Venedigs für Casanova geschlossen. Auch die Staatsinquisitoren entließen ihn aus ihren Diensten. Ein im unterwürfigen Ton geschriebener Brief, in dem sich Casanova für sein Verhalten entschuldigte und um Wiederanstellung bat, blieb erfolglos. Man bedeutete ihm, Venedig zu verlassen.

Nach einem schmerzhaften Abschied von Francesca fand sich Casanova 1783 auf der Landstraße nach Wien wieder. Verbittert äußerte er sich in einem Brief vom Herbst 1782: »Ich bin achtundfünfzig Jahre alt (...). Der Winter ist bald da; der Gedanke, wieder ein Abenteurerleben zu führen, läßt mich lachen, besonders, wenn ich mich im Spiegel betrachte. Doch ich muß abreisen (...).«[125] In einem anderen Brief heißt es: »Entweder bin ich nicht für Venedig gemacht, oder Venedig ist nicht für mich gemacht. Vielleicht trifft auch beides zu.«[126] Im Stile eines Till Eulenspiegels leistete sich Casanova aber noch eine süße Rache. Heimlich schmuggelte er einen anonymen Brief in die Post der Staatsinquisition. Darin prophezeite er für den 25. Mai 1783 ein schreckliches Erdbeben. Nach einem Bericht der französischen Botschaft in Venedig löste der Brief unter den Adligen eine Panik aus; viele flohen aus der Lagunenstadt.

Wieder schien Casanova zum Reisen verdammt: Triest, Augsburg, Aachen, Spa ... Im belgischen Spa machte er die Bekanntschaft einer englischen Dame, die fortwährend nur Lateinisch redete. Sie offerierte ihm das Angebot, sie in den nächsten vier Jahren auf ihren Reisen zu begleiten. Er lehnte schockiert ab. Beim Abschied mit jener Dame sagte er ihr eindringlich: Ich verlasse Sie, »um Sie niemals wiederzusehen.« Die Dame antwortete kühl und knapp: »Sequere voluntatem tuam.«[127]

Casanova im Alter von 63 Jahren, Kupferstich von Johann Berka

Der ansonsten wahrlich nicht zimperliche Casanova zeigte sich in einem Brief entrüstet: »Ich werde niemals jemandem, wer es auch sei, erzählen, welcherart das Gespräch der englischen Damen gewesen ist, aber ein großes Ereignis könnte es Sie mit der Zeit erraten lassen, so-

125 Straub, 1978, a.a.O, S. 420

126 Roberto Gervaso, Casanova und seine Zeit, München 1977, S. 253

127 Lateinisch: Folge deinem Willen.

wie jeden anderen, der über meine Verbindung mit ihr unterrichtet ist.«[128] Was mag ihn an dem Vorschlag der Lady schockiert haben? Auf welches Ereignis spielte er an?

Graf Josef Waldstein, der Mäzen Casanovas

Nachdem Casanova einen Plan zur Auswanderung nach Madagaskar verworfen hatte, gelangte er über Rotterdam und Antwerpen im September 1783 nach Paris: Dort bescherte ihm der Zufall eine Begegnung mit dem berühmten Amerikaner Benjamin Franklin, der Casanova einlud, an der Eröffnungssitzung der Akademie der Wissenschaften teilzunehmen. Casanova saß neben Franklin und lauschte einer Diskussion über Ballonfahrten. Erfolglos versuchte er später, ein Zeitungsprojekt zu starten und Interessenten für den Bau eines Schiffahrtskanals zwischen Bayonne und Narbonne zu finden.

Es folgten hektische, planlose Reisen: Mit seinem Bruder Francesco fuhr er nach Dresden, wo nach dem Tod der Mutter nur noch eine Schwester wohnte. Dann ging es nach Wien, und alleine reiste er schließlich wieder über Dresden nach Berlin und Prag, um 1784 erneut in Wien anzukommen. Dort erhielt er einen Posten als Schreibgehilfe des Wiener venezianischen Gesandten. Vermutlich hatte Casanova in Wien oder Prag auch Wolfgang Amadeus Mozart und dessen Librettisten Lorenzo da Ponte getroffen.

Die wichtigste Bekanntschaft in Wien schloß er jedoch mit dem jungen Grafen Waldstein, der ein Frauenheld, Spieler und Okkultist war. Mozarts Librettist da Ponte charakterisierte Waldstein in einem Brief an Casanova: »(...) immer in den Bordellen (...) mit Taugenichtsen und Nichtstuern (...). Vergessen wir den Rest; er hat das Herz eines Engels, einen ausgezeichneten Charakter, aber eine noch tollere Lebenslust als wir.«[129] Waldsteins Onkel, der Fürst Charles de Ligne, beschrieb, wie Casanova den Grafen einst kennenlernte:

»Mein Neffe erlag Casanovas Anziehungskraft, als sie zusammen beim venezianischen Botschafter dinierten. Mein Neffe gab vor, an Magie zu glauben und sie

128 Gugitz, a.a.O, S. 321
129 Heinz Sauter, a.a.O., S. 326

auch zu praktizieren, er sprach über (...) Agrippas ›Magische Werke‹ und dergleichen mehr (...). ›Wem sagen Sie das alles?‹ rief Casanova, ›O, che bella cosa, cospetto![130] *Das alles kenne ich ganz genau!‹ ›Dann‹, sagte Waldstein, ›kommen Sie doch mit mir nach Böhmen. Ich reise morgen ab.‹«*[131]

Diese Begegnung sollte sich später sehr nützlich für Casanova erweisen. Nach dem Tod seines Brotgebers erinnerte er sich nämlich an jene spontane Einladung. Auf diese Weise wurde Casanova Waldsteins Bibliothekar im böhmischen Dux. Schon früher, zum Beispiel bei seinem Besuch der Bibliothek in Wolfenbüttel, hatte Casanova von einem ruhigen Leben zwischen Büchern geträumt. Im Duxer Schloß wohnte er vom September 1785 bis zu seinem Tod im Juni 1798. Hier schrieb er acht, manchmal aber auch dreizehn Stunden am Tag an den Memoiren, die ihm Weltruhm einbringen sollten. Nur die über alles geliebte kleine Hündin Mélampyge vermochte es, Casanova zu einer Schreibpause zu überreden:

»Als meine Hündin noch gesund war, verließ sie gelegentlich mitten in der Nacht ihr Lager, um in meine Kammer zu kommen. Fand sie mich dort nach sieben oder acht Stunden immer noch schreibend, sprang sie auf meinen Tisch, drückte mir die Feder aus der Hand und legte ihre Pfoten auf das Papier. Ich bedankte mich dann bei ihr, ließ die Arbeit liegen, entkleidete mich und legte mich zu Bett. Sah sie das, leckte sie sich froh und siegesbewußt die Lippen und kehrte danach auf ihr Lager zurück.«[132]

Schloß und Kirche zu Dux

Casanovas Wohnung in Dux

Trotz der ihn liebenden Hündin, einer eigenen Kutsche und eines eigenen Dieners hatte sich Casanova den Lebensabend sicherlich anders vorgestellt. Der Abenteurer Waldstein befand sich meist auf Reisen und überließ Casanova den 40.000 Büchern und einem feindlich gesinnten Schloßpersonal. Nur wenn der Graf zu Hause weilte, wurden mit Gästen Feste gefeiert, und Casanova konnte mit seinen Erzählungen glänzen. Bitter beklagte er sich bei Waldsteins Mutter, daß sich ihr Sohn überhaupt nichts aus Büchern machte und ihn noch nicht einmal bat, seine Briefe zu schreiben. Empfand Casanova seine Stellung als ein Almosen, für das er keinen Gegenwert geben konnte? Seine Bezahlung jedenfalls war sehr üppig. Es scheint, als hätte Waldstein Casanova wie einen in Gesellschaft vorzuzeigenden Gegenstand präsentiert, ähnlich wie er seinen Gästen jene Lanze zeigte, mit der der berühmte Wallenstein in Dux ermordet worden war.

Böse Folgen hatte Casanovas nicht selten überhebliches Auftreten dem Schloßpersonal gegenüber. Die Dienerschaft haßte ihn, sogar Prügeleien

130 Italienisch: Oh, was für eine schöne Sache!

131 Casanova, Erinnerungen, übersetzt und eingeleitet von Heinrich Conrad, München und Leipzig 1907-1913, Bd. 13, S. 247

132 Giacomo Casanova, Nekrolog auf Mélampyge, zitiert nach Enrico Straub, Vermischte Schriften - Aus dem gelehrten und literarischen Werk, Frankfurt 1971, S. 399

fanden statt, so daß sich Casanova zum Essen künftig in sein Zimmer zurückziehen mußte. Das Personal nutzte die Abwesenheit des Grafen schamlos aus, um Casanova immer neue Streiche zu spielen. So soll zum Beispiel der Kutscher ein mit abfälligen Kommentaren versehenes Bild Casanovas in der Toilette aufgehängt haben. Mangels Klebstoff hatte er seinen Kot benutzt. In Briefen an den Haushofmeister Faulkirchner, beschwerte Casanova sich über die rüde Behandlung im Schloß:

»Nach dem gewöhnlichen Lauf der Dinge, mein Herr Faulkirchner, hätte nie etwas zwischen uns im Schlosse (...) gemein sein sollen; doch das Außergewöhnliche ist in unseren Tagen so gewöhnlich geworden, daß man jetzt darauf zu rechnen hat. Sie haben sich, zum Schaden meiner Ehre, mit drei verschiedenen Criminal-Vergehen befleckt, und da ich Ihnen den Prozeß darüber in aller Form Rechtens zu machen gedenke, so werden Sie nichts dagegen haben können, wenn ich damit anfange, das Publikum der Welt, von unserem Streite näher zu unterrichten. (...) Das Publikum also wird entscheiden, ob Sie ein Nichtswürdiger sind, oder nicht (...).«[133]

Zu den »Anklagepunkten« zählten die von diesem angestifteten Schandtaten: Er soll dem Diener Viderol befohlen haben, ein Bild aus Casanovas Roman »Icosaméron« herauszureißen, um es mit einer unflätigen Unterschrift versehen, an prominenter Stelle aufzuhängen; außerdem soll er auch beim Grafen Waldstein gegen ihn »intrigiert« haben. Diese Briefe enthüllen das bedauerlich tiefe Niveau, auf das der mittlerweile humorlose und überempfindliche Casanova gesunken war. Er wollte nicht begreifen, daß das »Publikum der Welt« seinen Stücken nicht mehr zusah. Des weiteren zeigen diese Briefe aber auch, wie man im Schloß mit einem gebildeteten alten Herrn umsprang. Über die Hintergründe dieser Streitereien mit dem Personal besitzen wir eine ausführliche atmosphärische Beschreibung von Charles de Ligne:

»(...) Man bilde sich nicht ein, daß Casanova ohne Stürme leben konnte! Kein Tag verging, ohne daß es wegen seines Kaffees, seiner Milch, seiner Schüssel Makkaroni, die er verlangte, Lärm im Hause gab. Der Koch hatte ihm keine Polenta gemacht, der Stallmeister hatte ihm einen schlechten Kutscher gegeben, als er mir einen Besuch machen wollte. Die Hunde hatten die ganze Nacht hindurch gebellt. Es waren mehr Gäste gekommen, als Waldstein erwartet hatte; infolgedessen hatte Casanova allein an einem kleinen Tisch essen müssen. Ein Waldhorn hatte mit falschen oder schneidenden Tönen sein Ohr zerrissen. Der-Pfarrer hatte ihn belästigt, indem er ihn bekehren wollte. Der Graf hatte ihm nicht zuerst ›Guten Morgen‹ gewünscht. Aus Bosheit hatte man ihm die Suppe zu heiß vorgesetzt. Ein Lakai hatte ihn zu lange warten lassen, als er trinken wollte. Man hatte ihn irgendeiner angesehenen Person nicht vorgestellt (...): Der Graf hatte ein Buch verliehen, ohne

133 Victor Ottmann, Jacob Casanova von Seingalt, Stuttgart 1900, S. 134

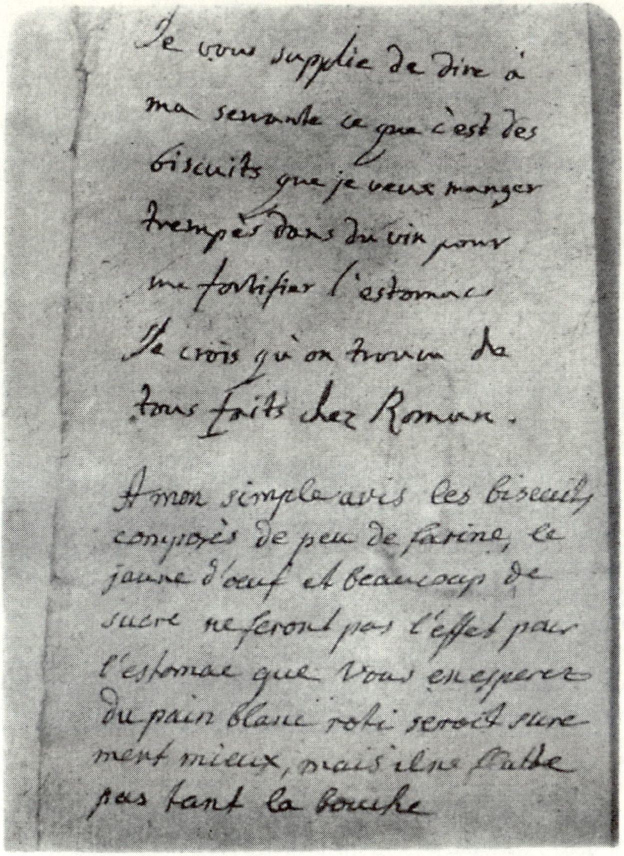
Je vous supplie de dire à
ma servante ce que c'est des
biscuits que je veux manger
trempés dans du vin pour
me fortifier l'estomac
Je crois qu'on trouve de
tous faits chez Roman.

A mon simple avis les biscuits
composés de peu de farine, le
jaune d'oeuf et beaucoup de
sucre ne feront pas l'effet pour
l'estomac que vous en esperez
du pain blanc roti seroit sure
ment mieux, mais il ne flatte
pas tant la bouche

Bitte des kranken Casanova um Biscuits

ihm etwas davon zu sagen. Ein Stallknecht hatte nicht seine Mütze vor ihm abgezogen. Er hat deutsch gesprochen;[134] man hat ihn nicht verstanden. Er hat sich geärgert; man hat gelacht. Er hat seine französischen Verse gezeigt; man hat gelacht. Er hat mit großen Gestikulationen seine italienischen Verse deklamiert; man hat gelacht. Er hat beim Eintreten seine Verbeugung gemacht, wie er sie vor sechzig Jahren vom berühmten Tanzmeister Marcel gelernt hat; man hat gelacht. Er hat seinen Hut mit der weißen Feder aufgesetzt, seinen goldgestickten Seidenrock, seine schwarze Sammetweste, seine umgerollten Seidenstrümpfe mit den straßbesetzten Kniebändern angelegt; man hat gelacht. ›Cospetto!‹ ruft er; ›ihr Lumpenpack, ihr seid lauter Jakobiner! Ihr vergeßt euch gegen den Grafen – und der Graf vergißt sich gegen mich, indem er euch nicht bestraft!‹«[135]

134 Casanova sprach nur äußerst unvollkommen deutsch.
135 Heinrich Conrad, a.a.O., Bd. 13, S. 248 ff.

Als später ein Mädchen eines Hausangestellten schwanger wurde, beschuldigte man selbstverständlich niemand anderen als Casanova. Der Verdacht konnte zwar widerlegt werden, doch ganz Dux zeigte verachtungsvoll auf jenen Mann, der den Ruf des alten Wüstlings nicht mehr los wurde.

All das darf nicht darüber hinwegtäuschen, daß Casanova außerhalb des Schlosses immer noch ein angesehener Mann war. Er korrespondierte mit vielen bekannten Wissenschaftlern seiner Zeit und sogar mit dem Kaiser Joseph II.[136], dem er bei einem Besuch in Dux die Bibliothek vorführte. Auf die Bekanntschaft mit Casanova war man stolz, auch wenn sein Name nicht mehr so in aller Munde war, wie noch zu seinen Glanzzeiten. Die dreizehn Jahre in Dux sollten Casanovas wissenschaftlich und literarisch produktivsten seines Lebens sein; fast möchte man hinzufügen: ganz der Natur gemäß. Selbst der Fürst de Ligne schrieb nicht nur jenen obigen hämischen Kommentar, sondern wußte durchaus Casanovas Geistesgaben zu schätzen: »Er beglückte mich sechs Sommer lang durch seine Phantasie, die so lebhaft war, wie die eines zwanzigjährigen Jünglings, durch seine Begeisterung für mich, durch sein gediegenes Wissen und durch seine ebenso nützliche wie angenehme Lebensweisheit.«[137]

Dem Casanova-Forscher Edgar Schmidt-Pauli, der zu Anfang dieses Jahrhunderts das Archiv in Dux durchforstete, entfuhr der Ausruf: »Begreiflich wird aber jetzt der Einfluß, den Casanova nicht nur auf die Frauen, sondern auch auf die großen Männer seines Jahrhunderts ausgeübt hat. Denn aus dem Dornröschenschlaf im Duxer Archiv erwacht in der Tat ein anderer, viel größerer und bedeutenderer Casanova. Der Erotiker tritt ganz in den Hintergrund. Dafür steigt eine ungemein gebildete, überlegene und starke Persönlichkeit auf die Bühne (...).«[138]

Um eine Vorstellung von Casanovas geistiger Fruchtbarkeit in Dux zu geben, seien hier einige seiner nicht verschollenen[139] Werke erwähnt. Neben der alles überragenden zwölfbändigen Lebengeschichte, den Memoiren, ist zunächst der utopische Roman »Icosaméron« zu nennen. Dieser fünfbändige Roman hatte keinen Verleger gefunden, und so ließ Casanova ihn auf eigene Rechnung drucken. Von den dreihundertfünfzig Exemplaren wurde nur knapp die Hälfte verkauft. An seinen Freund, Graf Lambert, schrieb Casanova über dieses Buch, er fühle sich »zum Schöpfer einer neuen Welt« aufgerufen, »eines neuen menschlichen Geschlechts, eines neuen Zivilgesetzbuches, einer guten Religion, eines anderen Mittels, sich zu ernähren, zu wohnen, zusammen zu leben, ihresgleichen hervorzubringen und den Beifall der ganzen Erde zu erhalten, gezwungen

136 Für den Kaiser arbeitete Casanova einen Bericht über den Wucher aus.

137 Heinz von Sauter, a.a.O., S. 331

139 Ein großer Teil von Casanovas Schriften blieb verschollen. Auf ihre Existenz weisen nur Erwähnungen in Briefwechsel hin.

nach der Lektüre, (...) zu sagen: oh, die glückliche Welt!«[140]

In hellsichtiger Weise nahm Casanova in diesem Roman die Erfindung vieler technischer Geräte vorweg: Telegraph, Auto, Flugzeug und Giftgas. Der Hauptgrund für das Scheitern beim Publikum lag wohl in der Langatmigkeit der Geschichte. Eine Kürzung auf einen Band hätte das Buch möglicherweise populärer gemacht. Der Mißerfolg traf Casanova besonders hart, da er dieses Werk für sein bestes hielt.

Fürst Charles de Ligne

Weitere belletristische Werke waren die Komödie »Le Polémoscope«, der Ballettentwurf »Ulysses und Circe«, verschiedene Essays und das Fragment »L'Albertiade«. Bei diesem letzteren Werk handelt es sich um ein Versepos in italienischen Oktaven, in dem Graf Wallenstein, ein Vorfahre des Grafen Waldstein, gewürdigt werden sollte. Da Friedrich Schiller 1791 wegen seines Wallenstein-Projekts in Dux zu Besuch gewesen war, haben sich dort mit großer Wahrscheinlichkeit die beiden ungleichen Schriftsteller kennengelernt. 1787 erschien dann auf Französisch und Deutsch die Geschichte der Flucht aus den Bleikammern Venedigs.

Legendär ist Casanovas noch ungeklärter Anteil an der Entstehung von Mozarts Oper »Don Giovanni«. In Dux fand man zwei Manuskriptblätter in Casanovas Handschrift mit mehreren Korrekturen an dem Sextett des zweiten Akts. Diese Überarbeitung wurde zwar nicht mit in das spätere Original aufgenommen, doch ist nicht auszuschließen, daß sie bei der ersten Aufführung benutzt worden war. Vor der Uraufführung der Oper in Prag am 29. Oktober 1787 mußte nämlich der mit Casanova befreundete da Ponte, dringend nach Wien abreisen. Einiges spricht dafür, daß Mozart ersatzweise einen anderen erfahrenen Italiener, nämlich Casanova, hinzugezogen hat. Könnte es nicht zudem möglich sein, daß Mozart und da Ponte in Casanova eine Art von »lebendem Modell« für die Opernfigur sahen, auch wenn sie zuletzt in vielem anders ausfiel?

140 Gugitz, a.a.O., S. 368

Der im 19. Jahrhundert lebende Historiker G. A. Meißner hat Aufzeichnungen hinterlassen, nach denen sich Mozart und Casanova im Oktober 1787 tatsächlich über eine Fertigstellung durch Casanova geeinigt haben. Eine Reihe von Fachleuten unterstützt diese These. Jedenfalls ist belegt, daß sich Casanova in der fraglichen Zeit tatsächlich in Prag aufhielt. Daß Casanova die Arbeit an einem Opernlibretto nicht fremd war, hat er mehrmals unter Beweis gestellt. Im Nachlaß fanden sich noch fünf weitere Manuskripte zu Schauspielen oder Opernlibretti, die bis zum heutigen Tage kaum wissenschaftlich analysiert sind.

Der Ansicht des Musikhistorikers Paul Nettl zufolge, ließe sich die Zusammenarbeit von Mozart und Casanova zwar nur indizienmäßig nachweisen, doch würde uns die Bedeutung der Beziehung dieser beiden klarer,

»(...) wenn wir (sie) von einer höheren Warte auffassen, symbolisch und sozusagen metaphysisch. Ihre Beziehung bringt uns die Überschwenglichkeit des Zeitalters zum Ausdruck, das gleichzeitig mit Mozarts ›Don Giovanni‹ zu Ende ging. (...) Der letzte Urgrund beider Werke ist der gleiche (...). Im ›Don Giovanni‹ findet das ›erotische Zeitalter‹ eine Verherrlichung und in Casanovas ›Memoiren‹ seine Dokumentierung. Es hat eine tiefe symbolische Bedeutung, daß Casanova bei der Uraufführung der ›Oper der Opern‹ anwesend war und vermutlich bei ihrer Vorbereitung mitwirkte (...).«[141]

An wissenschaftlichen Werken sind Casanovas mathematische Veröffentlichungen hervorzuheben. Casanova glaubte, das uralte Problem der Verdoppelung des Würfels auf arithmetischem Wege gelöst zu haben. Von der Antike bis zu Newton und Descartes hatte man sich an diesem Problem die Zähne ausgebissen. Der bedeutende französische Mathematiker Charles Henry betonte, niemand sei des Rätsels Lösung so nahe gekommen wie Casanova! Die zur Lösung erforderlichen irrationalen Zahlen, in diesem Fall die Wurzel aus Zwei, waren damals noch nicht bekannt. Casanovas mathematische Schriften[142] wurden damals von mehreren Akademien gelobt und brachten ihm eine goldene Uhr des Kurfürsten von Sachsen ein.

Darüber hinaus gibt es noch eine Vielzahl von Schriften über volkswirtschaftliche, theologische, politische, medizinische, finanzwissenschaftliche und literaturwissenschaftliche Themen. Zur Veranschaulichung seien hier wahllos einige Titel zitiert: »Über Musik«, »Über magnetische Phänomene«, »Über die Heilung der Gicht durch eine Milchkur«, »Über das griechische Wort ›Phemia‹«, »Über die Seele als ein Teilchen Gottes«, »Über Schiffahrt und Handel«.[143] Ein kurioses Werk ist »A Leonard

141 Paul Nettl, Casanova und seine Zeit, Zur Kultur und Musikgeschichte des 18. Jahrhunderts, Eßlingen 1949, S. 153 f.

142 Insbesondere »Solution du problème déliaque«, Dresden 1790

143 Vgl. auch Werner Wolf Schrader, a.a.O., S.116

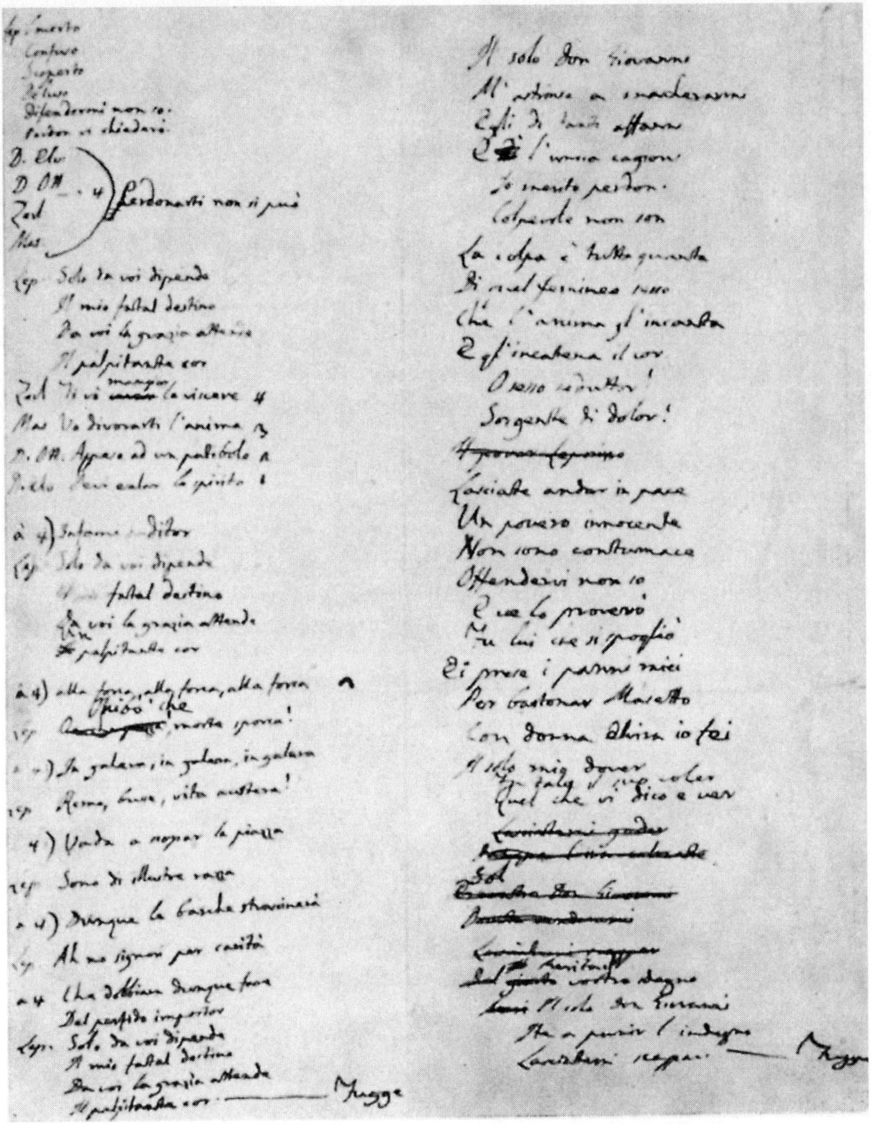

Handschrift Casanovas, Sextett aus dem „Don Giovanni“, 2. Akt, Fragment

Snetlage«, seine letzte Veröffentlichung. Es handelt sich um eine Sammlung neuer französischer Wortschöpfungen und persönlicher Erinnerungen.

Neben diesen Veröffentlichungen hat Casanova eine Unzahl von Briefen geschrieben. Viele gingen an Gelehrte, aber ein nicht geringer Teil war an Frauen gerichtet. Von Zeit zu Zeit erhielt Casanova Besuch von jungen Damen, die den legendenumwobenen Abenteurer und Liebhaber persönlich kennenlernen wollten und sich später schriftlich an ihn wandten. Insbesondere mit adligen Frauen stand Casanova in regem Briefwechsel, um ihnen in Ehe- und Partnerschaftsproblemen Ratschläge zu geben.

Erstaunlicherweise sind diese Ratschläge durchaus nicht selten konservativer Natur und spiegeln viel Lebensweisheit wider. Anrüchiges wird man in die-sen Briefen vergeblich suchen. Manchmal kam es sogar vor, daß er bedürftigen Frauen Geldspenden zukommen ließ. Jenes Mädchen,[144] Anna Dorothea Kleer, das er angeblich geschwängert haben soll, gehörte auch dazu. Aus Francesca Buschinis Briefen erfahren wir: »(...) Sie sagen, daß Sie mir unmöglich Geld schicken können, weil Sie alles, was Sie haben, einer Familie und Signora Anna Dorothea geben müssen, die Ihre ganze Sorge verdient und die Sie mit ihrer sechsköpfigen Familie verehrt.«[145]

Mit dem Alter kamen allerlei gesundheitliche Probleme. In den letzten Lebensjahren litt Casanova an der Gicht, an einem Blasen- und einem Prostataleiden. Da ihm die Zähne ausfielen, und er sich häßlich fand, wollte er in seiner Eitelkeit keinen Besuch mehr empfangen. 1795, drei Jahre vor seinem Tod, schien es ihm aber noch recht gut zu gehen. Ein Enkel des Fürsten de Ligne, Clary, berichtete über einen Besuch in diesem Jahr:

»Wir fanden Casanova genauso vor, wie wir ihn im letzten Jahr verließen: liebenswürdig, lebhaft, großartig erzählend, interessant, kaum jemals langweilig. Ich fragte ihn, womit Waldstein sich den ganzen Winter beschäftigt habe. ›Mit etwas Unbegreiflichem‹, sagte er, ›mit gar nichts‹. Er erzählte mir, wie er (Casanova) eines Tages zwei alten Frauen begegnet sei, die beim Versuch, ihm auszuweichen, ihn beinahe überrannt hätten. Casanova schrie laut auf, aus Sorge, die beiden Frauen könnten hinfallen. ›Wirklich‹, sagte er zu mir, ›wenn ich manchmal, wie bei dieser Gelegenheit, ein Gefühl der Humanität in mir entdeckte, fange ich an, mich selbst zu lieben.‹«[146]

Casanova litt unter nichts so stark, wie unter Langeweile. Sein Geist brauchte stets Nahrung und Beschäftigung. Casanova war mit sich selbst nicht im Frieden, und tiefere Gefühle deckte er oft mit flapsigen Bemerkungen zu.

Noch im selben Jahr unternahm Casanova einen »Fluchtversuch«: Frustriert über die Situation im Schloß, reiste er an den Hof des Großherzogs Karl August von Sachsen-Weimar. Fürst de Ligne stellte es so dar: »Er reiste heimlich ab, nachdem er einen zugleich liebevollen, stolzen, höf-

---

144 Anna Dorothea war die zwanzigjährige Tochter des Schloßpförtners Jakob Kleer.
145 Straub, 1978, a.a.O., 200
146 J. Rives Childs, a.a.O., 1978, S. 279147 Conrad, a.a.O., Bd. 13, S. 252

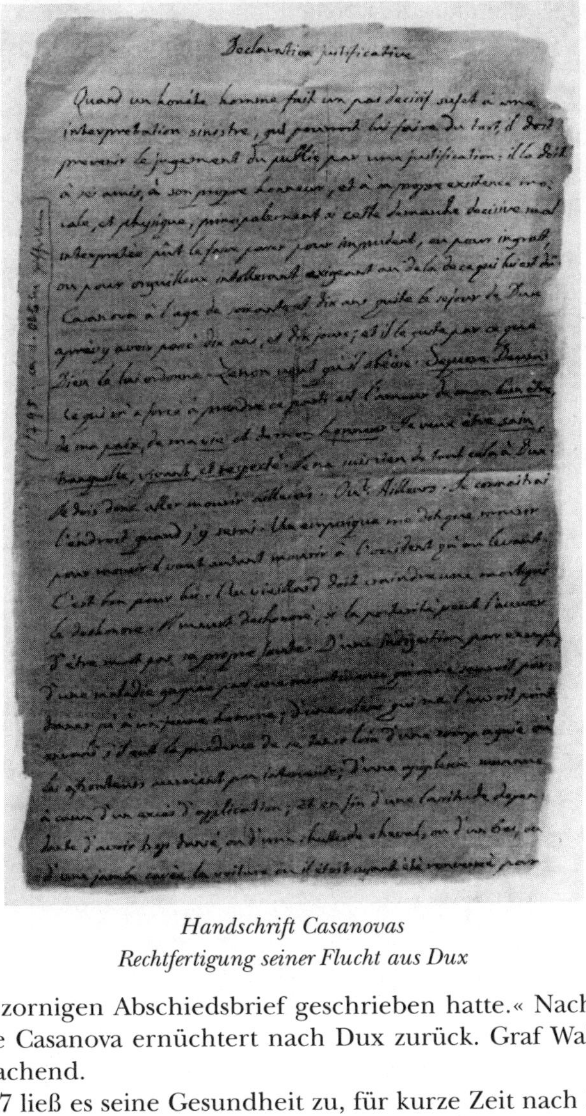

Declaration justificative

Quand un honête homme fait un pas decisif sujet à une interpretation sinistre, qui pourroit lui faire du tort, il doit prevenir le jugement du public par une justification: il la doit à ses amis, à son propre honneur, et à sa propre existence morale, et physique, principalement si cette demarche decisive mal interpretée peut le faire passer pour imprudent, ou pour ingrat, ou pour orgueilleux intollerant exigeant au dela de ce qui lui est du.

Handschrift Casanovas
Rechtfertigung seiner Flucht aus Dux

lichen und zornigen Abschiedsbrief geschrieben hatte.« Nach sechs Wochen kehrte Casanova ernüchtert nach Dux zurück. Graf Waldstein umarmte ihn lachend.

Noch 1797 ließ es seine Gesundheit zu, für kurze Zeit nach Dresden zu reisen. Doch 1798 verschlechterte sich sein Befinden zusehends. An seinem Sterbebett wachten der Großneffe Carlo Angiolini und sein geliebtes Hündchen Finette, die Nachfolgerin von Mélampyge. Am 4. Juni 1798 starb Casanova im Alter von dreiundsiebzig Jahren. Nach Charles de Ligne waren seine letzten Worte: »Ich habe als Philosoph gelebt und sterbe als Christ.«[147] Seine letzte Ruhestätte fand Casanova bei der St. Barbara Kirche in Dux. Damals wie noch heute stoßen sich die Leute an ihm. Aus

147 Conrad, a.a.O., Bd. 13, S. 252

diesem Grund mag man über folgenden Bericht von der Wirkung seines Grabkreuzes schmunzeln:

»(...) sein Grabmal, ein steinerner Sockel ohne Namen mit eisernem Kreuz, wurde bald wieder beseitigt, weil das Kreuz zerbrach, und die Kirchenbesucher häufig mit ihren Kleidern daran hängen blieben.«[148]

Gedenkstein Casanovas auf dem Friedhof in Dux

148 Victor Ottmann, a.a.O., S. 98. Neben dem Kirchenportal wurde Casanova später ein Gedenkstein errichtet.

ANHANG

Casanovas Memoiren stellen ein kurioses Stück in der Geschichte der Weltliteratur dar. Der Autor wurde durch Veröffentlichungen weltberühmt, die auf manipulierten Übersetzungen und Textvarianten basierten. Anderthalb Jahrhunderte mußte sich die Öffentlichkeit mit verstümmelten Ausgaben der Memoiren zufrieden geben. Hunderte von wissenschaftlichen Urteilen über Casanova mußten umgeschrieben werden, seit 1960 die ersten textgetreuen Versionen erschienen sind.

Casanova hatte ab 1790 begonnen, sein 4500 Seiten umfassendes Werk niederzuschreiben. Dazu benötigte er noch nicht einmal ganz drei Jahre. Nach seinem Tod 1798 gelangte das Manuskript in die Hände des Neffen Carlo Angiolini. Dieser verkaufte es 1821 an den Verleger Friedrich Arnold Brockhaus aus Leipzig für die lächerliche Summe von zweihundert Talern.

Nachdem Brockhaus das Werk mehreren Schriftstellern zur Begutachtung übergeben hatte, entschloß er sich, einige wenige Episoden daraus zu veröffentlichen.[149] In einem Vorwort äußerte sich der Veleger nicht nur über den Kauf des Textes, sondern auch über seine literarische Einschätzung und weitere Publikationspläne:

»Seine Ansicht[150] über diese Memoiren wurde die der Freunde, daß sie nämlich an Reichhaltigkeit des Stoffs, an Lebendigkeit der Darstellung, an scharfsinniger Lebensauffassung, an Originalität und innerer Wahrheit der Begebenheiten, an Vielseitigkeit der Ansichten, an Neuheit und Frische der Mitteilungen kaum ihresgleichen in der europäischen Literatur haben dürften, daß aber auch ihre vollständige Mitteilung sowohl im Original als auch in einer deutschen Übersetzung völlig untunlich sei.«

Zwischen 1822 und 1828 erschien dann im selben Verlag eine von Wilhelm von Schütz bearbeitete Übersetzung aller zwölf Bände. Nach den Vorgaben von Brockhaus war Schütz jedoch gezwungen, bestimmte Stellen zu verkürzen, umzuschreiben oder sogar ganz wegzulassen, um den seit Casanovas Tod prüder gewordenen Zeitgeist nicht herauszufordern. Dennoch prangte auf den Büchern der Zusatz: »Nach dem Original-Manuscript bearbeitet von Wilhelm von Schütz.« Kurz darauf wurde in Frankreich als Raubdruck eine angeblich aus dem Deutschen rücküber-

149 »Taschenbuch aus dem Jahr 1822«, Urania, Leipzig 1822
150 Brockhaus spricht hier von sich selber in der dritten Person.
151 Zitiert nach Giacomo Casanova, Geschichte meines Lebens, herausgegeben und kommentiert von Günter Albrecht u. in Zusammenarbeit mit Ulrike Albrecht, München 1984-1989, 12 Bde., I. Band, S. 306

setzte Ausgabe veröffentlicht. Durch eine solche zweite Übersetzung wurde der Text weiter verstümmelt, weitere Passagen wurden verfälscht und andere sogar hinzuerfunden.

Der Sohn des alten Brockhaus entschloß sich, die Flucht nach vorne anzutreten. 1826 und 1827 erschienen die ersten vier Bände der Memoiren mit dem Anspruch, den französischen Originaltext darzustellen. Casanova hatte seinen Text in Französisch geschrieben, weil Französisch eine Weltsprache war, die er, von einigen Italianismen abgesehen, recht gut beherrschte. Da die deutsche Zensur einer weiteren Publikation einen Riegel vorschob, mußte man nach Paris ausweichen. Dort wartete jedoch das gleiche Schicksal, und so wurden die letzten Bände in Brüssel herausgegeben. Die Gründe für das Eingreifen der Zensur dürften sich jedoch nicht nur auf das Erotische bezogen haben. Schonungslos hatte Casanova die Dekadenz des Adels beschrieben, und seine wenig kirchenfreundlichen Ansichten hatten die Memoiren sogar 1834 auf den Index der Katholischen Kirche gebracht.

Leider handelte es sich auch bei dieser »Originalausgabe« um einen verfälschten Text. Der von Brockhaus beauftragte Bearbeiter Laforgue veränderte beispielsweise Casanovas politische Aussagen zur Französischen Revolution. Wie schon dargestellt, hatte Casanova recht konservative Ansichten zu dieser Volkserhebung. Der Freidenker Laforgue unterschlug Casanovas kritische Bemerkungen oder schwächte sie ab, weil sie nicht in sein Weltbild paßten.[152]

Auch die »schlüpfrigen Stellen« hatte Laforgue verändert. Was Casanova mit klaren Worten beschrieben hatte, versah Laforgue mit einem milchigen Schleier. Auf diese Weise hat der Laforgue-Text und die bis zur Mitte des 20. Jahrhunderts auf ihm basierenden Übersetzungen, Casanova zu Unrecht als schriftstellernden Wüstling und Pornographen erscheinen lassen. Der Herausgeber der ersten authentischen Fassung, Erich Loos, hat es auf den Punkt gebracht: »Während Casanova stets klar und kurz auch verfängliche Situationen beschreibt, besteht Laforgues Technik darin, solche Szenen durch scheinbare Verhüllung in so raffinierter und genießerischer Weise auszumalen, daß im Grunde das Gegenteil von der vorgeblichen Ansicht erreicht wird.«

Zwischen 1833 und 1837 gelangte ein weiterer Raubdruck der neuesten Brockhaus-Ausgabe in Frankreich auf den Markt, die nach dem Bearbeiter »Busoni-Ausgabe« genannt wird. Die ersten acht Bände stimmten mit der Brockhaus-Veröffentlichung überein, in den weiteren Bänden jedoch wurden erhebliche Abweichungen festgestellt. Mittlerweile ist man zu der Überzeugung gelangt, daß es von sieben Kapiteln des von Brockhaus er-

---

152 Siehe Casanova, Geschichte meines Lebens, a.a.O., S. 309

153 Histoire de ma vie. Édition integrale, 6 Bände, Wiesbaden und Paris 1960-1962, herausgegeben von Erich Loos, Bd. I, S. 40 ff.

worbenen Originalmanuskripts zwei Varianten gibt. Casanova hatte nämlich von einigen Kapiteln eine zweite Version angefertigt.

Erst 162 Jahre nach seinem Tod erschienen zwischen 1960 und 1962 durch Brockhaus in Wiesbaden und parallel mit der Librairie Plon in Paris die ersten authentischen Fassungen. Seitdem sind weltweit weitere Originalfassungen veröffentlicht worden.

Casanova hat einmal die Vermutung geäußert, daß seine Memoiren eines Tages in alle Sprachen der Welt übersetzt werden würden. In der Tat ist dieses Werk in die Weltliteratur eingegangen und in viele Sprachen übersetzt worden. Seit Mitte des 19. Jahrhundert hat man die Memoiren aber auch als einzigartiges kulturgeschichtliches Dokument verstanden und erforscht. Über tausend wissenschaftliche Arbeiten über Casanova sind bislang erschienen.

TABELLARISCHER LEBENSABRISS

1725	2. April Geburt in Venedig
1725-34	Kindheit in Venedig
1734-39	Aufenthalt bei Dr. Gozzi und Jura-Studium in Padua
1740-43	Geweiht als Laiengeistlicher. Tod der Großmutter Marzia. Promotion zum Doktor der Rechte. Wahrscheinlich erste Korfureise. Inhaftierung im Fort St. Andrea
1744-45	Tritt in Rom in die Dienste des Kardinals Acquaviva. Dona Lucrezia. Zweite Korfureise
1746	Gelegenheitsgeiger am Theater San Samuele in Venedig. Casanova lernt seinen Gönner Senator Bragadin kennen.
1748	Arbeit für den Notar Manzoni
1749	Reisen nach Mailand, Mantua, Cesena, Parma und Genf. Henriette
1750-52	Erste Parisreise
1752-53	Reisen nach Dresden zur Mutter. Prag und Wien. Rückkehr nach Venedig. »CC« und »MM«
1755	Casanova wird am 26. Juli inhaftiert und kommt in die Bleikammern.
1756	Am 31. Oktober Flucht aus den Bleikammern
1757	Zweiter Parisaufenthalt. Geheime Mission in Dünkirchen. Organisation einer Lotterie. Madame d'Urfé
1758	Halboffizielle Mission für Frankreich in Holland. Thomas Hope, Esther, Terese Imer und ihr Sohn Joseph Pompeati
1759	Casanova nennt sich Chevalier de Seingalt. Mademoiselle XCV. Gründung einer Seidenmanufaktur. Zweitägige Inhaftierung wegen angeblicher Wechselfälschung. Zweite Hollandreise im Auftrag der französischen Regierung
1760	Köln, Stuttgart, Kloster Einsiedeln in der Schweiz, Genf. Madame Roll, Madame Dubois, Madame F.. Treffen mit Voltaire und Haller. Erhält in Rom von Papst Clemens XIII. den Orden vom Goldenen Sporn
1761	Neapel (Leonilda). Wird mit einer portugiesischen Mission für den Augsburger Kongreß beauftragt, der jedoch ausfällt. Aufenthalt in Augsburg und München
1763	London. Pauline und die Charpillion
1764	In Potsdam Treffen mit Friedrich II.
1765	Gespräche mit Zarin Katharina II.
1766	Duell in Polen mit Branicki
1767	Ausweisung aus Wien. Spa. Charlotte. Ausweisung aus Paris. Am 14. Oktober stirbt der Gönner Bragadin.

1768	Spanienreise. Doña Ignacia und Nina. Sechswöchige Inhaftierung in Barcelona. Casanova entgeht einem Mordanschlag und flieht nach Frankreich.
1769	An der französischen Riveria. Casanova stirbt beinahe an einer Rippenfellentzündung und erhält die letzte Ölung. Drucklegung der »Confutazione« in Lugano
1770	Zahlreiche Reisen innerhalb Italiens. Leonilda, Margherita. In Rom Erneuerung der Bekanntschaft mit de Bernis
1771	Florenz und Bologna
1772	Ancona und Triest
1774	Casanova macht sich auf verschiedene Weise für Venedig diplomatisch nützlich. Am 3. September wird er durch die venezianische Staatsinquisition begnadigt und darf in seine Heimat zurückkehren.
1775	Erster Band der Ilias-Übersetzung. Zweiter und dritter Band der Polnischen Geschichte
1776	Spitzel für die Venezianische Staatsinquisition
1779	Francesca Buschini
1780	Scheitern zweier Zeitschriften- und eines Theaterprojekts
1782	Veröffentlichung einer Satire auf den venezianischen Adel, die ihn schließlich zur Flucht aus Venedig zwingt.
1783	Reisen quer durch Europa
1784	In Wien Sekretär des venezianischen Gesandten
1785	Bibliothekar des Grafen Waldstein im böhmischen Dux
1787	Mutmaßliche Mitarbeit an Mozarts »Don Giovanni«. Verschiedene Veröffentlichungen
1789	Beginn der Niederschrift der Memoiren
1790	Veröffentlichung mehrerer mathematischer Werke
1798	Am 4. Juni stirbt Casanova im Duxer Schloß im Alter von 73 Jahren.
1821	Der Verlag F. A. Brockhaus erwirbt das Manuskript der Memoiren von einem Neffen Casanovas. Erste Auszüge in deutsch erscheinen in der Zeitschrift »Urania«.
1960	Am 21. April beginnt die erste textgetreue Veröffentlichung der Memoiren im Verlag F. A. Brockhaus.

DAS 18. JAHRHUNDERT: PERSONENÜBERSICHT

Ludwig XV. (1710-1774), König von Frankreich seit 1715
Friedrich II. (1712-1786), König von Preußen seit 1740
Maria Theresia (1717-1780), Kaiserin von Österreich seit 1745
Katharina II. (1729-1796), Zarin von Rußland seit 1762
Stanislaus II. August Poniatowski (1732-1798), König von Polen von 1764 bis 1795

Benedikt XIV. (1675-1758), Papst seit 1740
Clemens XIII. (1693-1769), Papst seit 1758

Isaac Newton (1642-1727)

Voltaire (1694-1778)
Jean-Jacques Rousseau (1712-1778)
Denis Diderot (1713-84)
David Hume (1711-1776)
Immanuel Kant (1724-1804)

William Hogarth (1697-1764)
Canaletto (1697-1768)
François Boucher (1703-1770)

Antonio Vivaldi (1678-1741)
Johann Sebastian Bach (1685-1750)
Georg Friedrich Händel (1685-1759)
Wolfgang Amadeus Mozart (1756-1791)

LITERATURVERZEICHNIS

Verwendete Memoirenausgabe Casanovas:

Giacomo Casanova, Geschichte meines Lebens, herausgegeben und kommentiert von Günter Albrecht u. in Zusammenarbeit mit Ulrike Albrecht, C. H. Beck-Gesamtausgabe, 12 Bde., München 1984-1989

Kleine Auswahl wichtiger Werke von Casanova:

A Leonard Snetlage, Dresden 1797

Confutazione della storia del Governo Veneto d'Amelot de la Houssaie, 3 Bde., Amsterdam (Lugano) 1769

Corollaire à la duplication de l'hexaèdre, Dresden 1790

Dell'Iliade de Omero, Venedig 1775-1778, 3 Bde.

Démonstration de la duplication géométrique de la duplication du cube, Dresden 1790

Histoire de ma fuite (...), Leipzig 1787

Icosaméron ou histoire l'Edouard et d'Elisabeth (...), 5 Bde., Prag 1788

Il Duello, Genova 1914

Istoria delle turbolenze della Polonia, 3 Bde., Görz 1774

Le Polémoscope, in: Victor Ottmann, Die Insel, 2. Bd., 1900

Né amori, né donne, Venezia 1782

Solution du problème déliaque, Dresden 1790

VERWENDETE FACHLITERATUR:

Archenholtz, J. W., England und Italien, Karlsruhe 1787

Boehn, Max von, Die Mode – Menschen und Moden im achtzehnten Jahrhundert, München 1909

Bröckerhoff, Bernhard, Casanova – ein genialer Gauner, Frankfurt 1993

Conrad, Heinrich, Casanova, Erinnerungen, übersetzt und eingeleitet von Heinrich Conrad, 12 Bde. und 3 Suppl.-Bde., München und Leipzig 1907-1913

Durant, Will und Ariel, Kulturgeschichte der Menschheit, Bd. 14: Das Zeitalter Voltaires, München 1985

Durant, Will und Ariel, Kulturgeschichte der Menschheit, Bd. 15: Europa und der Osten im Zeitalter der Aufklärung, München 1978

Funck-Brentano, Franz, L'Acient Régime, Paris 1926

Gershoy, Leo, From Despotism to Revolution: 1763-1789, New York 1944

Gervaso, Roberto, Giacomo Casanova und seine Zeit, München 1978

Glaser, Hugo, Der Fall Casanova, Wien 1946

Gugitz, Gustav, Giacomo Casanova und sein Lebensroman – Historische Studien zu seinen Memoiren, Wien, Prag, Leipzig 1921

Kesten, Hermann, Casanova, Frankfurt, Berlin, Wien 1981

Koch, Thilo, Casanova – ein Versuch, München 1959

Krätz, Otto, Casanova – Liebhaber der Wissenschaften, München 1994

Marceau, Félicien, Casanova, Düsseldorf 1985

Martin, Henri, Histoire de France, Bd. XV, Paris 1865

Nettl, Paul, Casanova und seine Zeit, Zur Kultur und Musikgeschichte des 18. Jahrhunderts, Eßlingen 1949

Ottmann, Victor, Jacob Casanova von Seingalt, Stuttgart 1900

Rival, Ned, Casanova – La vie à plaisir, Paris 1977

Rives-Childs, J., Casanova – die große Biographie, Frankfurt, Wien, Zürich 1978

Rives-Childs, J., Casanova, Reinbek 1996

Samaran, Charles, Jacques Casanova, Paris 1931

Sauter, Heinz von, Der wirkliche Casanova, Stuttgart 1987

Schäfer, Thomas, Vom Sternenkult zur Astrologie, Solothurn 1993

Schäfer, Thomas, Was die Seele krank macht, und was sie heilt – die psychotherapeutische Arbeit Bert Hellingers, München 1997

Schmidt-Pauli, Edgar von (Hg.), Der andere Casanova – unveröffentlichte Dokumente aus dem Duxer Archiv, Berlin 1930

Schrader, Werner Wolf, Leben, Werk und Wirkung des Giacomo Casanova de Seingalt in kultursoziologischer Interpretation, Dissertation zu Heidelberg 1956

Straub, Enrico (Hg.), Vermischte Schriften – Aus dem gelehrten und literarischen Werk, Frankfurt 1971

Straub, Enrico (Hg.), Casanova – Vermischte Schrifte, gesammelte Briefe, Frankfurt 1978

Taine, Hippolyte, The Acient Regime, New York 1931

Tassulo, Pilati di, Reisen in verschiedene Länder von Europa in den Jahren 1774, 1775 und 1776, Leipzig 1778

Taylor, Gordon Rattray, Kulturgeschichte der Sexualität, Frankfurt 1970

Wekherlin, Wilhelm Ludwig, Denkwürdigkeiten von Wien, Nördlingen 1777. Derselbe: »Die Meinung des unsterblichen Boerhaavens von der Alchymie«, Wien 1773

Zweig, Stefan, Drei Dichter ihres Lebens: Casanova, Stendhal, Tolstoi, Leipzig 1928

BILDNACHWEIS

Archiv für Kunst und Geschichte, Berlin: Bucheinband, Seiten 4, 19, 29, 55, 56, 106, 140, 169, 200

Bildarchiv Preußischer Kulturbesitz, Berlin: Seiten 7, 18, 47, 70, 76, 99, 127, 145, 151

Boehn, Max von, Die Mode - Menschen und Moden im achtzehnten Jahrhundert, München 1909: Seiten 12, 14, 16, 17, 111, 123

Casanova, Giacomo, Erinnerungen, Übersetzt und eingeleitet von Heinrich Konrad, 12 Bde., München, Leipzig 1907-1909: Bd. 1, Seiten 36, 37, 207; Bd. 3, Seite 94; Bd. 4, Seite 85; Bd. 11, Seite 175

Deutsches Spielkarten-Museum Leinfelden-Echterdingen, Zweigmuseum des Württembergischen Landesmuseum Stuttgart: Seite 158

Gugitz, Gustav, Giacomo Casanova und sein Lebensroman - Historische Studien zu seinen Memoiren, Wien, Prag, Leipzig 1921: Seiten 57, 61, 62, 64, 87, 91, 203, 212

Nettl, Paul, Casanova und seine Zeit, Zur Kultur und Musikgeschichte des 18. Jahrhunderts, Eßlingen 1949: Seiten 11, 192, 202, 209,

Schmidt-Pauli, Edgar von (Hg.), Der andere Casanova - unveröffentlichte Dokumente aus dem Duxer Archiv, Berlin 1930: Seiten 142, 164, 201, 205, 211